行路致远

北京市通州区后南仓小学
"三我"课堂教学研究之路

吕桂红◎主编

王海霞　闻军　陈卫华◎编委

九州出版社

JIUZHOUPRESS

图书在版编目（CIP）数据

行路致远：北京市通州区后南仓小学"三我"课堂
教学研究之路 / 吕桂红主编.—北京：九州出版社，
2021.6

ISBN 978-7-5225-0223-6

Ⅰ.①行…　Ⅱ.①吕…　Ⅲ.①课堂教学－教学研究－
小学－文集　Ⅳ.①G623.202-53

中国版本图书馆CIP数据核字（2021）第121565号

行路致远：北京市通州区后南仓小学"三我"课堂教学研究之路

作　　者　吕桂红　主编
责任编辑　安　安
出版发行　九州出版社
地　　址　北京市西城区阜外大街甲35号（100037）
发行电话　（010）68992190/3/5/6
网　　址　www.jiuzhoupress.com
印　　刷　天津中印联印务有限公司
开　　本　710毫米×1000毫米　16开
印　　张　22
字　　数　359千字
版　　次　2021年6月第1版
印　　次　2021年6月第1次印刷
书　　号　ISBN 978-7-5225-0223-6
定　　价　69.00元

北京市通州区后南仓小学，始建于1903年，至今已有117年的历史。百年的历史积淀了丰厚的学校文化。2013年以来，学校在继承传统的基础上，牢固树立"立德树人，以文化人"的教育思想，围绕科技教育办学特色，提出了"我发现、我实验、我创造"的科技教育核心理念，努力创建"三我"课堂文化。

遵循以人为本，构建以学生为中心的课堂已成为教学改革的核心任务。我们正在打破传统教学束缚学生思维发展的旧模式，给学生的多元发展提供最大的空间，把培养学生的创新素养和实践操作能力作为教学的重点。转变教与学的方式，让学生的核心素养真正在课堂教学中落地生根。

那么，如何促使学生学习方式的转变？教学模式如何创新才能顺应学生学习方式的转变？面对教学中的一系列问题，根据我校"深化科技教育，促进学生全面发展"为办学特色，在"我发现、我实验、我创造"的"三我"核心理念引领下，我们进行了深入的教学探索与研究，确立了"更新理念—科研导行—多元实践—教研跟进—反思提升"的动态教学改革机制，初步形成了具有后小特色的"三我"课堂教学模式，教学策略、评价标准也在研究中悄然形成。

"三我"课堂给学生营造了一个快乐、对话、开放、感悟和探究的课堂，让每一个学生都能真正感受学习过程，有效学习知识，发展各种能力，培养核心素养。

《行路致远》这本书共收集了学校干部教师撰写的多篇教学管理、教学设计及案例故事。鲜活的素材，生动的描述，独到的见解，源于教师们对课堂教学改革工作的热爱与执着，记录着我们"三我"理念转化为教学行为的足迹，凝聚着我们辛勤耕耘、潜心研究的点点心血，更承载着我们对教育梦的追寻，对明天的企盼……

千里之行始于足下——在教学研究之路上，我们定会秉承后小"求真、务实、超越"的百年精神，不忘初心，砥砺前行。

崔淑仙

北京市通州区后南仓小学校长

2020年12月11日

第一章　教学管理

改进在日常　管理促超越 ………………………………… 崔淑仙 002

研训并行　多元更进　创智慧课堂 ……………………… 吕桂红 006

激发兴趣，培养学生锻炼习惯——提高耐久跑课的教学效果

………………………………………………………… 李宝国 014

勇于从内打破 …………………………………………… 刘艳红 017

传承运河传统文化，探索文化研学课程——万物启蒙课程之"跟着运河

去看桥" ………………………………………………… 王海霞 020

"三我"理念下的自主体育课堂 ………………………… 张海军 031

扎实开展"三我"端蒙课堂教学模式校本教研促学科发展　闻　军 034

让多媒体与古诗阅读教学美丽"邂逅" ………………… 陈卫华 039

聆听、谛听、赏听——小学音乐课堂教学"三听"模式的研究与实践

………………………………………………………… 杨卫平 042

少成若天性，习惯如自然——"三我"课堂教学模式下的学生习惯养成

………………………………………………………… 贾洪坡 047

第二章 教学设计

第一节 语文篇 ·· 052

《草原》教学设计 ································ 崔爱东 052

《天鹅的故事》教学设计 ······················ 李立平 056

《语言的魅力》教学设计 ······················ 平淑清 061

《穷人》教学设计 ····························· 苏淑芹 064

《古诗四首》教学设计 ························· 杨虹艳 067

《夏日田园杂兴》教学设计 ···················· 张晓冬 071

第二节 数学篇 ·· 074

《倍的认识》教学设计 ························· 付 蕾 074

《分类》教学设计 ····························· 韩立云 077

《一亿张纸摞起来有多高》教学设计 ············ 曹彦东 082

《复式条形统计图》教学设计 ·················· 王 新 088

第三节 科任篇 ·· 094

May I speak to Mike 教学设计 ··············· 刘佳琳 094

what are your favourite sports? 教学设计 ······ 秦美燕 099

《杠杆》教学设计 ····························· 靳春松 104

《卡通牌标志》教学设计 ······················ 李武杰 107

《寻源之姓氏文化》教学设计 ·················· 孟祥玲 115

《外婆的澎湖湾》教学设计 ···················· 王 鹤 120

《脚背正面运球》教学设计 ···················· 徐 朋 124

《站立式起跑》教学设计 ······················ 李钧泽 130

《基础练习——输入小能手》教学设计 ·········· 张建明 133

《小动物唱歌》教学设计 ······················ 张 瑾 139

第三章　教学案例

第一节　语文篇 ··· 144

古诗教学——语文课堂因你而精彩 ················ 赵红艳 144

以教学《白杨》为例，培养读写能力 ·············· 刘小利 148

"三我"课堂中的美育——在语文课堂中让美开在学生心中 … 陈永香 153

互动评价对学生的意义 ··························· 杨玉兰 156

教学中巧用比较，提升学生语言智能——《观潮》教学案例… 黄淑芳 159

以"三我"理念为指导，构建自主阅读的语文课堂 ·········· 金忠臣 161

在"三我"课堂中感受美 ························· 李淑云 164

借助微信　解决困惑 ····························· 时文侠 168

当"稀客"撞击课堂时 ··························· 苏德娟 171

百变"学"不停　习作"定"能行——《春天来了》习作教学案例

··· 徐　焱 174

阅读教学中培养小学低年级学生的表达能力——以《青蛙写诗》为例

··· 曹海红 177

运用"换位思考"引导学生正确认识自身问题 ········ 赵雨新 180

魅力课堂因评价而精彩 ··························· 周景月 182

浅谈小学语文信息化教学 ························· 朱　艳 186

第二节　数学篇 ··· 191

"0"的再认识 ·································· 张俊兰 191

"折不出"的圆心 ······························· 常卫东 194

"数"海无涯"疑"作舟 ························· 王艳茹 196

帮"他"找自信 ································· 刘　戈 199

"门"引发的争论 ······························· 吴　静 201

让数学课充满数学味儿——《路程、时间与速度》教学案例… 张　帆 203

抓课堂生成,为学生自主学习制造空间——谈课堂教学中的小智慧
··· 张 艳 205

第三节 科任篇··· 208

一堂信技课 培养爱乡情 ······························ 高 健 208

发现课堂上的科学美 ·································· 韩婷婷 210

秉承"三我"教学理念,构建动态开放的美术课堂 ········ 胡 颖 213

浅谈英语词汇教学故事 ································ 秦美燕 215

教育是一种爱的感化 ·································· 李丽丽 216

武术教学的启示 ······································ 李桂彬 217

在改变中绽放 ·· 李洪英 219

速写本的小材大用 ···································· 马 兰 221

一次"意外"的收获 ··································· 苏桂芳 225

唤醒学生内心情感,方能有效实施教学 ················ 胡 梅 226

我的家人不爱我 ······································ 张云芳 228

我很在意你的变化 ···································· 王敏花 230

爱心教育 ·· 叶 飞 232

第四章 教学经验总结

第一节 语文篇··· 236

"疫"路同行 直播连接你我 ··························· 张 萌 236

深入文本,提高小学生语文阅读实践能力 ············· 柳艳琪 239

现代与传统相结合,打造多元语文课堂 ··············· 李亚男 242

诵读经典,提升学生的人文素养 ······················ 卢 靖 245

论小学低年级语文启发式阅读教学 ···················· 王 凡 249

实践出真知——"三我"课堂自主识字教学初探············ 吴春华 252

充分利用信息技术,拓展语文教学内容 ················ 张 平 255

荡起拼音教学的浪花——浅谈拼音教学方法 ……………… 张容华 257

巧用网络资源，体悟情感阅读 …………………………… 张 奕 259

浅谈小学语文教学中的情境教学 ………………………… 周 密 261

写字教学中践行"三我"理念——点画之间 感悟汉字美 … 周清华 264

课堂教学应适当的"浪费"点时间 ………………………… 黄玉娥 267

第二节 数学篇 ……………………………………………… 269

把数学课堂变成促进学生发展的乐园——浅谈营造学生自主课堂的一些做法

………………………………………………………… 刘雅清 269

数学活动"玩"出真知 ……………………………………… 杨春青 275

把课堂交给学生 …………………………………………… 冯 莹 277

聚焦学科核心素养 提升数学思维能力——以《等量代换》教学课例为例

………………………………………………………… 沈艳秀 280

小比例·大世界——让自主在课堂生长 ………………… 姜怀民 283

让学生在活动中学习数学 ………………………………… 周洪萍 285

观察，智慧的能源——数学课中观察能力的培养 ……… 王雅岐 288

小学数学课堂教师高质量提问方法研究 ………………… 曹正英 292

新课标理念下的"数学体验学习" ………………………… 王海燕 294

第三节 科任篇 ……………………………………………… 298

小学低年级科学教学活动的连贯性和形象思维的发展 ……… 范亚芳 298

新课程标准下的良好师生关系的建立 …………………… 白春艳 304

"互联网+"模式教育教学中的思考 ……………………… 付永明 307

让音乐因创造而精彩 ……………………………………… 刘曼思 309

小学科学创设情境运用——以《观测气温》教学为例 ……… 段 敏 312

浅谈小学英语创造教育的实践——开展综合实践活动为英语学习助力

………………………………………………………… 李 晶 317

践行"三我"理念，提高英语课堂效率 ………………… 李 静 322

由"要我读"变成"我要读"——在品社课堂教学中培养学生自主阅读能力

………………………………………………………… 马立华 324

"三我"理念在体育教学中的运用——谈低年级跳绳教学 …… 彭海滨 328

我在体育教学评优活动中成长——浅谈如何轻松上低年级体育课

……………………………………………………… 徐耀东 329

浅谈"三我"课堂与课堂微习惯的养成 ……………………… 薛 源 331

利用微信公众平台整合小学英语课堂内外 ………………… 张建节 334

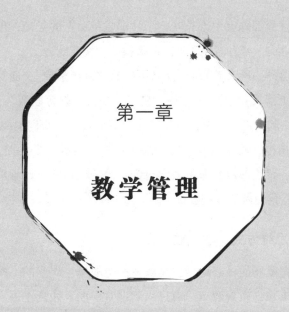

第一章

教学管理

改进在日常　管理促超越

崔淑仙

2017年，教育部陈宝生部长吹响了"课堂革命"的号角，他强调要把质量作为教育的生命线，努力培养学生的创新精神和实践能力。

后南仓小学是一所有着117年办学历史的"百年学校"，面对当今教育改革的大潮，学校更需要谋求新的发展，在"全国自主教育联盟"这个大家庭中，我们和大家在一起，同学习共研究，又常反思做自己。我们围绕"求真、务实、超越"的百年精神，将学校与教师发展定位在"走在超越的路上"。超越即改变，更是改进。聚焦习以为常的教学行为，改变在日常，让管理真正发生，让课堂开始改变，我们做了一些尝试。

一、改进思维方式，学生放中央

课堂是教育发展的核心地带，是教育的主战场。课堂的一端连着学生，一端连着民族的未来，教育改革只有进入到课堂层面，才真正进入深水区，课堂不变教育就不变，教育不变，学生就不变。为此，我们觉得改变课堂要从改进干部教师的思维方式做起。

1.建设以学生为中心的学校

一切从学生出发，我们做任何工作必须考虑学生喜不喜欢，愿不愿意，拥护不拥护，发展不发展，这是教育工作的出发点。

2.教为学服务。

所有的教必须服从服务于学，构建一个以学为中心的课堂行动模式。

3.为了每一个，成长每一个

"大气成就大器；为每一个孩子的智慧人生奠基"是我们的办学思想。我们的课堂，我们的活动必须保障给每一个孩子机会，成长每一个，绽放每一个。

4."我"的活动"我"做主

学校的一切活动都以尊重孩子的意愿为前提，大到毕业季活动、五大节日创意，小到课堂某个环节，尽可能地采纳学生意见，因为我们相信，尊重，可以让教育真正发生。

干部教师思维方式的改变是课堂改革实施的必要前提和保障。

二、改进工作作风，管理者先行

在学校管理中，管理者不改，教师则不改，教师不变，学生就不变。所以我们的做法是"自上而下，管理先行"。

1.争做"三成"好干部

三成即成事、成人、成己。成事，从"三划"（规划、计划、策划）入手，所有工作按项目制管理，每位干部主动承担，人人主持策划，追求活动创新。策划活动让干部迅速成长，一直以来固有的思维模式被打破，一项项精彩的活动呈现给师生。干部的改变带来的是教师的改变，是学校的改变。

2.致力于"三微"行动

三微即微改进、微创新、微研究。依托一些小而实的载体和抓手，重构与优化教师的日常生活。学校五节、升旗仪式、开学典礼、会议召开中的固化模式被打破，"教师走上前台的教师大会""今年我们这样做总结""人人都是后小星教师""学校三划中有我""让故事在校园流传"次次活动精彩不同，精彩不断。我们相信，量的积累必然带来质的飞跃。

3.落实走动式管理

干部在管理中做到"六个走进"，即走进课堂观课、走进班级常规检测，走进教研组活动，走进年级组活动，走进书本学理论，走进教师学生心里。

在学校管理中，每位干部都树立"一切为学生发展服务"的管理理念，践行"三我"动态管理模式，每个人都最大限度地释放出自己的能量，提升策划力和执行力，各项工作形成闭环，一支具有"团结、实干、公正、服务、创新"工作作风的领导团队正在形成。

三、改进教研方式，研讨中提升

随着课堂改革的深入开展，教研形式也应不断改进。我们进行这样的尝试。

1."五化一评"成机制

学校高度重视教师队伍建设，制定并不断完善教师专业发展规划，通过多种形式加强教师专业素养的提升，形成了专业学习常态化；校本教研多元化；研修方式多样化；业务培训经常化，教师培养普适化及年度的五星教师评选的"五化一评"研训机制。

通过微格课、教研课、引路课、观摩课、常态课、评优课等课例研究形式，干部教师们总结出学校切实可行的实施"三我"模式教学策略，它们之间相对独立又相互关联与融通。发现式、探究式、情景教学、小组合作、多元评价、整体提升等教学策略应运而生。

2.牵手教研融通化

校内牵手教研为学校特色教研活动，既有同一学科的横向牵手，又有同一学科的纵向牵手，更有跨学科的多向牵手。我们以落实学科综合实践活动课程为依托，打通年段、学科之间的联系，实现跨学科整合与创新。教研中我们力争实现5个融通：三级课程的融通，学科间的融通，学段间的融通，教学环节间的融通，课堂内外的融通。努力打通边界，实现穿越。

3.开放教研共享化

区域内我们与北苑小学、二中小学部、四中小学部是手拉手项目学校，多次互相走进进行教研；我们与北分和永顺中心校间的牵手教研、与第三共同体紧密教研、与潞河教育联盟校间的开放教研，实现了本区内的资源优化与共享；与海淀区农科附小共同教研，促进了学校与教育强区的学习与交流；京津冀三地与天津武清杨村十小，河北廊坊十小协同发展共同体的牵手教研更拓宽了我们的视野，优势互补、协同创新、合作共赢的教研目标得到实现。此外，我们参加全国自主教育课堂教学论坛，万物启蒙课程联盟校之间开展的"问思辨"课堂研究，以及我们和代表国际高水平教育的芬兰校长进行面对面的课堂教学沟通交流与探讨，这些都丰富了我们的教学信息，拓宽了我们的视野，必定会对我们的课堂改变带来启迪。

四、改进课堂生态，让理念落地

良好的课堂生态是以学生为主体，关注每一个孩子的需求，通过现代化的教学手段，实现教学与学生发展的真正统一的课堂。

1.让"三我"课堂内涵不断生长

学校突出"三我"的课堂文化的提出基于建构主义、多元智能、"做中学"

等理论，基于"培养具有实践能力和创新精神的人"的课改核心理念，它的内核是促进学生的全面发展与健康成长，从以教师的教为中心，转变为以学生的学为中心，注重学生的实际获得。

我们立足本校原有基础，不断丰富"三我"课堂内涵，我们的理解也在不断生长，从基础性、情感性、灵动性、启迪性、共生性的"三我"智慧课堂特征的明确，到学前自主探究发现—课中小组互动交流—人人参与多元实践—反馈巩固引导点拨—适度拓展不断提升的课堂教学模式的建构，再到每个环节中采用相应的教学策略和方法的提倡，以突出让课堂成为学生自主探究、多元实践、合作创新的主阵地功能，我们不断探讨着。

2017年始，我们又将"三我"智慧课堂要求更为具象化，提出"五每三转化"要求，即课堂上让"每一个学生都有学习兴趣、每一个学生都有学习活动、每一个学生都受到关注、每一个学生都有机会、每一个学生都得到发展的"教学理念，实现"将内容转化为问题，将讲授转化为探究，将结果转化为共识"的教学路径，突出"三我"理念的体现，从而实现"三我"智慧课堂教学的转型增效。

我们的具体实施措施是：明特征，有方向；建模式，共研究；定标准，促评价；重实施，讲策略；抓赛课，展活力。

2.让学生在课堂上"动"起来

课堂上教师以学生为中心，让学生在学习过程中始终处于主动地位，通过听、读、看、说、做、思、议等方法，让他们主动去发现知识内容、道理、规律、问题；教师以"导学单""自主学习单""实验记录单""选择答题卡""阅读积累本""观察日记"等为媒介，以实验操作为平台，将科学知识呈现给学生，学生通过亲自动手、动脑的探究活动掌握概念与知识，获得科学探究的能力与技巧，培养他们发现问题、解决问题的能力。

3.让学生的思维在课堂上"活"起来

教师通过生活展现、实物演示、画面再现、音响渲染、角色扮演、语言描绘等情境创设方式，增强学生对教学内容的感知、理解和思考；通过有效的小组合作学习，培养学生合作探究意识与沟通交流的能力，多种有效学习活动的开展，一定能让学生的思维活起来，创意火花才能够碰撞出来。

为了更好地改进课堂教学，我们的干部和听课教师还切实做好课堂观察。

课堂教学观察表也是不断生长的结果，我们采取《发言统计图》的办法，记录课堂学生的活动，我们还在学校评课、听课期间评选校级"发言星"，想办法激发学生的学习欲望。我们认为，只有构建良好的课堂生态，让课改理念真正落地，才能促进学生健康成长。

总之，课堂教学改革是一场心灵的革命、观念的革命、技术的革命，更是一场行为的革命。

在通州教委、小教科及研修中心的正确引领下，几年来，"改进"让我们收获着喜人的成果。学校先后获得北京市文化建设示范校、北京市课程建设先进单位、北京市科技教育示范学校、北京市文明校园、区春华、区秋实杯先进集体等称号。

2015年，我在北京市文化建设示范校总结表彰大会上代表学校做交流发言；2017年9月，我代表学校在全国教学改革创新高端论坛上做报告；2018年，在全国校长大会上做交流发言；2020年，在全国自主教育论坛上做交流发言。

学校教师在通州区历届春华、秋实杯课堂教学大赛中取得好成绩。

学生在学校健康快乐地成长着，"我发现、我实验、我创造"的"三我"品质正在形成，学校毕业生的素养得到对口中学的称赞。

2020年，学校建校117年，百年不是发展的终点，而是新的起点。我们将在超越的路上演绎学校教学管理工作新的精彩。正所谓：

"不忘初心育良才，沐风雨，砥砺行，百十七年树人志，永不变，迎新春！"

研训并行　多元更进　创智慧课堂

吕桂红

新课程改革呼唤我们给学生一个快乐、对话、开放、感悟和探究的课堂，让学生真正感受学习过程，有效学习知识，发展各种能力，培养核心素养。因此，传统的课堂教学正在经历一场全新的变革，遵循以人为本，构建以学生为中心的课堂已成为教学改革的核心任务。我们要打破传统教学束缚学生思维发展的旧模式，给学生的多元发展提供最大的空间，把培养学生的创新素养和实践操作能力作为教学的重点。转变教与学的方式，让学生的核心素养真正在课堂教学中落地生根。

那么，如何促使学生学习方式的转变？教学模式如何创新才能顺应学生学习方式的转变？面对教学中的一系列问题，根据我校"深化科技教育，促进学生全面发展"为办学特色，在"我发现、我实验、我创造"的"三我"核心理念引领下，我们进行了深入的教学探索与研究，确立了"更新理念—科研导行—多元实践—教研跟进—反思提升"的动态教学改革机制，初步形成了具有后南仓小学特色的"践行三我理念，构建智慧课堂"的教学模式，教学策略、评价标准也在研究中悄然形成。下面我将课堂教学改革实践总结如下：

一、学中反思，促干部教师理念改变

实施新课改，教师是关键，要切实进行课堂教学改革，就必须有一支师德优良、教学艺术精湛、能适应改革要求、有创新意识的开拓型学习型的教师队伍，为此，学校借助UDS项目及智慧课堂的项目、变教为学项目，精心组织，强化培训。我们走了融学习研修和工作推进于一体的项目组"工作坊"，在专家的引领下，先后走进了多所项目校进行深入的调研与学习，完全浸入式的学习与调研真正激活了干部教师尘封已久的心灵，站在为学生发展的角度上，教师重新审视自己，进一步明确今后课堂教学改革的目标是：践行"三我"理念，变教为学，构建智慧课堂模式，从而实现五每三转化，创生富有活力的智慧课堂。

二、科研导行，构建智慧课堂模式

明确课堂教学改革的目标后，我们走上了探索与实践之路。在改革的进程中，始终以科研为先导，借课题促改革。立足"智慧课堂研究项目""变教为学项目"，教学部门进行顶层设计，从学期课题计划的制定到课题实施的过程管理，我们都注重全员参与，注重理论与实践相结合。课题计划的制定中我们采用了自下而上的过程，市区骨干及学科带头人、教研组长、普通教师代表都加入制订计划的行列，经过调研、讨论、研磨，形成切实可行的课题实施计划。在清晰的计划引领下，以校长为引领的教学团队，经过多次的深入研磨，交流碰撞，共研特性，建构模式：

1.明晰"三我"智慧课堂特性

经过多次的深度研磨与碰撞，我们明确了"三我"智慧课堂的特性：

基础性：智慧源于掌握扎实的基础知识，基于各项能力的培养。

情感性：教师以激情感染学生，点燃学生情感、思维的火花，情感交融，活动多维。

灵动性：引导学生多种感官参与课堂，使他们有所见，有所思，有所感，有所悟，有所创新。在发现中实验，在实验中创造，尤其突出做中学。发现、实验、创造三个环节相对独立又共融共生，从而构成富有生命活力的课堂。

启迪性：教师以自己的教学实践启迪和唤醒学生智慧。

共生性：追求每一个孩子的生长点，展现人人积极主动参与，在学习中不断创新与提升，最终实现课堂是师生共同成长的生命历程。

2.构建了智慧课堂教学模式

明晰智慧课堂特性后，我们教学团队通过课堂教学的摸索实践，初步形成了"我发现、我实验、我创造"的智慧课堂模式即"学前自主探究发现—课中小组互动交流—人人参与多元实践—反馈巩固引导点拨—适度拓展不断提升"的"三我"智慧课堂模式。

每个环节中采用相应的教学策略和方法，使课堂成为学生自主探究，多元实践，合作创新的主阵地（见表1）。

表1 "三我"智慧课堂教学模式

意图	教师	学生
课前目标导向	课前探究提示	课前自主发现
探究发现启航	课中巧设情境	课中合作探究
整合归纳深化	启发诱导调控	交流内化共享
实践创生多元	师生互动实践	多元互动实践
思维拓展提升	适度拓展提升	运用拓展创新

3.制定科学的课堂评价标准

为了在常态教学中更为科学有效的践行智慧课堂模式，我们从五个层次（五个特性）和两个方面（教师和学生）入手，制定了智慧课堂教学评价标准，教学中我们依照标准进行课堂观察与评价，并在实施中不断完善（见表2）。

表2 后南仓小学"三我"智慧课堂教学评价标准

课题		执教人		评课人		班级	
评价项目	评价指标						
	教师方面		学生方面			项目得分	得分
基础性 30分	1.能创造性地处理教材，教学目标制定全面、准确、具体，符合课程标准、教材的要求，符合学生的心理特征及认知水平，关注学生的差异性，注重学生思维能力培养。 2.教学环节设计科学、合理、有层次，围绕教学重点、难点进行，有利于不同层次学生思维能力的培养。 3.能善于捕捉和利用教学过程中动态生成的教学资源。		1.学生学习兴趣浓厚，学习行为习惯良好。 2.基本知识掌握扎实，基本技能得到训练。 3.善于捕捉和利用教学过程中的有效信息进行学习，基本能力有所提升。				
情感性 10分	1.教师以激情感染学生，点燃学生情感、思维的火花，情感交融，活动多维。 2.教师善于运用多种情景教学策略，创设不同的教学情境，激发学生兴趣，培养学生热爱学习的情感。		1.学生在教师的情感熏陶下，积极学习，主动思考，产生不同的情感，碰撞出思维的火花。 2.学生自然融进不同的教学情境，在不同的情境中能产生情感的共鸣。				
灵动性 30分	1.善于创设良好的发现的学习情境，敢于让位于学生，给学生创造自主探索问题的机会。 2.善于开放教学内容和教学方式，设计开放性问题，并能敏锐捕捉动态生成的教学资源。 3.善于引导学生多种感官参与课堂，深入探究，发展思维能力，科学处理学生的探究结果。		1.学生能够自觉、主动、积极地参与课堂学习，自觉参与讨论、操作、合作、评价等。 2.学生能在开放的教学内容中，利用多种感官，从不同的角度去发现，敢于实践、勇于创造。 3.能够自主选择，积极思考，有自己的独特收获与感受，善于运用多种方法解决问题。				

（续表）

评价项目	评价指标		项目得分	得分
	教师方面	学生方面		
启迪性15分	教师能创造性使用教材，挖掘教材中教育点，启发引导学生学会学习，提高认识，形成能力。	学生在学习情境中，敢于猜测、大胆想象，善于独立思考，发散思维并提出自己独到的见解和思路，使个性得到张扬。		
共生性15分	1.能够从教学过程中获得有益的启示，自身得到提高。2.引导学生从认知、能力等得到多元发展。追求每一个孩子的生长点，展现人人积极主动参与，在学习中不断创新与提升，呈现师生和谐共生课堂。	1.基础知识得到巩固，实验、发现、创造的能力得到发展。2.学生按照自己的方式，主动发现、探索知识，在学习中具有较强好奇心和探究欲望。3.善于合作交流，方法与手段灵活多样。不同资质的学生在创新与实践能力都得到发展。		
教学特色		总分		

三、多元实践，共研变教为学策略

我们的"三我"智慧课堂要突出"变教为学"的内涵，落实"五每三转化"即让"每一个学生都有学习兴趣，每一个学生都有学习活动，每一个学生都受到关注，每一个学生都有机会，每一个学生都得到发展"的教学理念，最终实现"将内容转化为问题，将讲授转化为探究，将结果转化为共识"的灵动高效的课堂。

为了践行三我理念，落实智慧课堂模式，我们结合各学科特点确定了"遵模式，巧切入，促生成，重获得"的研究切入点，以课堂为基地，采用多课联动的机制，落实"三我"理念，共研变教为学策略，凸显智慧课堂模式。

1.启用多课联动机制

组织开展骨干引领课、"三我杯"评优课、牵手教研课、青年教师"三我杯"汇报课、视导课、杯赛课多课联动机制进行深度教研，通过骨干引领的形式，开展教学设计、讲课、说课等系列研讨活动，逐步探索不同学科体现三我的智慧课堂教学模式，通过三我杯评优课、研究课、杯赛课，激发了教师全员参与，深入探究的积极性。各学科教师根据教学内容和学生实际，遵循智慧课堂教学模式，精心选择恰当的教学方法，使我们的课堂教学在过程的实施、知识的迁移、问题的拓展、练习的设计等多个环节上，始终处于内容鲜活化、过程活动化、问题探究化、思维多样化、体验有效化的良好状态。

2.共研教学策略

通过多课联动，集体研讨，反思跟进的模式，及时关注学生会观察、善思考、敢创新的学习习惯的养成及学生参与的过程，发现好的方法与措施及时组织教师在"科教论坛"上交流分享，共同研究出切实可行的实施"三我"模式教学策略，它们之间相对独立又相互关联与融通，多样的教学策略让我们的课堂更具灵动性。

发现式教学策略。以学生为中心，让学生在学习过程中始终处于主动地位，通过听、读、看、说、做、思、议等方法，让他们主动去发现知识内容、道理、规律、问题，教师加以点拨引导。

探究式教学策略。教师以导学单、自主学习单、实验记录单、选择答题卡、观察日记等方式为媒介，以实验操作为平台，将科学知识呈现给学生，学生通过亲自动手、动脑的探究活动掌握概念与知识，获得科学探究的能力与技巧，培养他们发现问题、解决问题的能力。

情景教学策略。通过生活展现情境、实物演示情境、画面再现情境、音响渲染情境、角色扮演情境、语言描绘情境等方式，增强学生对教学内容的感知、理解和思考。

小组合作策略。通过有效的小组合作学习，培养学生合作探究意识与沟通交流的能力。

多元评价策略。课堂教学中的恰当评价能时时激发学生学习的兴趣，增强自信，使学生享受学习快乐的同时，思维得到了深度开发，创新精神得到了高度发扬。

整体提升策略。让不同层次的学生都有所发展，不让一个学生掉队。学校采取问卷调查了解每个孩子的学情、个别指导突出个性化教学、同学互助共同提高、记录典型以点带面等方法，带动整体学习能力的提升。

"三我"教学策略的实施，为学生打开了一扇扇发现、实验、创造的大门，他们的思维在开放探究的课堂上绽放，智慧课堂的活力助推了学生的多元发展，富有灵动的课堂成为润泽学生生命的源泉。

四、教研跟进，提升课改专业水平

课堂教学改革的实效性，源于教师的常态教研，我们始终以常态教研为途径，依托多样的教研形式，不断提升不同层次教师的专业水平。

1.常态教研保时提质，交流分享研学共振

我们的常态教研每学期合理安排，力争落实9次常态教研活动。每次活动保证1小时，教学干部继续以问题为导向，每月深入学科组参与教研活动，跟踪指导，不断提高课堂教学实效。同时我们还实行组长月交流机制，定期进行组长管理故事的交流与分享，各学科组长可以围绕"三我"智慧课堂模式的实施""学科实践活动的落实""抓常规促质量提升的策略"三个主题，任选一个主题进行教研管理分享。

2.牵手教研整合共进，资源共享学习提升

依托三校教研共同体及项目共同体学校为依托，以落实"三我"智慧课堂模式为契机，继续开启骨干工作室、学科教研组、共同体学校牵手教研的模式，期中前后分别在学校及其他牵手学校进行课堂教学展示活动，各学科组策划一次主题牵手教研的活动。同时，根据我校的研究主题，适时聘请教科研专家、课程专家、学校外聘的专家团队等进行专题讲座，课堂教学指导。学校积极开辟互联网背景下的教学探讨模式，满足教师的个性化需求，在共享中携手共进。

3.科教论坛交流提升，苦练功夫提升技能

各学科教师积极参加校内外的教研活动，活动后及时在校"科教论坛"及组内交流反馈。

我们还根据不同学科特点，组织形式多样教学基本技能比赛，使教师的专业技能得到充分的展示。

4.围绕主题撰写故事，分层培训助推成长

结合项目组的发展理念建立以学生为中心的学校，我们组织干部教师撰写教学案例故事，通过层层评选，我校教学案例故事获奖率为70%。学期末，我们还组织各教研组结合本组教研特点，以"我们的教研故事"为主题，创新教研总结形式，突出本组特色。我们还注重新教师和青年教师的培训工作，关注青年教师"六个一"工程，加强骨干教师培训，多种途径为他们搭建展示交流平台，使青年教师和骨干教师都在教改中逐步成长。

我校"三我"智慧课堂模式的改革，"三我"教学策略的实施，为师生的多元发展提供了更为广阔的空间。教师善于发现，乐于实践，勇于创新；学生在感受、体验、参与、合作、交流中去学习，他们参与课堂的广度、深度得到了立体提升。学生的潜力、才能被充分挖掘出来。发现、实验、创造的学风悄然形成。五星少年的目标在课堂中被内化，形成了我校独具特色的"三我"课堂文化。真正实现了在多彩生动的课堂教学中：

人人想学：让每位学生在发现中体验主动的学习。

人人会学：让每位学生在实践中从事合适的学习。

人人学好：让每位学生在创新中享受成功的学习。

五、存在问题及今后设想

1.教学理念仍需要改变

后南仓小学作为一所百年老校，教师年龄偏大，教学观念比较陈旧。新教材老上法。有的教师无法把握新教材的设计意图，教学中注重落实知识目标而忽视了过程与方法目标、情感态度与价值观目标。"穿新鞋走老路"的课堂教学现象还存在。

2.部分教师的专业水平离新课程理念有距离

新教材要求教师能有宽泛的知识储备及灵活的教学策略，把教师、学生、教材、环境四个因素整合起来，进行课程资源开发与研制，但是部分教师认识不足，难以做到。

3.课堂还缺少活力

课堂应是充满生命活力的地方，学生才是课堂的中心，然而有个别老师还是一言堂，禁锢了学生的活动，禁锢了学生不断探索与创新的能力的发展。

4.发展不均衡

"践行三我理念，构建智慧课堂"的教学模式初步形成，新课堂教学改革推进，呈现出发展的不均衡。包括老中青教师的观念更新及行为跟进的相对不同步，一定程度上影响了学科教学质量的提高，还需要深入探讨与研究，尤其需要相关专家的引领与指导。

课堂教学改革之路就像是一场生命的旅行，就像迈克尔·富兰所言：变革是一项旅行，而不是一张蓝图。聚焦于课堂教学的发展与改进更是一项复杂的变革，变革之路上会充满荆棘，但我们不会停止探索的脚步，因为我们相信：教学工作会因改变而精彩，课堂会因我们而熠熠生辉！我们将继续努力，让新课程背景下的课堂成为焕发生命活力的乐园。

激发兴趣，培养学生锻炼习惯
——提高耐久跑课的教学效果

李宝国

耐久跑是一项枯燥的教学内容，然而又是一项体育教学大纲中明确规定、不可缺少的重要教学内容。教师在教学中，应正确处理好教与学的关系；有针对性地组织好教育教学；合理安排练习；恰当地实施评价标准；积极有效地调动学生参与意识，使学生全身心地投入课堂之中，帮助他们养成良好的锻炼习惯，让他们懂得只有用辛勤的汗水去打造健康，才能找到打开终身体育大门的钥匙，迎接美好未来。为了从根本上提高耐久跑课教学效果，培养学生锻炼习惯，应努力做到以下几点：重视思想品德教育与理论知识传授相结合；选择多种自主练习方法，激发学生兴趣；要做到科学分组并有一定的刺激强度；注重有效评价与适时激励；教师用健康的心理素质和良好的精神风范影响学生，唤起学生练习欲望，养成锻炼习惯。

一、重视思想品德教育与理论知识传授相结合

耐久跑课有单调、枯燥且苦、累等特点，学生易厌学、厌练，往往产生畏难情绪。教师要在课上积极引导学生正确对待耐久跑课。让他们真正理解耐久跑课的内涵，从被动学习转到主动接受的科学态度上来。练习前要把锻炼方法、目的、要求向学生讲清楚。例如，耐久跑技术动作如何体会，如何练习、怎样去克服"极点"现象等，从而消除惧怕心理，树立起良好的信心与决心。

另外，教学中，教师应注重基础知识和基本技能的传授。理论是实践的基础，实践需要理论的指导，任何一门技术的学习都离不开理论知识的学习，学

生在学习过程中只有掌握了这些基本理论知识，才能有的放矢地指导练习，为终身体育打下良好的基础。

二、选择多种自主练习方法，激发学生兴趣

学生是学习的主体，任何知识的学习与掌握都应从学生实际出发，只有兴趣浓，学生才能爱练，效果才能好，所以激发学生兴趣很重要。根据认知规律、情感发展规律、学生心理、生理规律等特点，教师应发挥学生的主体地位及聪明才智，为学生提供自主锻炼的机会和自我展示的空间，把课堂变成学生体验成功的殿堂。要充分相信学生与学生密切合作、共同营造一种宽松、自由、民主、和谐的良好氛围。使学生轻轻松松学习，愉愉快快锻炼，在练习中培养兴趣，在兴趣中求教学效果的提高。

选择丰富多彩适合学生年龄特点的练习方法，是提高耐久跑课教学效果的有效手段。如：领先跑、追逐跑、定距跑、定时跑、跳绳比赛、往返跑、混合接力跑、进行球类比赛等形式，将娱乐、趣味、游戏、竞赛为一体，练习科学、合理、效果明显。

三、要做到科学分组，并有一定的刺激强度

耐久跑教学应做到科学分组，要将不同性别、身体素质条件、技术水平有差异的学生进行合理分组，区别对待，不能一刀切。通过分组练习，要求不同类型学生达到不同标准，完成一定强度的刺激量，防止部分学生吃不饱和吃不了现象的发生，影响学生练习兴趣。

例如，在分组教学400米重复跑中，将男女学生分别分成三个练习小组。男：A组、B组、C组；女：A组、B组、C组。分别完成以下标准，对应值：

男 A	男 B	男 C	女 A	女 B	女 C
1′20″－1′25″	1′25″－1′30″	1′30″－1′35″	1′25″－1′30″	1′30″－1′35″	1′35″－1′40″

在练习中，通过对学生练习态度好坏、体力分配是否合理、意志品质高低进行评价，根据所选组别进行升降级比赛，由C组升到B组或由B组升到A组（由A组降至B组或由B组降至C组）。学生都有一颗好胜的心，如果不因病或特殊情况，一般不甘心落后，如确实有病，不能参加练习，可以适当安排服务性工作，

这样学生就能全身心地投入练习之中。

另外，练习采取脉搏测定方法，合理控制运动量的大小，也是获取耐久跑课良好教学效果的重要方面。

依据科学方法测得结果表明：学生一次练习强度达到50%效果不明显，强度达到80%容易引起不良反应，可将运动强度控制在70%左右。一般学生每分钟脉搏跳动达到140次／分，此时运动量约为70%，我们只要在运动结束时即刻测量出10″脉搏再乘以6就可以得知每分钟脉搏次数，从而合理控制运动量大小，求得练习最佳效果。

四、注重有效评价与实施适时激励

耐久跑的每次练习，都是对每个学生的一次意志品质和技术动作的检验，所以及时实施有效的课堂评价与适时激励才能提高学生对耐久跑的练习兴趣。

耐久跑教学实践中，教师要注意观察学生练习情况。例如，哪个组练习认真，哪位学生动作规范，哪位学生动作技术合理、体力分配得好，哪位学生跑得轻松、省力、协调、呼吸节奏明显，哪位学生勇于吃苦耐劳、表现出良好的意志品质等，都要在评价中加以肯定。当然，缺点、不足也应该明确指出来，便于以后改正。适时激励也能起到很好的效果。例如，"你真棒""跑得不错""你进步了"或给个微笑、投去赞许目光等，都会起到很好的教学效果，另外，课下还需对意志品质、身体素质差的学生做好疏导工作。常采用自评、互评、示范等方法也同样可以收到良好的教学效果。

耐久跑教学实践中，学生存在很大差异性，如果只看成绩，不注重客观现实，一概而论，就达不到评价的目的与激励的效果。所以，评价时要体现客观、真实、公平、准确。

五、教师用健康的心理素质和良好的精神风范影响学生，唤起学生练习欲望，养成锻炼习惯

1.课堂是教学活动的主阵地，是师生互动交流的场所

教师在整个教学中起主导作用，如果教师在课堂教学中精神面貌始终处于饱满、健康、积极、乐观的状态，就能很大程度上唤起学生的健康情感，调动

学生锻炼积极性、主动性、自觉性、创造性，对学生能力的发挥、兴趣的培养非常有益。

2.榜样示范能很大程度上激发学生对耐久跑的练习兴趣。

榜样的力量是无穷的，教师在做示范或练习中，高超的技术能力，优美、漂亮、娴熟、规范的示范动作能唤起学生强烈的练习欲望，都想一试身手，自觉地投入到练习中去。

教师如果在耐久跑项目上如有所特长，又善于将特长揉进课堂教学中来，并适当参与学生练习，放下架子，发扬肯当一名普通学生的精神，与学生一起练习一展风采，这样，学生练习兴趣会越发强烈，也可缓解学生的疲劳，此时师生情感会更加融洽，有利于提高教学效果。

教师若能长期做到与学生建立朋友加伙伴式的关系，将有利于学生的身心健康发展，更好地引导学生积极投身到体育活动中来，养成自觉锻炼的好习惯。

勇于从内打破

刘艳红

当今是一个改革创新的社会，作为中层管理干部的我，深知仅仅感觉到有压力是远远不够的。鸡蛋从外打破是压力，从内打破才是成长。我必须在工作中学会从内主动、能动地改造自我，才会有真正意义上的成长。后南仓小学的干部管理理念是：人人争做"三成（成人、成事、成己）"好干部。所以，本学期从管理理念到行动上，我试着微改变、微创新，在反思中不断总结提升，切实提高自身的管理能力。

一、为人做球

我校教师平均年龄在四十三岁以上，师资队伍长期处于固态，缺少新生力量的搅动与补充，有些中老年教师处于专业发展的瓶颈期，面对新的改革形式，没有急迫感与危机感，缺少积极进取的工作热情，职业倦怠现象比较明显。当分配任务时不时会听到一定的怨声，感受到一定的抵触情绪。负责具体工作的我有时会感到矛盾、尴尬与憋屈。在校长的带动下，学校进一步规范完善了办学理念体系，并得到了老师、家长、上级领导的充分认可。怎样才能将这些理念、学校的长远规划、近期目标在我们具体的工作中得以有效实施，我给自己提出了一个要求，不能总是被动地管理、被动地去实施学校的计划，要真正走进老师们的心里，切实贯彻从上到下、从下到上的工作作风，和老师们形成共同体。

本学期，10%学科实践活动仍有计划地开展，我具体负责低年级段的学科实践活动。我首先召集所有任教低年级的老师召开了活动实践培训会，通过学习、交流、研讨，老师们对10%学科实践活动的实质内涵有了进一步的理解，随后围绕学校实践活动的主题"春梦—风筝"，确定出了低年级学科实践活动的主题"放飞梦想"，围绕此主题制定了实践活动方案，同时清晰了不仅要将10%学科实践活动的理念贯穿于平时的课堂教学中，还要结合学科内容定期设计教材之外的有利于全体学生参与并开展研究性学习的方案。分层推进近一学期后，我又组织低年级学段教师开展了一次跨学科的实践活动展示课。课前，我和教师们进行了多次交流研讨，从设计到各个环节过程的准备我们各有分工，我们合作得非常愉快。在展示课上，经过沟通，除了组长外，我们将很少上台又不愿显露的年龄较大的老师推上了讲台。结果我们的实践活动课很成功，得到了领导、老师的充分认可，被评为学校的优秀实践活动课。

学期末，学校召开了"回眸点滴话成长、携手共进再超越"教学总结会，并聘请了从我校培养出去的八位教研员参与了总结会的全过程。从总结会过程的设计到串词的撰写我均参与其中，我们选择中老年教师做主持人。教研活动经验介绍、教学工作回顾中的相关板块也突显了中老年教师的成长。总结会开得比较成功，中老年教师自身价值感倍增，年轻教师找到了超越的榜样、增强了超越的动力。

通过参与组织这些活动，我深刻体会到：当教师被贴上"老"这个标签后，人就会做到自我印象管理，使自己的行为与所贴标签一致，感觉自己已老，精力有限，而失去了工作的热情，但当给他们提供展示机会并获得成功后，他们也会有很大的满足感，说明无论岁数大小内心都有着一种被认可的强烈愿望。作为一名中层管理者，就要怀着一种和老师同等身份的心理和老师一道参与活动全过程，并根据老师的不同特点给他们创造展示的平台与机会，做个会做球、能传球、会传球的幕后服务工作者，使老师们的青春得以再次焕发，不断地超越自我。

二、温柔坚持

学校每学期都会有大量的周而复始性的教学工作。例如，开展各种级别的展示课、评优课、研究课、汇报课、常态课、教学基本功竞赛，召开质量检测分析会、教科研等活动；常规工作检查，查阅教研组计划、教师教学计划、教案、反思、总结、听课笔记、学生的作业；迎接区级的学科视导；等等。

对于这些工作，作为中层管理干部的我们常常要通过听、看、议、评等方式，给老师定出等级，作为考核老师工作的依据。因此，我们和老师之间有时不免有些矛盾。当老师为此发出不同的声音时，我会和老师交流，说出我们的工作程序。同时，也会中肯地指出老师的优点及需要改进的地方，力争让老师欣然接受。当老师提出较为合理的意见时，我也会接受并作为下次改进工作的依据；当有些老师提出的意见不够合理时，我也会温柔地说服老师，坚持学校的做法；当有些老师以岁数大或身体不适为由想不参加学校开展的某些工作时，我也会通过谈心方式说服老师参加，如确实有特殊原因，便和老师协商以其他方式参与。除此之外，我还会经常利用中午吃完饭在操场上散步的时间，和老师谈心，以平和向上的心态完成每项教学工作。总之，通过温柔地和老师谈心的方式，坚持让每位老师全方位地完成各项教学工作。在这种坚持中，求得老师在不知不觉中得到成长，找回自信，感受幸福。

三、扩展宽度

本学期初，我校迎接了一次大型区督导工作，每位管理干部都承担了其中的一部分工作，根据评价指标体系，我们每个人都要整理大量的材料并统一装到档案盒中，以备督导查阅，而这些工作要在其他工作中穿插完成，很多工作还要和其他人协调合作后来完成。每位干部都加班加点地出色完成了所分管的工作，督导结束后，督导领导、老师对我校的工作给予了高度评价，计划、方案、制度、过程性资料等在被督导的学校中是最为齐全丰厚的。听到这样的评价，我也对自己的付出感到欣慰、值得。

继续教育也是我所分管的工作，涵盖市、区、校等各级各类的培训工作，上级培训的上报、组织管理，校级培训的计划、方案、组织、考核、档案的整理、继续教育系统的管理等，可以说工作也是纷繁复杂，有些培训工作也是需要部门间的合作才能完成。

以前我总认为有些工作不是我分管的，为什么要由我来完成，继教工作学校也应出面来协调，否则让我怎么来完成。崔校长要求我们干部要有团结、实干、服务、合作、创新的工作作风，强调学校发展你我有责，UDS项目组也强调要不断地改变自我，不能固守常规。正是在这些理念的熏陶下，我不再抵触学校分配给我的任何工作，心里想的只是如何出色完成这些任务。我慢慢地感觉到，因为有了这样的锤炼，自己从心灵到工作宽度得到了扩展，工作的心情变得愉悦，工作能力也得到了一定提升。

一学期的工作很忙碌，但也收获颇丰，学生在改变着，老师在改变着，我自身也在改变着。我吸吮着"我发现、我探索、我服务、我奉献、我走进、我参与、我搭建、我改进、我收获、我快乐……"后小"我"的文化，我要不断地从内打破自己，使自己变得更加强大。

传承运河传统文化，探索文化研学课程
——万物启蒙课程之"跟着运河去看桥"

王海霞

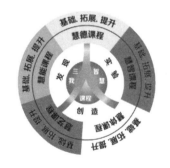

通州区后南仓小学始建于1903年，最早名为"端蒙小学"，《易经》载："蒙以养正，圣功也。"百年的文化积淀深厚的文化底蕴和良好的人文环境。为了更好地落实通州区三级课程整体建设一体化课程方案精神，我校以"我发现、我实验、我创造"为核心理念，依托"理念引领—建构体系—整合推进—融通创生—多元发展"的建设路径，构建了"慧德、慧智、慧体、慧艺、慧能"五个领域和基础类、地方拓展类、发展提升类三大课程类别的"三我"智慧课程体系。

在发展类提升课程中，我们融入"万物启蒙课程"，引万物入课堂，以世界为教材，与自然和谐相处，以文化串联万物，因万物串联课堂，研究确定凸显科技特色的学科综合实践主题课程，不断实现课程整体育人功能以及学科内、学科间的联系与整合，从而实现在主题课程中渗透启蒙教育，培育学生"三我"品格，唤醒人文情怀，塑造五星少年。

"三我"智慧课程体系

五大领域	类别		
	基础类课程	地方拓展类课程	发展类提升课程
慧德课程(品德与修养)	品生、品社	国学诵读、小学生礼仪、我爱北京、北京精神、中国梦、通州社会、五大节日课程之美德课程	万物启蒙课程、国学诵读、美德剧组、博物馆课程……
慧智课程(语言素养、数学素养、科学与信息)	语文、数学、英语、科学、信技	通州自然、做中学科学、中华优秀传统文化、快乐学数学、生物馆课程、五大节日课程之一科技节课程、读书节课程	万物启蒙课程、创客课程、国学诵读、小科学家、三D打印、SDAM融通课程、木梁承重、机器人、航模、建模、卡通科学、小种植、英语词汇棋、双语剧表演、国际象棋、象棋、围棋、数字九宫格、桥牌、科技节活动课程……
慧体课程(体育与健康)	体育	心理教育、健康教育、专题教育、生命教育	篮球、足球、花样皮筋、毽球、乒乓球、花样跳绳、武术、太极、棒球、健美操、拉丁、健康小卫士……
慧能课程(劳动与技能)	劳技	《七彩课堂》中的部分内容	万物启蒙课程、小巧手课程、创意手工坊、风筝课程……
慧艺课程(艺术与审美)	音乐、美术、书法	《七彩课堂》中的部分内容、五大节日之一艺术节课程	书法、国画、儿童画、素描、口琴、竖笛、葫芦丝、排箫、琵琶、中软、二胡、笛子、古筝、综合表演纸艺、剪纸、评书、打大鼓、快板、相声、儿童舞、健美操、拉丁舞、艺术创想、儿童创作、声乐、器乐……

下面分四个方面具体阐述我校是如何传承运河传统文化，探索文化研学课程，实施万物启蒙课程的。

一、研学课程实施背景

1.凸显特色的国学育人目标：厚德载物，端蒙养正

近年来，我校遵循继承传统文化与弘扬时代精神相结合的原则，努力寻求

现代文明与传统文化的切入点,以国学的儒家之德、儒家之学、儒家之教为血肉精魂;将传统文化融入学校现代的教育教学之中,围绕立德树人的根本宗旨,我们一直在思考,寻求更适合孩子的课程,探讨更为科学的育人模式。

2.根植于本土文化内涵的背景:运河古韵,历代传承

我校自加入国学项目校以来,通过整合融通的"三我"智慧课程体系中的慧德课程(启德、明德、树德、悦德),借助丰富多彩的节日课程活动,在大力弘扬中华优秀传统文化的同时,潜心研发具有本土气息的通州文化。

通州取"漕运通济之义",是京杭大运河的北起点,蕴含着丰富的课程资源。运河沿岸的燃灯佛塔、八里桥、三教庙、张湾漕运古镇等,过去在漕运上都发挥了非常重要的历史作用。

学校名字"后南仓"中的"仓",就源于这里曾为皇家粮仓,是为皇家储备粮食之地,仓储文化源远流长,更是漕运文化不可或缺的精髓。

2008年北京奥运圣火曾在大运河上传递;2014年京杭大运河申遗成功;2017年习近平总书记视察北京城市副中心,提出通州历史文化资源丰富,传统文化底蕴深厚,要古为今用,深入挖掘以大运河为核心的历史文化资源;蔡奇市长也来到张家湾通济古桥,指出要加强运河文化遗产保护,以高度的历史责任感推进大运河文化带建设。将这些文物、文化保护下来,传承下去,是我们新一代副中心人义不容辞的责任。

2016年我校有幸加入运河联盟,与通州几所兄弟校一起走进位于大运河南起点的杭州京都小学,开启了我校研学课程之旅。在京小的校园文化墙上,学生绘制的运河沿岸城市像珍珠一样串联起北通州、南杭州。"京杭运河我的家"——汇集着运河沿岸、来自不同城市的二十几所联盟校,这里面就有来自咱们通州的运河小学、运河中学、张家湾中心校、临河里小学、后南仓小学等九所学校。

杭州除了美丽的西湖,还有独特的水乡风韵。"运河水乡处处河,东西南北步步桥"。京都小学校园南门外就是举世闻名的京杭大运河。该校充分利用此资源,每年新入学的一年级新生和六年级毕业生都要沿河逆流而上,途径三座著名的石拱桥,聚集在杭州运河文化广场上,举行隆重的仪式,寓意踏上新的求学征程。这次南下之行启发了我校,我们也要抓住通州的运河之水,探讨运河文化研学。

3.构建融通整合的万物启蒙课程体系：以物为阶，人在中央

2016年底，我校得到蒲公英教育智库的技术支持，确立以凸显我校科技特色的学科综合实践主题《万物启蒙课程》为研究途径，以大运河文化为研学重点，借"物—器—道"三阶架构课程，以孩子的成长和运河文化发展形成并线，认知由低到高，由浅入深，以运河上的桥为支点，延伸到文化生活的角落。探索文化研学课程，汇聚成文化意象，从而找到运河文化启蒙的钥匙。

运河文化包含的内容很丰富：运河号子、运河水文化、塔文化、桥文化、漕运的船文化、古镇文化、运河故道、运河名人、民间艺术与传说等。我们从何入手呢？

二、研学课程探究历程

我们的文化研学主题是如何诞生的呢？回顾起来大概经历了三步。

1.外出参观研学，打开思维壁垒

我校先后组织干部、教师到万物启蒙课程协作校——重庆上桥南开小学和银川回民二小，参观了他们的茶课程、竹课程、船课程和枸杞等融合课程。小小研学主题课程突破了课堂场域的局限，它以工作坊的形式重构课堂协作生态教学，实现游学式、场馆式、主题式、项目式等多种学习方式。例如船课程通过调查、参观、访问、游览、研讨等活动，按"船之史、船之用、船之旅、船之诗、船之歌、心中的船"等板块整合不同学科关于船的知识。从学生身边万物开始，打通生活和教育，以小博大，启蒙常识，养育通识素养，习得人与世界相处的智慧。

2.自行初探尝试，打通学科边界

研学归来，我们成立了一支成员有50人的课程团队，老师们结合通州本土文化资源燃灯塔、大运河，以及后南仓小学的五大节日、五星教师和五星少年的评价，最初按低、中、高三个年级段分别尝试开展塔课程、水课程和星课程。老师们以识物、器物、化物为课程三阶，利用思维导图构思不同学科内、学科间的联系与整合，从这三个方面来走进运河传统文化。

3.邀请专家指导，研讨确定主题

2017年底，怀着对万物启蒙教育的执着与热爱，我校邀请万物启蒙文化通识课程创始人钱锋老师；蒲公英教育智库负责人李栋老师；万物科学课研究员

冯书伟老师入校指导，他们分别给我们带来了人文板块和科学版块的主题公开研学课。钱锋老师结合生动的例子展开了研学讲座，细致阐述了"博学、审问、慎思、明辨、笃行""知行合一"的教育理念。在听采取了我校低中高年级段分别以"塔、水、星"为主题的课程汇报后，建议全校可先围绕一个最具代表性的主题开展。与会的老师也碰撞出思维的火花，通州作为城市副中心，未来规划就是要打造一座世界级的水城。那我们就以"运河之水"为主题，来研究运河两岸的文化吧，而连接运河两岸经济文化的纽带，就是一座座材质不同、形态各异的桥。水之韵、桥之魂，运河因有了桥的存在而有了灵魂，最终"跟着运河去看桥"研学主题课程就这样应运而生。关于主题是"跟着运河去看桥"还是"沿着运河去看桥"好，我们也产生过激烈的讨论，最后一致认为，把奔流不息的运河水比作充满生命力的水娃，一路欢唱，奔跑向南。因为我们学校的吉祥物就是端蒙水娃，所以主题最终确立为"跟着运河去看桥"。这样更具有拟人的动态。

三、研学课程实践过程

下面从四个方面介绍我们是怎样逐步实施研学课程的。

1.线上学习，实践探讨边充电

我校的万物启蒙课程团队，利用手机App软件，加盟注册线上学习平台，每月2次，利用晚上及双休日时间，网上听讲座，利用微信群互动交流，参与研学课程的探究式学习。

2.教者先行，寻桥踏路找源头

为了更加准确地了解通州地段运河上的古桥与新桥，我们除了资料查询，还组织教师们亲自到运河边去走一走、看一看最有代表性的几座桥。

阳春三月，我校工会借助"庆三八"之际，组织全体教师来到大运河畔，开展"健步寻春 扮靓运河 做魅力女性"的主题活动。老师们迈着矫健的步伐从东关大桥出发，沿着运河西岸，一路向北。欣赏独具特色的莲花桥，古老的七孔桥，三河交汇口的北关闸桥。古老的运河岸边留下了后小教师健步寻春的快乐合影。大家都自发的用不同方式，记录这次寻桥的旅行。

3.学科实践，全面了解运河文化

学校组织学生到图书馆、档案馆参观学习，网上搜索查询，充分了解运河传统文化。

各班通过班队会及学科实践主题活动，开展项目式研学，学生们以班队会、主题活动课的形式交流有关运河文化的信息。

各学科老师也根据课程标准及学科育人目标，通读教材，根据学科内容，找到与本学科内容的整合点，利用10%的学科实践时间进行整体推进实施。

运河"桥文化"研学课堂

	学科	整合点	实施方式	实施教师
跟着运河去看桥	语文学科	诗词歌赋悟桥韵，美文创作颂桥美。	诵读歌颂运河桥的诗词歌赋，创作美文，品析美文歌颂桥之用、桥之美。	语文
	数学学科	几何图形拼装桥，数学规律创造桥。	通过观察、测量、拼摆了解桥的数学知识，通过创意拼插，感悟创造之美。	数学
	英语学科	八方游客聚通州，古桥风韵扮运河。	编排英语剧、介绍运河文化的英语导游词，为中外游人介绍运河桥之史等。	英语
	科学学科	桥身结构测承重，科学构造创意桥。	通过实地测量及各种模拟实验，感受桥、闸等相关的作用。	科学
	品社学科	历史故事了解桥，文化传承歌颂桥。	通过调查、考察、网上搜集、实地调研等形式，了解运河桥之史。	品社
	美术学科	现场临摹写生桥，七彩画笔创想桥。	通过写生、临摹、创意等方式，感悟桥之美。	美术
	音乐学科	运河四季风风景新，春诵夏弦韵律美。	通过歌唱、舞蹈、表演等形式，再现桥之韵、桥之美。	音乐

多学科实践活动，让不同年级的学生，对于运河的桥文化有了不同程度的了解与感悟。

低年级学生通过聆听故事感受到，京杭大运河是世界上里程最长、工程最大的古代运河，也是最古老的运河之一，与长城、坎儿井并称为中国古代的三项伟大工程，并且使用至今，是中国文化地位的象征之一，感觉很震撼。

中年级学生通过品社大课堂知道，大运河最早建于春秋时期，在隋朝时期连通了，形成了京杭大运河。大运河南起余杭（今杭州），北到涿郡（今北京），途经今浙江、江苏、山东、河北四省及天津、北京两市，贯通海河、黄河、淮河、长江、钱塘江五大水系，全长约1797公里。至今已有1000多年的历史。

高年级学生通过查资料了解到,古代运河沿岸的石拱桥高大雄伟、坚固结实,桅高八九米的货船可扬帆而过。比较著名的通济桥、拱宸桥、广济桥、上津桥、灭渡桥、柳叶桥等,随着时代的变迁和社会的发展,大批的拱桥被钢筋水泥和钢梁取代,例如通州的北关闸桥、温榆河桥、东关大桥、玉带河大桥、运河大桥。幸运留下的大运河古桥,就是一部活的运河史,也是一座座运河文化的立体博物馆。

4.社会实践,寻源看桥徜御河

为使学生更充分地了解北京大运河文化,学校在2018年5月7日,组织四至六年级参加"游皇家御河 赏京城古桥"的社会实践活动。设计与学科内容整合的学习单,让学生带着研学任务参加活动,乘坐游船沿昔日慈禧太后所走的皇家御用线路观光游览,了解北京的水资源及水道历史文化,知道了这条河道最早是元朝忽必烈派水利专家郭守敬修建的,在河道上还修建了长河第一座闸桥——广源闸桥,每逢京东通州的通惠河天旱水浅难以通行运粮船时,都有专职官员到广源闸桥提闸放水。了解南长河是古代通惠河漕运水源河道,知道广源闸桥、麦钟桥、长河桥的历史故事,用画笔、相机留下桥的身影。

四、研学实践,分组实施

全校共同研学一个主题,操作起来很有难度。我们根据学生认知水平的不同,按年级段分成了三个具体实施小组,并成立了学校及年级课程团队。

全校课程总负责人:崔淑仙校长、吕桂红校长。

年级课题负责人:学科主任、教研组长及各学科组骨干教师。

低年级主题负责人:陈卫华、刘艳红、韩立云、吴静(一年级)、朱艳(二年级);年级核心成员:李淑云、曹海红、赵雨新、张萌、吴春华、张建明、刘戈、付蕾、李晶、马兰、王鹤。

中年级主题负责人:王海霞、张海峰、张俊兰、艳琪(三年级)、杨春青(四年级);年级核心成员:周密、张晓冬、张帆、李丽丽、孟祥玲、张建节、杨玉兰、刘曼思、高健。

高年级主题负责人:闻军、范亚芳、常卫东、金忠臣(五年级)、王新(六年级);年级核心成员:杨卫平、付永明、姜怀民、李静、马立华、杨虹艳、靳春松、胡颖、李亚男、徐焱、贾洪坡。

1.低年级（桥之貌）

通过寻、认、比、绘、话等5个环节来了解桥之貌。

每个环节1~2课时，共7课时。

寻一寻：一年级，通州地区运河上有几座桥，它的名字；二年级，运河上桥的名字和来历。

认一认：观察通州运河名桥外形特点，用不同方式（照片、绘画）展示。一年级，画一画、照一照、说一说；二年级，在一年级的基础上再写一写桥的外貌。

比一比：通过小游戏，开展运河小知识答题过桥比赛。

绘一绘：一年级，美化节日中的运河桥；二年级，创想未来的运河桥。

话一话：结合不同学科开展的活动，通过不同形式，展示对桥的认识。

2.中年级（桥之史）

通过调查通州地区大运河上有代表性的桥，在低年级了解桥之貌的基础上，探究桥之史，包括运河桥的历史起源、地理位置、造型结构、材质种类、地位作用及演变发展。

历史比较久远的古桥，通州的通济桥、八里桥、莲花桥、七孔桥、北关闸桥，新建的东关大桥、玉带河彩虹桥、运河大桥、温榆河大桥等。

活动形式：场馆式调查了解、档案馆参观学习、网上资料查询、主题式活动介绍、项目式探究研讨及表演式歌颂赞美等。

具体实施方法包括以下几种。

查询：三四年级了解运河的开凿史、发展史、历史地位、南北起点、全长、流经四省两市（途径浙江、江苏、山东、河北、天津、北京），贯穿的五大水系。

了解：通州有代表性桥的历史起源、地理位置等。

探究：结合不同学科内容，探究造型结构、材质种类、地位作用及演变发展。

每个环节2~3课时，共7课时。可参照低年级的形式分年级实施。

3.高年级（桥之韵）

通过对比古今运河之桥的结构、作用及发展，深入挖掘以大运河为核心的历史文化资源，例如，运河沿岸的燃灯佛塔、八里桥、三教庙、张湾漕运古镇等，充分了解大运河文化带建设。我们了解的不仅是运河桥，而是运河两岸的文化。例如，研讨"为什么开凿京杭大运河"，了解大运河的政治经济文化地位；研讨"为什么选择石拱桥"，研究桥的科学结构，从而歌颂勤劳智慧的华夏民族；通过"桥之名""桥之美""桥之用""桥之诗"体会"桥之韵"，了解不同名桥的文化传说。

寻：运河北源头之桥，三河交汇口（温榆河、潮白河、大运河）北关闸桥。

赏：城市副中心新桥，东关大桥、玉带河彩虹桥、运河大桥。

品：一桥一文化，八里桥——（永通桥）运河文化、萧太后河上的通运桥——漕运文化。

赞：运河文化作家——刘绍棠等，他的《运河人家》系列文化作品（《花街》《蒲柳人家》《渔火》）流传已久。如何把刘绍棠这种运河文化保护传承下去？

创：通州新运河大桥，集古人文化，续创辉煌；通过画笔创新桥、动手搭建模型桥；创意能通大船的斜拉式、平移式大桥。

每个环节1~2课，时共7课时。

以上活动，学期末以活动课形式分低、中、高展示，并为暑假游学课程做好准备。

五、假期研学逐级深入

"天行健，君子以自强不息；地势坤，君子以厚德载物。"

京杭大运河沿线的每个城市都有自己的特色，如何沿着通州的北起点把这些城市的特色集合起来，让学生对大运河的历史有一个整体的了解呢？我们利用假期，组织学生踏上研学之旅。

（一）利用寒假组织学生先从身边的桥入手，开展"跟着运河去看桥"实践活动

一二年级：去看一看运河和运河上的桥，和它们合张影，或者画一画运河和桥。

三四年级：找一找运河流经的城市及运河上的桥，并背一背运河、桥的古诗，制作成手抄报或诗配画。

五六年级：搜集运河及运河上的桥相关资料，并了解它们的历史、故事及

桥的种类、材质等，把收集到的资料绘制成思维导图。

（二）组织六年级毕业季游学——山东济宁、曲阜

"读万卷书不如行万里路"，古有孔子带弟子周游列国，现有后南仓的教师团队带领六年级学生开展毕业季游学活动，沿着运河一路南下到达山东济宁、曲阜，孔子的故乡，探索大运河济宁段的桥梁故事，了解桥梁科技发展的过程。

（三）暑假组织运河研学活动

组织部分师生在暑假开展为期一周的大运河人文研学之旅。我们从通州的运河文化广场出发，从大运河的北起点，三河交汇处的北关闸桥，一路沿着运河南下，历经北京、天津、台儿庄、淮安、扬州、苏州、嘉兴、杭州等数城，一直到杭州拱宸桥畔的运河文化广场结束。以运河上的桥为探究点，钩沉运河对两岸城市命运命运、民间文化、文明进程的影响，跟着运河看的不只是桥，还有运河两岸的风土人情、历史文化、地域特色、名胜古迹。

我们将研学之旅分为以下七站：

第一站：五水交汇通京津。

研学任务：运河为什么起源于通州？研究通州作为大运河起点的历史选择原因。天津的三副面孔（方言飞地、商铺云集、小吃众多）和运河文化的关系；天津民俗文化调查等。研学点：北京通州大运河起点，五河交汇处桥、海河三岔口的桥。

第二站：江北运河英雄城。

研学任务：台儿庄怎么会成为运河南北命运的分界点？江北水城的英雄史等。研学点：台儿庄古城的桥。

第三站：运河沉浮在淮安。

探究任务：运河流向为什么几次改变？运河上的水上立交桥、运河闸的运作。设计一段有落差、带闸门的水道，控制闸门开闭，把纸船或模型船从低处航行到高处等。研学点：清口枢纽。

第四站：二十四桥明月夜。

探究任务：二十四桥到底是二十四座还是另有奥秘？五亭桥为什么是茅以升眼中中国最美石桥？杜牧与扬州等。研学点：瘦西湖与二十四桥。

第五站：姑苏一梦到春秋。

探究任务：盘门水城门的桥攻城守卫运作方式、运河与姑苏千年的繁华、

东方威尼斯还是西方的苏州等。研学点：盘门、宝带桥、环护城河船游。

第六站：烟雨迷蒙访旧踪。

探究任务：江南在哪里？运河、太湖，谁是江南的母亲？桥与船，交相辉映的江南风情等。研学点：长虹桥、南湖、月河。

第七站：直奔钱江向东海。

探究任务：拱宸桥是座什么桥？运河生活与优雅杭州关系，为什么刀剪剑等这些工艺都成了杭州的标志？运河与西湖，谁才是杭州的水名片？断桥与长桥、结束仪式等。研学点：拱宸桥、西湖断桥、中国大运河博物馆等。

钱峰老师团队带领师生们全项目探究、全学科融合、全天候学习，按研学手册一站一课多任务并进。我们要到浙江杭州的京杭大运河博物馆里上研学课，参观千年运河的开凿与变迁，要到最著名的大运河南终点拱宸桥下去写生；到古运河上仅存的一座七孔石拱——位于塘栖古镇的广济桥下，研究它的科学构造和物理承重。

六、实践效果

我们谨遵万物启蒙课程"以文化串联万物、以万物串联课堂"的理念，通过了解运河上桥的历史、桥的种类、桥的结构、桥的作用、桥的创想、桥的诗歌、桥的文化等板块，构筑融合多个学科共同参与实践探究的研学课程，以探究建立能力，以能力建构素养。通过整合融通的研学课程，实现了在多彩生动的课程环境中，人人参与、人人爱学、人人会学、人人学好的课程愿景。

万物启蒙课程学科实践活动——跟着运河去看桥，已成我校的特色课程，在各年级稳步推进。作为成功经验，在通州区2017—2018第二学期工作会上做了"跟着运河去看桥 文化研学课程初探"交流发言，同年在第二届中华运河文化教育高峰论坛上做了《传承运河传统文化，探索文化研学课程——万物启蒙课程之"跟着运河去看桥"学科实践活动课程设计》专题发言。国学工作会上的发言稿，在北京市教育协会主办的运河文化论坛上，出了册子。

2018年3月31日，在通州区教师研修中心举办的"匠心筑梦、传承运河文化"首届"STEM+"科技创新大赛中，我校龙船模型"古今运河情"荣获小学组一等奖。

2017年11月，我校代表通州区参加绿色创新能力挑战赛，经过展台布置、产品展销会、绿色产品发布会及"大小CEO面对面"，荣获市级二等奖。

七、成果特色与创新

从学生身边的本土文化出发，以"运河上的桥"为载体，去触发孩子认识世界的一个全新逻辑。我们教会孩子的不仅是丰富的知识，更是认识世界的眼光，探究世界的方法，申辩世界的思维，以及重回中国文化的情怀。

游学可以让扁平化的书本知识变得立体生动，让书斋式的学习生活更加丰富多彩。以儿童成长为起点，打破当代学科边界，重整课程逻辑，以一物触发世界，通过学生亲身经历感知，不断实现课程整体育人功能以及学科内、学科间的联系与整合，从而实现在主题课程中渗透启蒙教育。培育后小学生"三我"品格，塑造"五星少年"，与自然和谐相处，培育纯正品格，唤醒人文情怀，塑造工匠精神。这就是万物启蒙研学课程的真谛，也是我们参与运河文化研学课程的初衷。

"三我"理念下的自主体育课堂

张海军

我校深入研究并落实"我发现、我实验、我创造"智慧课堂模式，构建以学生为中心的课堂，以课题为依托，改变教学方式，落实"每一个学生都有学习兴趣，每一个学生都有学习活动，每一个学生都受到关注，每一个学生都有机会，每一个学生都得到发展"的教学理念。"我发现、我实验、我创造"是我校核心教育理念，为自主体育课堂教学带来了新的活力。在创新的教育理念引领下，我校教师的教育理念、学校的课程设置、各项教育教学活动安排、教学策略方法的选择运用、自主教学环境的设计等方面，更加尊重学生的认知规律、个性特点、兴趣爱好和个体差异，让教育真正发生在每个学生身上，保障学生健康成长。

对于长期依靠老的大纲从事体育教学的老师来说，仍有很多的不理解，技能教学还要不要，是不是只要让学生开心、快乐，身体得到基本的锻炼就可以了。其实这带有明显的错误倾向，不全符合新课程的理念，因为这种倾向忽视了技能教学的重要地位。

课标明确指出：运动技能教学仍是新课程理念下体育课堂教学的主干领域，它能体现以身体练习为主要手段的课程性质，如果没有运动技能学习领域，其他的学习领域必将成为无本之木，无源之水，从而失去体育课程的特征。

我发现。现在有些课的确都注入很多新课程的理念，课上得很热闹，学生也很开心，但这种课是不是就一定是一堂好课呢？不见得，因为有些课没有一个明确的技能教学目标，当然这里不是说要把技能目标作为唯一的教学目标，如果把技能教学设定为终极目标，就违背了新课程中促进学生全面发展和健康成长的理念。既然新课程把技能教学定位为主干教学领域，我们就要好好去教，而不要认为教技术技能就不是新课程了，只是在教学的过程中应该注重人文色彩，同时注意教法和学法运用。例如有一堂课对新课程下的技能教学诠释的就相当成功：那是通州区青年体育教师教学评优比赛中上的一堂投掷课，教师首先给学生创设一种田间劳动的场景，用毽子来假设为秧苗，通过学生尝试各种投掷方法—集体交流—指名示范—学生自主练习—教师纠正示范—学生总结—学生投掷比赛，学生一堂课下来技能掌握情况良好，更重要的是通过贴近生活劳动的体育课教学，让学生尝试了自主学习交流，技能的归纳总结，并体会到了成功的喜悦，而这些都是围绕技能展开的，也是通过技能传授最终达到全面发展身心的目的。所以，在体育课堂中技能教学是绝不可少的，教师必须以技能为载体，促进学生的全面发展和健康成长。

我实验。由于技能教学在新课程中的突出地位，提高技能教学质量显得尤为重要。通过近年来的课堂教学实践，对于新课程下如何提高技能教学质量，我认为可以尝试以下策略。

教学目标要明确。有的课堂气氛非常好，大家都忙得不亦乐乎，表面上是在体现学生的自主性，但学生讨论的东西有很大一部分与教学内容、教学目标无关。学生往往学了半天，什么也没有学到。要走出这个误区，教师必须认真设定教学目标，然后在某一范围内科学地引导学生大展手脚，这样学生才能掌握技能目标。

教学内容要有认知价值。新课程还没有统一的教材，但没有统一的教材并不是说不要教授技能。教师要合理开发课程资源，同时考虑该资源是否有较高的认知价值，如果把随便什么内容都拿到课堂上来，就会回到老路上，不利于新课程的开展。

学习方法要适合学生。评价一堂课的教学质量有很多指标，最主要的是看教师能不能在确保学生自主学习的前提下，给予学生启迪、指导，使学生找到适合自己的学习方法。课堂教学若只有技能教学是远远不够的，更重要的是能通过技能教学让学生掌握学习方法。只有培养学生自主生成适合自己的学习方法，才能既解放教师又解放学生。

我创造。传统的课堂教学模式注重教师的"教"，过分注重知识技能的传授，而新课程则充分强调知识技能的构建过程。因此，在技能的形成期应给以学生充分的合作空间，让学生一起来质疑，只是给学生交流的舞台必须是在学生的能力所及或稍稍超出的范围内，通过相互启发、借鉴，他们更好地掌握了知识和技能。合作的过程是自主的，也只有自主合作创造出来的东西才能成为学生永久的财富。

改进评价机制，鼓励学生自主学习。现在有很大一部分学生存在不喜欢上体育课的现象，这很可能缘于原来的成绩评价机制。想一想原来的体育锻炼标准，纯粹以运动成绩来评定一个人的体育成绩，很不合理。一旦学生达不到某个标准，就被判为不合格，试想这还能激发学生的学习兴趣吗？

良好的行为习惯是学生技能形成的基础，教师必须建立、健全课堂管理机制。"没有规矩不成方圆"，良好行为习惯的养成首先需要依赖外力，由外才能及内。我们应建立严格的管理机制，不是为了管理而管理，而是通过管理去影响学生内在的价值取向。当学生形成了正确的价值取向后，课堂教学就会少掉很多垃圾时间，因为良好的行为习惯有助于学生掌握技能。

尊重学生的人格，帮助学生树立自尊与自信。赏识学生的成就，引导学生自主形成技能。心理学研究表明：人们的行为受动机的支配，学生的心理一旦得到满足，便会成为其积极向上的源动力。因此，一旦发现学生有了进步，就要给予充分的肯定和鼓励，这将有利于学生技能的自主形成。

虽然传统的体育教学也指出要重视学生的个体差异，但在教学时仍然把所有学生放在统一的起跑线上，通过严格的技能教学以期达到教学目标。这种做法会导致有一部分学生因为老是完不成任务而厌学，另一部分学生则因为没有获得展示自己的舞台而失去热情。出于对个体差异的进一步认识，新课程推出了"一切为了每一位学生发展"的理念。每个学生受遗传、生活条件、运动水平等制约，不可能站在同一水平线上学习同样的技能，更不可能达成同样的学习效果，这就要运用新课程的核心理念，创设不同的技能学习难度与进度，让每一个学生都能享受到掌握技能的快乐。要做到这一点有一定难度，需要把学生、教材、教法、难度等众多因素都考虑进去，不能搞一刀切。这正是新课程对我们体育教师的挑战，也是我们挑战新课程所必须攻破的一道难题。

扎实开展"三我"端蒙课堂
教学模式校本教研促学科发展

闻　军

小教科和共同体学校提供了一个学科建设经验交流平台，让我们有机会分享兄弟学校英语学科建设工作的经验，感到非常开心。下面我来详细介绍我校英语学科教研组的基本概况和学科建设成果。

一、后南仓小学英语教研组概况

后南仓小学是区直属小学，现有32个教学班级，有学生1480多人。英语教研组目前共有专兼任8人，其中高级教师1人，一级教师3人、二级教师3人、新教师1人。有1人为教育硕士毕业、其余为本科毕业。有1人为区级骨干教师。

二、后南仓小学英语学科建设情况

我校英语教研组以新课改的理念与精神为指引，采取了多种方式努力提高英语教学水平。

1.教研制度的完善是教研活动的保障

我校为规范办学，促进学科良性发展，建立健全了后南仓小学规章制度汇编，并人手一册。《规章制度汇编》中在第五章中第七项明确了校本教研工作制度。制度中明确了校本教研的理念、校本教研的总要求（即围绕一个思路，把握"四点"进行活动）、校本教研的主要形式、校本教研的具体制度和校本教研的评价制度等。制度明确了各类人员分工、岗位职责，使人人事事都在制度之下。学校定期评选优秀教研组。这大大调动了组长的积极性，为努力打造英语教师团队而努力。

学校领导分工，有具体中层领导负责英语学科的主管工作，英语教研组有具体的教研组长。主管与教研组长每月定期进行工作交流，主管针对问题做出具体指导。

每周一固定为英语教研活动时间。每学期主题教研活动不少于6次，专题课题研究活动不少于3次。每次活动要求必有具体时间，主讲人、活动内容、活动反思，并做好活动记录。每学期上交，教学处进行查阅。

2.研究专题的真实是计划合理的前提

切实的计划是工作良好的开端，因此计划的制订至关重要。为使教研组活动有实效，教研组长要综合上学期教学工作认真分析教学中的优势和不足，假期制订新学期的教研工作计划，针对教学中的共同问题拟定研究专题，为提高教学质量做准备。开学前，主管领导与教研组长和部分教师深度交流研讨，修改完善教研组活动计划，确定研究专题。学期伊始，将本学期的教研工作计划传达给所有英语教师，做到人人心中有教研，人人随时做教研。

研究专题来源于教师教学中的真实问题，因此教师们愿意积极参与教学研究工作。为使教学研究落到实处，每位教师还要结合自己的实际，选取更小的专题切入点进行研究，撰写个人研究的计划。学期初教学主管对教师的课题计划进行检查，并给予个别帮助。研究意识的增强，促进了教学目的的达成，课堂更有实效了。

3.教研活动的落实是教学质量的基础

有了合理的计划，更需要教研活动一步一步地扎实落实。为加强课堂教学的研究，每学期每位教师至少要讲一节组内公开课。每位教师的课都要紧紧围绕自己的研究专题进行设计，努力展示自己的研究点、做法和效果。在上课前，教师要在组内说课，说清自己对设计的思考。每位教师都要参与其他教师的授课，做好评课的准备。授课后，教师要在组内进行课后反思，其他教师积极肯定授课教师的长处，同时针对一两个问题，提出自己的思考和改进意见。授课教师积极思考其他教师的意见，修改完善自己教学研究做法。

对于质量监控更是必不可少，日常的监控尤为重要。因此，随着教学进度的要求，教师在单元检测卷检测后，有问题要在组内进行研讨。针对自己检测年级的重点问题进行原因分析和改进办法的说明。其他有经验的教师要给予建设性意见。谁有问题，谁提出，大家共同交流，群策群力。每学期期中进行一次整体分析，每位教师都要认真分析自己任教年级的期中试卷的主要优点、问题，并能够用数据进行说明，鼓励教师们学会客观公正地用科学的眼光看问题。检测是手段不是目的，为了让学生能够扎实地掌握知识，教师要注重日常教学的监控。教师结合自己的经历，与大家分享一些行之有效的做法。如单词听写本的使用、网上听读作业的布置与检查、奖状等评价机制的有效使用等。

主管领导会适时参与教研活动，并对课堂教学中的集中问题，进行反馈与建议。对于教学检测中的问题，会进行有针对性的跟进和要求。

4.研究能力的提升是教研活动的目的

教师的教学能力和研究能力需要不断提升，学校为此订购了英语专刊，如《中小学外语教学》《小学教学设计（英语）》《中小学英语教学与研究》等，还订购了科研专刊《教育教学研究》《北京教育教学研究》等。教师每学期都要完成10篇专业文章的学习笔记，每次教研活动都安排一位教师做阅读分享。

学期初学校要求教师们必须全员参与教材培训，必须积极参加教研员的学期教研活动。为使教师们能够打开眼界，还积极创造机会让老师们走出校门。例如，参加第八届全国自主教育峰会、小学英语教学观摩研讨会等活动。每一次的外出学习，教师都会有所收获。为了使思考更深入，更广阔，学校要求每次教研活动外出的教师都要分享自己的学习收获。教师们在自学、互学、培训中能力得到不断提升。

学校为提升教师们的专业能力，不仅把老师送出去，还聘请了全斌、闫景荣、王红霞等专家走进校园做培训。他们分别进行了"深化课程改革 促进师生发展""基于校度与学生能力发展为指向的英语活动设计""选题中的思维策略与立项申请"等培训。为提升教师们信息技术使用能力，还进行了"鸿合多媒体系统""平板电脑使用"等培训。为使教师们能够开阔自己对教学资源使用的视野，还进行了"一起作业使用培训""希望谷使用培训"等。每一次培训，教师都会受益良多，对他们的教育理念、教学方法都会有所启发。

为了引发教师对自己教学的思考，我校还积极承办英语教研活动，如"通州区英语第八届现场课评优——会话教学实效性专题研究""思维参与下深度学习的课堂教学研究"等活动，让教师们与专家面对面地交流，用活动代替培训。在专家的引领下，在同行们的研讨中，教师深度思考自己的教学行为——我在教学中是怎样做的，我这样做的目的是什么，取得了什么效果，还存在什么问题。教师有了思考，教学行为也发生变化。

5.不同平台的展示是教研效果的彰显

教师们的发展有时需要一些外力，为此学习利用各种机会为教师搭建不同的平台。

（1）视导活动督促改进

邀请北京教科院教研中心和研修中心小教部联合视导活动。每位英语教师为迎接上级部门的指导，展示自己的教学水平都认真准备，不断地完善自己的教学设计。教师们一次次地在教研组内备课、试讲、再修改、再试讲完善中，深化了自己对教学改革的认识，对自己学科的认识，对教学活动的设计的认识，从而找到不足力求改进。

（2）课堂展示助力成长。

组织教师积极参与"通武廊第八协同发展共同体的牵手教研活动""手拉手——北苑的课堂教学研究活动""农科附小的教学交流活动""蒙古乌丹二小的送课活动""骨干教师的展示开放课活动""'三我'杯评优课""全国自主教育峰会"等活动。每次活动都会把教师送上前台，每位教师都要自己反复备课，在教研组内让教师们听试讲，提出修改意见，修改教学设计，最后才是自信地在讲台上展示自己的课堂教学水平。授课教师受到听课教师的充分肯定，也为教师的进步增强了的自信。

（3）接待友人彰显风采

英国剑桥市市长Jer Benstead 和芬兰校长来访我校。学校就邀请英语组长李洪英和张建杰老师，作为活动的解说教师。让教师们在自己的校园里与外国友人亲切交流，展示他们熟练的会话水平。教师们的无障碍沟通，使得来访者频频点头，并且露出开心的微笑，同时也彰显了教师们的风采。

（4）科教论坛分享成果

每学期我校都会安排部分教师在全体教师会上，介绍工作经验、外出收获、展示教研活动等。教师可以将自己工作中总结的宝贵做法，分享给同行们，也可以讲述自己的教学故事，无论成功与失败，都是教学的财富。

（5）活动丰富展示效果

组织学生英语冬令营活动。活动中要协助来自欧美不同国家的几十位英语教学专业的大学生，到我校与学生进行交流活动。组织学生共同开展学科实践活动，帮助学生用英语剧、英文歌曲、英语故事来丰富学生的实践活动内容。使得学生对英语学习的兴趣更浓，也为学生展示自我提供了更多平台，学生的语言表达能力也得到提升。组织学生参与英语校园短剧、英语朗读、全国少儿英语大赛、英语阅读大赛等活动。教师们相互商讨如何指导，在她们的精心指导下，活动获得良好的成绩，多位教师们获得市、区级指导教师奖。

教师和学生共同发展，他们在不同的平台，展示着自己的才能。学生的成绩更印证了教师的教研效果。

6.教学研究的开展是英语教研的必然

教研即科研，为了提高教研的实效，就要开展教学科学研究工作。我校是多个试验项目和课题的实验校。例如，智慧课堂项目、减负提质项目、少教多学项目、万物启蒙实验校、学困生实验校、英语绘本阅读实验校、小学生英语素养提升战略研究实验校等。教师们在教学中必然要脚踏实地地找到教学中的问题，选取研究的切入点进行教学研究。只有一边教研，一边研究，才能使科研落到实处，也才能使教研提高实效。因此，我校积极鼓励教师认真撰写自己的课题计划，积极申报"十三五"滚动课题。教师们能够为提高自己的教学进行研究，并收获成果。教师们厘清了教研与科研的关系，就会愿意参与研究，教研也就会更与实际教学相衔接。我校积极鼓励教师参与实验校的活动，让教师们认清形势，明确努力的方向。教研组在科研的氛围中，也能够努力尝试共同研究。

近年来，我校英语教师获得奖项逐年增多，教师参与征文和申报讲课的积极性明显高涨，教研组的教研氛围日趋良好。

三、存在的问题和今后努力的方向

总体上教师的专业理论知识还嫌不足，需要进一步学习专业理论。英语教师对课题研究、论文撰写、校本教学资源的开发等教科研工作的主观积极性有待进一步提升。

让多媒体与古诗阅读教学美丽"邂逅"

陈卫华

随着教育的进一步改革，小学语文教材中，古诗文所占比重越来越大。但因小学生知识面狭窄、生活阅历浅、表象储备贫乏，对诗歌中所描绘的社会时代、人物思想、风土人情感到疏远，因而古诗教学一直是小学教学中的一大难题。古诗教学中，我们经常会见到这样一种现象，教师逐句解释古诗的意思并板书在黑板上，学生一句一句地将之抄到古诗旁边，然后回去背下来。学生学得机械辛苦，教师也教得吃力。但当具有丰富表现力和强大的交互性的多媒体与古诗教学美丽"邂逅"时，原本简单枯燥的古诗教学变得生动有趣、诗情画意。与之前的教学相比，效果不可同日而语。当然教学设计很关键，多媒体也有不可或缺的作用。下面我介绍一下我是如何运用多媒体优化古诗文教学的。

一、运用多媒体创设意境，激趣引情

古诗很讲究意境及其韵味，因此，我把古诗阅读教学着眼点放在创设情景上，以激起学生的兴趣，引导学生真切地感受诗人的情感。多媒体能集文字、声音、图像、图形于同一界面，具有声情并茂、视听交融、动静交错、感染力强的特点，为学生拓宽视野，提供生动活泼、具体形象的思维材料。让学生在学习古诗时如闻其声、如临其境，直观地理解诗意，体会感情，起到激趣引情的作用。

如古诗《望庐山瀑布》，诗中涉及的许多事物是学生未曾见过的，教学时如果只出示书上那仅有的插图，就很难唤起学生的感觉美，尤其是一些从未看过瀑布的学生，更是难上加难。因此，再现庐山"真面目"，把学生带进庐山瀑布的真实情景中，是完成本课教学任务，提高教学效率的关键。于是，我在设计多媒体教学软件时，选择若干个相互连接、前后呼应的镜头，运用多媒体，使远景、近景、全景交替出现，为学生提供了丰富多彩的图像。课堂上，我只需通过击键的简单操作，便可以从屏幕上看到与课文内容相关的景象：高山上笼罩着紫色的云雾，一道瀑布从山顶奔流而出，水雾蒸腾；瞬间，瀑布飞速沿陡峭高壁落下，飞珠溅玉，气势壮观。还有那轰隆隆的水声震撼着每个学生的心灵，刺激着他们的视觉、听觉。这样，诗中的情景全多展现在学生面前，让他们从整体上初步体会图中所描绘的景色和诗句的联系，激起对学习古诗的兴趣。这种教学效果是一般插图绝不能达到的。如有学生需要再看的，只要用鼠标再击键，就可随时欣赏到自己所需的图像。学生可在这些声像的感染下，朗读诗文，逐句体味，感受诗中美的景色，美的语言，从而引发情感的共鸣。

二、运用多媒体补充资料，了解背景

如教学李白的诗《赠汪伦》。我提问："同学们，你们了解李白吗？"学生简单回答问题。我又问："你是从哪儿了解到李白的？"学生回答问题。我接着说："想不想知道老师是怎么查到李白的资料的？"学生："想。""同学们请看。"这时我点击电脑上的浏览器，打开百度网页，然后输入关键词"李白"。于是关于李白的资料出现了，点出之前就看好的一个网页。我提示："同学们，看看这里是怎样介绍李白的。"学生自由读李白的简介。

这里我运用多媒体强大的网络功能，给学生带来了李白的资料，拓展了学生的阅读视野，同时还学会了在网络上收集资料这样一种基本的方法，可谓一举多得。借助多媒体，我们不仅可了解古诗作者的生平，还可为学生提供古诗写作的背景资料，为深入学习古诗奠定基础。当然，我们可以在网上查找，也可以事先制作一些这方面的配音材料，配上相应的音乐，为学习诗歌定下一种情感基调。

三、运用多媒体直观演示，品析词句

古诗阅读教学的一个重要内容就是要理解诗中词句的意思。古诗年代久远，语言的变迁造成学生对古诗的理解出现困难，运用多媒体手段可以很好地解决此类问题。

如教学《草》时，"离离原上草"中的"离离"是什么意思，学生并不清楚。那么怎么办呢？这时教师用多媒体呈现一幅草原的图片。我提问："同学们看看草原上的草怎么样啊？"学生们回答"很绿""很多""很茂盛"。说到这里，聪明的同学一定能想到"离离"是什么意思。再如"一岁一枯荣"是什么意思呢？我引导："让我们一起来看看，小草在一年里是怎样生长的。"课件出示小草生长的视频。"谁来说说小草一年里是怎么生长的？第二年会怎么样呢？"经过启发，学生们知道了"一岁一枯荣"是什么意思。

从上面的教学片段可以看出，我运用多媒体设备打破时空的界限，让美丽的草原走进课堂，将小草一生的生长变化带进课堂，借助直观的形象，一下子就突破了诗歌教学的难点。

四、运用多媒体指导诵读，语言训练

古诗具有对仗工整、平仄押韵、朗朗上口的特点，最适合吟唱。教学中，若采用形象直观的画面、旋律优美的音乐，有助于学生身临其境地体会诗人的感情，加深对古诗的语言文字的理解，提高朗读能力。

如教学《望庐山瀑布》时，我先请同学们观看录像，让学生感知瀑布壮丽的景象，从瀑布跌入山谷发出的巨响中，感受到瀑布那"飞流直下三千尺"的磅礴气势。紧接着再播放韵律悦耳的朗读录音去感染学生，为学生在朗读的语气、语调、节奏等方面做示范。通过配乐录音示范，学生们很快明白了第一句中的"生"字应读得重、慢，以突出香炉峰的烟雾不断地、慢慢地向上升腾的情景。第三句中"飞流直下"形容瀑布笔直而下、气势雄伟，因此读此句时要强劲、响亮，而"三千尺"是诗人夸张的写法，读的时候音可适当拖长，以增强气势。第四句中"疑"是诗人大胆而新奇的想象，应该重读，以突出诗人对大自然的赞叹。在学生基本掌握读的技巧的基础上，再让他们跟随录音试读，学生们很快就读出了诗的韵味，诗的抑扬顿挫，同时也受到了美的熏陶。

此外，借助多媒体平台，我们还可以引导学生进行古诗的仿写与创作练习。如教学《赠汪伦》这首古诗的时候，我设计了这样的练习："短短一节课就要结束了，你们舍得离开老师吗？老师舍不得离开你们啊，为了表达我对同学们的情意，我想模仿诗人李白即兴写一首诗送给大家。'老师课罢将欲行，忽闻身边惜别声，邕江河水千万里，不及同学送我情。'同学们想不想也来仿写一首送别诗呢？这里老师给你准备几个画面，看看你能写出来吗？"学生仿写后交流。

多媒体影响并改变了古诗阅读教学设计，基于多媒体的古诗教学设计是当下古诗教学的一个重要内容。我利用多媒体技术不仅极大地提高了课堂教学中师生的信息交流效率，有效地促进了学生认知素质的提高，增强了教学的直观性、形象性、生动性，较完美地展示出古诗的艺术魅力，还在学习内容和方式

上，在学习时间和空间上，发挥学生的自主能动性，激发学生的学习兴趣，促进学生深刻地领悟古诗的意境，从而提高了学生的学习能力，满足了学生个性发展的需要。

总之，当多媒体与古诗阅读教学美丽"邂逅"时，多媒体以其独特的魅力使原本简单枯燥的古诗教学变得生动有趣。利用电教媒体辅助教学，能有效地化抽象为具体，变枯燥为有趣，转静态为动态，为学生思维的发展创造良好的氛围，使学生的潜能得以更好地开发，个性得到充分发展。

聆听、谛听、赏听
——小学音乐课堂教学"三听"模式的研究与实践

杨卫平

从事音乐教育这些年，我观摩了许多音乐课堂教学改革的公开课。那些课堂上充满了生机，充分调动了学生的积极性，学唱歌，讨论，做游戏，表演等融入日常教学，课堂上热热闹闹，学生喜气洋洋，我曾为之动容、为之动心，甚至还为之"引进"。

于是，我的音乐课也成了孩子们的乐园，他们觉得"新鲜""好玩"。可过了一段时间后，我对部分孩子的歌曲学习情况进行摸底调查时发现：很多孩子存在记不住歌词或对部分歌曲旋律唱不准确等情况。对于"你为什么喜欢音乐课"这一问题，大部分学生的回答是：好玩、有很多游戏、在音乐课我很放松等。这次调查反映出，学生们对音乐的审美兴趣或审美需求不高。这样的反馈信息让我陷入深思：我的课体现了"以学生为主体"的原则，用寓教于乐的方法确实调动了他们的学习积极性，可为何有这么多的孩子在喜欢的音乐课上没有关注音乐，仅仅把音乐课当作娱乐休闲活动呢？我们音乐教学的主要目的是什么？难道我背离了《音乐课程标准》？违背了新的教育理念？

一、改弦更张听为先

为解疑惑，我再次学习《音乐课程标准》，反复咀嚼、品味这两句话："音乐课的基本价值在于通过聆听音乐、表现音乐和音乐创造活动为主的审美活动。""以音乐审美为核心的基本理念应贯穿于音乐教学的全过程。"我深深感悟到，人类的音乐活动的基本方式及其过程都是以音乐音响作为载体来审美的，学生上音乐课更是如此。"贯穿全过程"即指乐理知识与基本知识、基本技能教学的每一个环节都要渗透在音乐审美体验之中，渗透在每一节课中。

然而，以往的音乐课过于重视让学生"动起来"。课堂上，学生忽而手舞足蹈，忽而玩耍嬉戏，忽而引吭高歌……师生忙得不亦乐乎！但是，学生有多少时间来欣赏、理解音乐之美呢？增强了多少审美意识？养成了多少审美习惯？提高了多少审美能力？答案是微乎其微。研读了《音乐课程标准》后，我领悟到，这种活跃的音乐课违背了"以音乐审美为核心"的理念，无法体现《音乐课程标准》的根本价值。所以我要走出误区，我决定改弦更张。

改弦更张，从何入手？曹理老师在一次研讨会上的讲话让我豁然开朗："音乐是听觉的艺术，听觉的体验是音乐教学的基础。音乐教育应遵循听觉艺术的感知规律，突出音乐学科的特点。""音乐是听觉的艺术"揭示了音乐的本质，这就决定了音乐教育的一切音乐实践都必须把培养学生良好而敏锐的听觉放在首位，让学生有一对"音乐耳朵"。"听"是感知和理解音乐的前提条件，"听"是音乐艺术实践中最重要的过程，"听"是迈入音乐艺术殿堂的第一步，作为音乐教师的我，要带领学生踏稳这一步。

二、确立"三听"探模式

音乐启蒙的有效途径就是通过音响感知的方式，培养儿童对周围环境中各种声音的敏感，从小能敏锐地感知大自然及人类社会环境中各种音响和语言。这就是说，听力技能是孩子们必须具备的一个非常重要的基本音乐技能。"听"是一切音乐活动的基础，是音乐启蒙的第一步。要迈好这一步，首先要做个有"心"人，去留心学生的"听"。

经过三个星期的观察、沟通、摸底，我了解到学生们的聆听心理大致分为以下四类：①选择性接受心理（如喜短厌长、喜新厌旧型）；②同感性共鸣心理（如合自己胃口型）；③从众性参与心理（如随波逐流型）；④相容性服从心理（如唯师命而从型）。其中第三类、第四类人数占65%以上。这对聆听音乐、开展音乐活动无疑是有利的，而对"音乐创造"活动是不利因素。不过摸底后，我心中有数了，利用有利条件克服不利因素的心理准备更充分了，为我的课堂教学改革行方便之门。

新课标反复强调，要完整而充分地聆听音乐作品，使学生在音乐审美过程中获得愉快地感受与体验。我领悟到音乐教学不仅仅是聆听教学，而是要把聆听教学融入审美过程之中，作为美育手段之一，我认为没有美育的教育是不完全的教育，是苍白无力、枯燥乏味的教育。更何况音乐课上学生接触的都是充满美感的"乐音"，所以毋庸置疑音乐教学应该从"听"开始，寓教于"美"。

探讨学生的学习方式，可以分为"接受"与"发展"两种。接受是发展的前提，发展是接受的内化与升华。音乐学习方式也不例外地符合这种情况。《荀子》载："《清庙》之歌，一唱而三叹也。"古代质朴而简单的宗教音乐在唱后还要品味欣赏，何况我们教给学生的现代、当代音乐作品呢？所以提倡"一曲三听""一唱三听"。即欣赏乐曲，学会乐曲要经过聆听—谛听—赏听三个阶段。这三个阶段是从接受到发展，直至内化与升华的听力练习过程，也是学生逐步提高审美能力的过程。经过一年多的悉心尝试，探索与研究，我在音乐课堂教学过程中初步确立了聆听、谛听、赏听的"三听"模式。

三、课堂历练见成效

（一）音乐欣赏，逐步升华

1.聆听——感知型倾听

一般人获得语言的途径"听"占45%以上，幼儿在不识字以前牙牙学语，背诵唐诗，凭的就是听觉，靠的是反复聆听，音乐初学更是必不可少。因为学生在聆听时虽然对音色音区、节拍节奏、音量强弱、旋律和声、意象塑形、情致心态、人格意境一下子不能理解，但他们能初步感受到音乐很迷人，感觉到音乐能给他们带来欢乐。这恰恰是音乐审美的出发点和基础。聆听是最直接的感知方式，学生能最直观地得到艺术的享受和审美愉悦，能在感性中积淀理性。这样为审美反射提供了条件，有利于培养学生的审美直觉。

所以，我注重培养学生的聆听兴趣与习惯。为此，我鼓励那些"不识五线谱、照样会哼哼"的孩子，称他们是长着音乐耳朵的"小精灵"。根据前文所提及的学生的聆听心理需求，在上新课前我常以新旧搭配、长短搭配、中西搭配、古今搭配的方式提供与新课相关的音乐作品，让学生聆听，使他们逐渐喜欢聆听、热爱聆听。以兴趣为动力，培养学生的聆听习惯，也为新课内容的预习或延伸奠定基础。

如欣赏民族乐曲《渔舟唱晚》时，我没有用言语引导，而是利用学生的特长，直接用古筝弹奏《渔舟唱晚》的主题音乐。学生怀着强烈的好奇心，瞪大了眼睛，竖起了耳朵，聆听音乐。学生们各抒己见，"古筝的声音真好听""我好像看到远处打鱼归来的小船""我感受到了丰收的喜悦""听了古筝曲，心情舒畅""我好像爬到了山顶看落日"……多么丰富又美丽的想象。这些都是学生聆听音乐时，凭着直觉审美的结果。

2.谛听——辨别型倾听

上音乐课不是为了调节学习生活，也不是为了休闲，而是以音乐作品为载体，来学习有关音乐的知识、技能，体验音乐的真谛。为此，我指导学生谛听——辨别型倾听：听清节拍变换、节奏快慢、器乐种类、和声的效果变换等，锤炼他们欣赏的基本功，对音乐作品的意象、情调有进一步的体验。

如在器乐曲《单簧管波尔卡》的欣赏教学中，在学生初步感知乐曲的音乐形象后，我为他们准备了一份表格，请他们再一次仔细倾听音乐，注意其中变化，并根据这些变化体会音乐各要素在这支器乐曲中的作用，然后在表格中记录下来。这样既提高了学生的欣赏水平，又使他们对音乐作品的理解更直观生动。

3.赏听——赏析型恭听

赏听是比较复杂的审美过程，对于儿童来说是较难的环节，我更注重"因段施教"。

1~2年级。侧重于培养学生的赏听兴趣。例如，随着音乐节奏，自然地走步，即兴舞蹈。能分辨音乐作品的情绪，自然地流露出相应的表情，或做出体态反应、摆出造型。

3~6年级。侧重于培养学生表现音乐的能力及艺术想象、创造力。例如，点评音乐作品的情绪及音乐内涵，能根据音乐作品进行即兴创作——编舞、表演唱等。

在施教过程中，我常给学生留出自由想象的空间。因为从声音艺术角度来说，人可以凭听觉直接感知音乐的魅力，由此在情感与思想上会产生共鸣，产生联想与想象。我认为，学生要立足于音乐作品本身的情感内涵，在理解的基础上创设一幅画面，而且是立体的，即随音乐节拍、旋律、声调、音域等想象江河山川、日月星辰、花鸟鱼虫、飞禽走兽等的情景状态，而不是脱离作品胡思乱想。因个体的思想、性格、创造力各有差异，所以在赏析对象一致时，学生们的各抒己见，有益于深入领会音乐的音韵美、配器美、曲调美、旋律美、情感美、立意美。在执教《小蜜蜂》时，我无任何提示（包括乐曲名），让学生聆听、谛听、赏听，有的学生会哼唱，有的学生击出轻拍，有的学生跃跃欲试地想表演……这时让学生交流感受。他们争先恐后地表示，"曲子欢快""是小提琴演奏的吧""在春光明媚的季节里""在花园里，百花争艳呢""有个小男孩在玩陀螺，陀螺在旋转""不，是蝴蝶在玩耍""像蜜蜂在采蜜，有嗡嗡的声音""我看到了演奏家的笑脸""我看到提琴手飞舞的手指"……有不少学生边谈边手舞足蹈起来。这时我明确指出："这是小提琴独奏曲《小蜜蜂》，同学们的答案描绘出了乐曲蕴含的美丽意象，理解了演奏家欢乐的情感及精湛的演奏技巧，我相信同学们还会用自己独特的方式表现出乐曲的内涵。"

接下来，我让学生们自由组合，展示"三听"的成果：有些同学随着音乐蹲下做出花的状态；有些同学随着节奏做出有韵律的动作，像蜜蜂一样在"花"间飞舞，暂停，又飞舞；有些同学边哼曲子边拍手；还有三名学生摆出拉小提琴的架势，跟着乐曲"拉琴"，俨然是小提琴演奏家……教室成了学生边听边演的训练场，成了学生表演的舞台，而我成了他们忠实的朋友和观众。他们在聆听、谛听、赏听《小蜜蜂》的同时，自我发挥，创作各种节目。试想，如果缺少"赏听"这一环节，不让学生们展开想象的翅膀自由翱翔，学生们能这样自然而饶有兴趣地点评乐曲，创造性地表演节目吗？答案一定是"不能"。可见，赏听是聆听、谛听后的更高阶段，最能激活学生的内在潜质；是最能引导学生主动参与音乐实践的一种方式，尊重个体的不同音乐体验；是最能培养学生审美能力及再创造能力的方式，也是最能让学生充分表现自己创造力的方式，由此深受学生欢迎。

（二）新歌教学，事半功倍

1. "三听"模式便学新歌

"三听"模式，在音乐欣赏教学方面无疑是行之有效的，用这种模式来教唱新歌又会如何呢？同样奏效。

教唱新歌曲就要让学生在歌唱中的音准、节奏、发声、咬字准确，即唱入调门、唱准音，不至于"跑调"；还要让学生富有音乐表现力地唱，即"表准情"，声情并茂才能悦耳动听。这个目标仍然需要通过聆听、谛听、赏听来实现。聆听，初感歌曲风格；谛听，熟悉歌曲歌词、曲词、节拍；赏听，领会歌曲的思想情感。学生通过"三听"把自己所具有的音乐节奏智力、语言符号智力综合发挥出来，在听的过程中激发已有的音乐经验，并以此追随音响变化，这样可领悟到歌曲歌词的意境，留下深刻的新的听觉意象。

2. "三听"模式易字正腔圆

我们可能会发现，教完一首歌曲后，同学们在第一次学唱时出现的差错很难改正。这就是聆听、谛听不到位导致的。

按"三听"模式教唱歌曲，在一定程度上可以避免这种错误。我以往教唱《小红帽》时，因为未让学生谛听，"我要赶回家"这一句学生老唱错，很难改正。俗话说："吃一堑，长一智。"后来，我使用"三听"模式教唱，因为学生们在聆听、谛听、赏听后，大脑中接受了完整而强烈的听觉刺激，留下了正确的听觉意象，所以一点未受到前摄经验的干扰而唱准了歌曲，而且字正腔圆，悦耳动听。可见，"一唱三听"必不可少。

一年多的实践、探研，我体会到"三听"模式体现了新型教育观，符合教学原则。人人都"听"，个个参与。从个性角度看，音乐课不只是训练学生听觉的场所，而是引导学生发挥潜力、张扬个性的地方，符合学生为主体的观念。化难为易，因段施教，集"聆听音乐，表现音乐，音乐创造"为一体，体现大容量、快节奏的时效观念。课堂不是教师的指挥台，而是师生情感交往互动的平台。聆听、谛听、赏听，符合音乐教学的愉悦性原则，让学生从感知美、理解美发展到欣赏美、创造美，课程体现了以审美为核心的教育理念。"三听"模式由浅入深、由此及彼，学生审美能力也随之逐渐提高。

少成若天性，习惯如自然
——"三我"课堂教学模式下的学生习惯养成

贾洪坡

我国著名文学家巴金先生说："孩子成功教育从好习惯培养开始。"可见，一个人好习惯的养成是多么的重要，它不但是人格形成的前提，更是成人、成才的关键。特别是体育课，大多是体育实践活动课，主客观干扰的因素多，良好的行为习惯是上好每一堂体育课的保证。因此，体育教师必须提高认识，切实抓好小学生良好行为习惯的培养，使每个学生都形成良好的道德品质和良好的行为习惯，促进学生和谐健康成长。下面，结合我的教学实践，谈谈我在"我发现、我实验、我创造"的体育教学课堂模式下如何培养学生良好为习惯的。

一、从课堂常规入手，培养学生学习习惯

俗话说："没有规矩，不成方圆。"体育课堂中的常规要求非常重要。有效的课堂纪律管理，实际上建立在有序的课堂常规之上。而课堂常规的好坏，又对课堂的教学质量起着关键作用。例如，对于刚入学的一年级学生，从排队开始，我给他们排数字，每个人记住自己的数字，在地上做标记，让学生能快速找到自己的位置；配合快快集合的游戏，让学生记清四列横队的站法；为了快速分清前后左右方向，让学生做丢手绢的游戏。同时纠正学生的坐姿，强化反应能力。由于低年级学生注意力不集中，我每一节课整完队后，会进行1~5分钟的站姿练习，同时提出一些问题让学生回答。学生们精神集中，认真聆听问题，独立思考，减少了走神的频率。从起初的一分钟到后来的5分钟，学生能够较长时间地以正确的站姿站立在操场上。又如，学生使用体育器材的时候，要做到令行禁止，拿了器材不可以随便乱玩，我会把方法和要求提前告诉学生，篮球不可以用脚踢、不可以坐在球上等。如果有学生违反规定，我会适当地批评教育，其在短时间内不能碰球，只能旁观。这种方式让学生认识到，应爱护并按要求归还器材，遵守规则；如果他们做不到，就要重新再来。这些课堂常规既能提高课堂教学效率，还能帮助学生养成良好的行为习惯。长期系统地进行训练和反复强化，且从正面引导，告诉学生哪些行为是正确的、哪些是错误的，制订一些他们力所能及的目标，然后逐步提高要求，对培养学生良好的学习习惯无疑意义重大。

二、从学生运动兴趣入手，培养学生良好的锻炼习惯

《体育与健康》课程目标明确规定："要培养学生的运动兴趣，养成锻炼身

体的习惯。"小学生最乐意做自己感兴趣的事情,凡是他们主观上不愿意做的事情都很难做好。所以,培养学生锻炼身体的习惯应该从培养学生的兴趣入手。在室内课时,我组织学生观看足球比赛,让他们体验到运动的魅力。然后室外课,我发给每个学生一个足球,进行散点练习,学生的兴趣非常高。在接下来的几节课中,我组织了几场小型足球比赛。学生在参与足球比赛的过程中,得到成就感和满足感,充分感受到"学会了"的愉快,"提高了"的欣慰,"成功了"的喜悦,"获胜了"的自豪。

托尔斯泰说:"成功的教学所需要的不是强制,而是激发学生的热情和兴趣。"只有产生兴趣,才能有坚实的自觉性。一个成功的体育教师要有意识地培养学生学习的持久热情。而适时的鼓励和表扬,总能帮助孩子保持对体育学习和习惯养成的浓厚兴趣和信心。我在课堂教学中,观察学生的行为和表现,结合五星少年评比条件,对好的行为及时给予表扬,评选班内健美之星,但同时也对不良倾向给予严肃的批评,让学生分清是非界线,提高了明辨是非的能力。例如,有些同学始终不愿意跳绳,出现了不乐意参与而且躲避的现象。通常这时候我会用语言激励他们:"手伸直,臂打开,把绳子从后摇到体前快到脚下时,双脚跳过去,依次进行。"这时,有的学生有了进步,能勇敢地跳绳。我马上表扬、鼓励道:"你做得越来越好了。你的动作很漂亮。"但是,对于不认真参与、溜号、偷懒的学生,我会给予适当的批评,让他们知道应该抱着怎样的态度学习,应该有怎样的习惯。

三、从学生运动安全入手,增强学生的运动安全意识

我把学生安全意识的培养渗透到每一节体育课中。安全是天,要想培养学生的安全意识,首先就要让学生明白安全的重要性,只有从思想上重视了,才能培养安全意识。体育课因其运动的特点,容易出现运动损伤甚至伤害事故。我经常利用一些案例教育学生,使其明白安全的重要性。在上课的时候反复强调,用各种教学方法和手段培养学生的安全意识。比如,在教跳跃练习的时候我会让学生落地时屈膝缓冲,在剧烈运动之前做充分做好准备活动,在器械练习的时候指导学生保护其他学生,障碍跑之前我会检查一下障碍物是否牢固等。学生们在体育课上增强了安全意识,日常生活中自然能够因此受益。

"少成若天性,习惯如自然。"6~11岁的儿童最需要进行体育活动,只要引

导得当就会有效促进良好习惯的形成。当学生进入一个新的学习阶段时，对学习有着新的向往与期待，这也是培养良好习惯的最佳时机。抓好学习新内容、新项目的这一时机，培养学生的学习习惯和对体育的兴趣。由于孩子们的好奇心普遍较强，教师适时教育、多元化评价，就能正面引导学生养成良好的行为习惯。

总之，良好行为习惯的养成非一日之功，需要有目的地培养和反复地训练。只要注重对学生行为习惯的培养，做到关爱学生，了解学生，用自己的行为习惯做好学生的榜样，终将培养出一大批具有良好行为习惯的优秀学生。

第二章

教学设计

第一节　语文篇

《草原》教学设计

崔爱东

教学基本信息			
课题	2 草原		
学科	语文	年级	六年级
相关领域	叙事散文	教材	北京市义务教育课程改革实验教材
指导者	吕桂红　陈卫华		

教学目标(内容框架)
教学目标： 学习第一自然段的写法，并仿写。 了解祖国地域辽阔、景色美丽，通过朗读课文，欣赏自然的美丽。感受民族团结友好，产生热爱祖国之情。 **教学重点：**理解课文内容，欣赏、品读描写草原美景的语言。 **教学难点：**品读重点语句和段落，体会作者表达情感的写作方法。

教学过程			
教学环节	教学意图	教师活动	学生活动
一、谈话导入	激发学生对草原景色的憧憬，产生对草原的学习兴趣	1.谁去过草原？说说你对草原有什么样的印象？ 2.1961年夏，老舍和一些艺术家受内蒙古自治区主席的邀请，第一次参观访问内蒙古草原。老舍先生被草原深深地感动了，回来后，写下了《草原》这篇叙事散文。	随机发言：辽阔无边、一望无垠、蓝天白云、一碧千里…… 以及描写草原的好句。 板书：草原
二、回忆课文内容	整体感知课文	回忆课文内容，老舍笔下的《草原》主要写了哪些方面内容？ 板书：景色　美 　　　人民　热情	景色美 人民热情

（续表）

教学过程			
教学环节	教学意图	教师活动	学生活动
三、深入理解课文内容	培养自学能力	1.老舍先生初到内蒙古大草原，就看到美丽的景色，他对草原景色是如何描写的呢？请同学们自学第一自然段。	1.学生读第一自然段。
		2.自学提示。	2.学生自学。
		(1)读读这一段，想想作者抓住了草原的哪些景物描写的？画出来。说说作者为什么抓这些景物写？	(1)学生自己读书画注。
		(2)作者是按什么顺序写下这一自然段的？	(2)从天空到地面，按从上到下的顺序写。
	培养学生批注能力	(3)画出你喜欢的句子，抓住句子中的重点词语体会句子的美，并写出感受。	
		3.集体交流学习。	3.集体交流学习。
		(1)作者抓住草原的哪些景物描写的？说说作者为什么抓这些景物写？	(1)作者初入草原，抓住空气、天空、小丘、平地、羊群、骏马和大牛这些景物来写的。因为这些景物突出了草原一碧千里而并不茫茫的特点。
		(2)从这些景物的先后你看出作者是按什么顺序写下这一段的？	(2)从天空到地面，按从上到下的顺序写。
	培养学生感情朗读的能力	(3)默读，边读边画出你喜欢的句子，抓住重点词语体会句子的美，并把你的感受做简单批注。	(3)预设：理解重点句子。在天底下，一碧千里，而并不茫茫。四面都是小丘，平地是绿的，小丘也是绿的，羊群一会儿上了小丘，一会儿又下来，走在哪里都像给无边的绿毯绣上了白色的大花。那些小丘的线条是那么柔美，就像只用绿色渲染，不用墨线勾勒的中国画那样，到处翠色欲流，轻轻流入云际。那里的天比别处的天更可爱，空气是那么清鲜，天空是那么明朗，使我总想高歌一曲，表示我的愉快。

（续表）

教学过程			
教学环节	教学意图	教师活动	学生活动
		这么美的景色,谁想美美地读?	在这境界里,连骏马和大牛都有时候静立不动,好像回味着草原的无限乐趣。 指名、师生接读,齐读,体会大草原的美丽,体会老舍的语言淳朴,意境优美!
四、深入体会课文情景交融的写作方法并仿写	学习写作方法	1.那里的天比别处的天更可爱,空气是那么清鲜,天空是那么明朗,使我总想高歌一曲,表示我的愉快。 清鲜:清爽而新鲜。 明朗:光线充足。 "空气是那么清爽而新鲜,天空是那么光线充足。"在这样的环境中,你有什么感受? 作者和你们的心情一样,觉得那里的天比别处的天更可爱,总想高歌一曲,表示愉快。 作者由景生情,直接表达了自己初见草原的惊喜,赞叹之情。作者由景生情,这是一种情景交融的写法。 2.这种境界,既使人惊叹,又叫人舒服,既愿久立四望,又想坐下低吟一首奇丽的小诗。 (1)"这种境界"文中具体指怎样的境界?画出来。	1.心情愉快! 这样的天当然可爱! 2.学生学习。 (1)直抒胸臆! 指草原天空明朗,空气清鲜,线条柔美的小丘,白色大花似的羊群,静立不动的骏马、大牛,一碧千里、翠色欲流的那种如诗如画的情境。 学生找出并动笔圈画。
	培养想象能力	(2)如果此时我们就置身于如诗如画的境界之中,我会闭上眼睛,深深地呼吸一口清鲜空气,张开双臂,疯狂旋转。若是你也置身于这种境界,你会怎么做?	(2)学生说出自己感受的画面,欢呼、跳跃。

（续表）

教学环节	教学意图	教师活动	学生活动
	进一步体会情景交融的写法	(3)而作者有什么感受？这样的写法叫什么？刚才我们交流的这些美句全都围绕着哪一句话来写的？（这句话就是本段的中心句。）	(3)作者的感受是，"既使人惊叹，又叫人舒服，既愿久立四望，又想坐下低吟一首奇丽的小诗"。情景交融。在天底下，一碧千里，而并不茫茫。
	通过练笔写话，把情景交融的写法落到实处	3.仿照第一自然段的写法，写写大海的景色。提示：（蓝天—海面—海中的动物—感受）写景与抒情相结合。	3.学生动笔书写，写景与抒情相结合。
		(1)交流仿写内容：一个同学读自己写的，其他同学边听边想哪些写景哪些抒情。	(1)说说同学写的景色的重点词语或抒情的句子。
	培养朗读能力	(2)同学们仿写得不错，再回顾老舍先生写的第一段，带着自己的感情再读一遍。	(2)练习感情朗读并背诵。
五、继续学习课文	理解重点语句体会草原人民的热情好客。	过渡：内蒙古大草原不仅广阔美丽宁静，而且草原人民热情好客。1.请你找出草原人民迎客、见客、待客、联欢的场面的重点语句，读一读，说说你是从哪里体会到草原人民热情好客的。	1.忽然，像被一阵风吹来似的，远处的小丘上出现了一群马，马上的男女老少穿着各色的衣裳，群马疾驰，襟飘带舞，像一条彩虹向我们飞过来。"像被一阵风吹来、群马疾驰"表示出迎接客人的急切心情。"男女老少"表示出人多。"彩虹"写出人们穿的衣服各种颜色，盛装欢迎也是一种热情。
		2.作者看到这样的同胞，有什么感受？带着这种感情读这几句话。他们相见的场面谁找到了？读读。	2.学生朗读。握手再握手，笑了再笑。你说你的，我说我的，总的意思是民族团结互助。一再地握手、笑，沟通了主客的心灵，虽然语言不通，但是共同的愿望、深情的友谊把心紧紧连在一起。表现了蒙古同胞的淳朴热情和民族间的团结互助。奶茶倒上了，奶豆腐摆上了……不大一会儿，好客的主人端进来大盘的手抓羊肉。干部向我们敬酒，

（续表）

		教学过程	
教学环节	教学意图	教师活动	学生活动
			七十岁的老翁向我们敬酒。我们回敬，主人再举杯，我们再回敬。蒙古同胞用他们最好的吃的、喝的，盛情款待客人。饭后，小伙子们表演套马、摔跤，姑娘们表演了民族舞蹈，客人们也舞的舞，唱的唱，并且要骑一骑蒙古马。太阳已经偏西，谁也不肯走。
六、总结课文	结尾提升主题	看到这样的场面，你有什么感受？有感情地朗读一下。问：为什么太阳已经偏西，谁也不肯走？内蒙古景美人更美！所以课文最后写道：是啊！——板书：蒙汉情深老舍先生的《草原》按照：初见美景—热情迎客—激情相见—盛情款待—联欢话别，表达出蒙汉情深的主题思想。	蒙古同胞太热情了，他们已经成为好朋友，产生了深厚的友谊。蒙古景美、人更美！ 学生接读：蒙汉情深何忍别，天涯碧草话斜阳！
板书设计	2.草原 景色美　　情景交融 人民热情　　蒙汉情深		

《天鹅的故事》教学设计

李立平

教学基本信息			
课题	18.天鹅的故事		
学科	语文	年级	四年级
相关领域		教材	北京市义务教育课程改革实验教材
指导者	吕桂红　　陈卫华		

（续表）

教学目标(内容框架)			

教学目标:

抓住重点段落品词析句,通过多种形式的读,感受天鹅团结、勇敢的精神,并能说出感受最深的地方。

指导学生有感情地朗读课文,背诵自己喜欢的语句。感受生命的可爱与壮美,领悟人与动物应有的和谐相处的道理。

读了这篇课文后,能把感受写下来。

教学重点:

通过多种形式的读,了解课文所讲的故事,抓住重点段落品词析句,感受天鹅团结勇敢的精神。

教学难点:

理解天鹅叫声的含义。

感受生命的可爱与壮美,领悟人与动物应有的和谐相处的道理。

指导学生学习这篇课文后,把感受写下来。

教学过程			
教学环节	教学意图	教师活动	学生活动
一、导入课题	图片激趣,情境导入	1.谈话激趣。出示天鹅图片,这些天鹅给你留下了怎样的印象? 2.揭示课题。有一年春天来得特别早,一群天鹅从南方飞回来了。突然,寒潮降临,北风呼啸,湖面又结上冰了,天鹅无法捕食鱼虾,怎么办?一个震撼人心的故事发生了。 **板书课题:天鹅的故事**	学生欣赏图片,感受天鹅的高贵、优雅、美丽、从容。
二、初读课文,整体感知	复习第一课时所学内容	1.自读课文。 2.检查字词掌握情况。 接力朗读下面这些词语,找出描写天鹅动作和神态的词语。 好奇 湖畔 胸脯 颤动 沼泽 塌陷 边缘 结束 腾空而起 重重扑打 惊呆 齐心 欢快 3.课文中多次描写声音,请选择适当的词语填空。 ( )的叫声 ( )的欢呼声 ( )的劳动号子	1.自由地轻声朗读课文。 2.复习生字新词。提出不懂的问题。认读生字词。 腾空而起 重重扑打——动作 惊呆 齐心 欢快——神态

（续表）

教学环节	教学意图	教师活动	学生活动
		4.默读课文，根据故事的起因、经过和结果，用简短的话概括课文的主要内容。	在访俄期间，我听俄罗斯老人斯杰潘讲述了天鹅破冰的故事，从此以后，他再也没有打猎。
三、直奔重点，以情施教	采取多种方法，帮助学生从理解词句入手，进而理解天鹅的勇敢和团结。 培养学生独立思考和合作探究的能力	斯杰潘老人深情地说："多么可爱的鸟儿啊！"你从文中哪些段落感受到天鹅可爱？ 小结：课文中描写天鹅破冰的五、六、七自然段最能打动在座的每位同学，这节课我们就重点学习这部分内容。 自学提示：默读五六七自然段，画出你认为最能表现出天鹅可爱的语句，画下来，做批注。 1.第五自然段。	细细地读一读，品一品。讨论交流。
		突然，一只个儿特别大的老天鹅腾空而起，可是它并没有飞走，而是利用下落的冲力，像石头似的把自己的胸脯和翅膀重重地扑打在冰面上。经过沉重的一击，镜子般的冰面被震得颤动起来。接着是第二次扑打，第三次……	
	通过想象，引导学生进入情境，有感情诵读	(1)讨论：这一自然段为什么让你感动？哪些词语最能打动你？"胸脯和翅膀"，是说老天鹅以血肉之躯作为破冰的武器。"腾空而起"，谁来做做这个动作，老天鹅这样做是为了什么？"石头似的"，真的是石头吗？联系以前学过的课文《麻雀》中的句子"忽然，一只老麻雀像石头似的落在猎狗面前，它蓬起了全身的羽毛，样子很难看，绝望地尖叫着"。	引导学生紧扣"胸脯和翅膀""腾空而起""石头似的"发表见解。 预设：是为了增加下落的冲力，使胸脯和翅膀扑打冰面的力量更大。 采取关联教学帮助学生理解老天鹅的勇敢和坚决。

（教学过程）

（续表）

教学过程			
教学环节	教学意图	教师活动	学生活动
	通过绘声绘色的朗读，引导学生读课文要看见画面，心有所感	(2)老天鹅这样做是以什么作为代价？你觉得老天鹅怎样？（板书：勇敢、奉献）	勇敢。
		(3)师范读，生想象：让我们闭上眼睛，在脑海里慢慢地放映这只老天鹅接二连三撞击冰面的镜头。	生想象。
		(4)师：多么巨大的力量，多么可贵的顽强精神！我们目睹了这一幕，没有理由不读好它，大家读。 2.第六自然段。 (1)面对这样一个舍身为大家，以血肉之躯为武器的老天鹅，你想对它说什么？你想送给它什么称号？	学生诵读。 学生赞美老天鹅。送给老天鹅"破冰勇士"的称号。
		(2)导读第一句到第四句。讨论：为什么说老天鹅是顽强的"破冰勇士"？	
		(3)讨论：读了这部分课文，我们仿佛看见冰面上散落着老天鹅的片片羽毛，映着老天鹅的斑斑血迹。如果你就是其中的一只天鹅，目睹了老天鹅壮举，你会怎么想？你又会怎么做？	
		很快，整群天鹅，大约有百十来只都投入了破冰工作。它们干得那样齐心，那样欢快！水面在迅速地扩大着。湖面上不时传来"克噜——克哩——克哩"的叫声，就像那激动人心的劳动号子："兄弟们哪，加油！齐心干哪，加油！"	
		(4)出示插图。这就是天鹅们集体破冰的场面，请你仔细观察，你看到了什么？仿佛听到了什么？又想到了什么？你听过劳动号子吗？天鹅的叫声为什么像劳动号子？	

（续表）

		教学过程	
教学环节	教学意图	教师活动	学生活动
		(5)带着自己的理解读给同学听，看能不能打动他。	学生诵读。
		(6)齐读，读出天鹅集体破冰激动人心的场面。	学生齐读。
		(7)讨论：每只天鹅都以血肉之躯为武器，你感受到了什么？（板书：拼搏 团结）	学生汇报。
		3.第七自然段。	
		(1)导读第七自然段。	
		(2)讨论：文中三次出现了天鹅的叫声"克噜——克哩——克哩"，前两处在哪儿？各表示什么意思？这里"胜利的欢呼"又是在说什么呢？	学生汇报。
四、回环整合，深化感知，延伸学习	通过练笔写话，把感受落到实处。	同学们，读了这篇课文 我们都被天鹅们舍身破冰的故事感动了，我想目睹这一切的斯杰潘老人，他的触动一定更大，找出来读读。 正为打猎一无所获感到扫兴的斯杰潘见了这感人的场面，有什么变化？ 他为什么没向天鹅开枪，却把枪挂在了肩头，悄悄地离开了湖岸？ 小练笔： 多么可爱的鸟儿啊！ 这一群天鹅用自己的身体破冰找食，多么勇敢，多么团结！ 写话练习： 多么_____的天鹅啊！ _____！ 面对这些勇敢团结的天鹅，你想说点什么？	学生诵读。 预设： 多么勇敢的鸟儿啊！ 老天鹅不怕受伤，不顾自己身体的疼痛，一次次用力地扑打冰面，你真是令人敬佩的破冰勇士啊！ 预设：从这群天鹅身上，我感受到了这群天鹅是那么勇敢，那么团结！
五、布置作业	巩固本课知识点，培养学生主动探究能力	摘录本课你喜欢的语句，并且背下来。 阅读推荐：你读过哪些关于动物的文章，请把最令你感动的故事，推荐给同学们。	

（续表）

教学过程			
教学环节	教学意图	教师活动	学生活动
板书设计	18.天鹅的故事 老天鹅　腾空而起　重重扑打　勇敢 　　　　　　　　　　　　　　可爱的鸟儿 众天鹅　集体破冰　齐心协力　团结		

《语言的魅力》教学设计

平淑清

教学基本信息			
课题	14.语言的魅力		
学科	语文	年级	四年级
教材	北京市义务教育课程改革实验教材	指导者	吕桂红　陈卫华

教学目标(内容框架)
教学目标： 练习默读课文，学习围绕课题提出探索性问题。 有感情地朗读课文，学习课文第六段，感受春天旺盛的生命力。 了解诗人用语言帮助盲老人的事，体会诗人同情残疾人的善良品质，感受语言的魅力。 结合生活画面，练习用精彩的语言表达情感。 **教学重点：** 体会诗人添上的那几个字"春天到了，可是"产生的巨大作用，感受语言的魅力。 引导学生想象、联想、体会文章描写的景象，品味语言的感情色彩。 **教学难点：** 想象、联想、体会文章描写的景象，品味语言的感情色彩。

教学过程			
教学环节	教学意图	教师活动	学生活动
一、导入新课	理解"魅力"的含义；整体感知；营造氛围，初步感受语言的魅力	1.同学们，今天我们继续学习《语言的魅力》，齐读课题。 2.读了课题你最想知道什么？ 3.自由读课文，回忆课文写了一件什么事？ 根据你们自己读书的理解，谁能说说文章中哪一句话是最有魅力的语言呢？	学生思考。 学生读课文，概括课文主要内容。 回顾课文内容，找到课文重点句：春天来了，可是我什么也看不见。
二、深入学习课文内容	利用表格，理清脉络，合作探究，理解课文内容，培养学生提取有用信息的能力 品读重点语句，感悟人物情感变化 感知普通的语言和有魅力的语言之间的巨大差别 借助图画合理联想和想象，体会春天的美景，感受诗歌语言的魅力	1.默读1—5段填写课后表格。（盲老人乞讨情况变化表） 2.教师巡视指导。 3.小组交流：加了一句话后人们的心理和行动有什么变化？为什么？ 4.交流讨论结果，教师引导。 (1)"唉！"那盲老人叹息着回答，"我，我什么也没有得到。" (2)老人笑着对诗人说："先生，不知为什么，下午给我钱的人多极了！" (3)你发现了什么？ (4)我什么也看不见。 (5)春天到了，可是我什么也看不见。 (6)反复读前后两句话有什么不一样？第二句话有什么作用？ 1.学习第六段。 那六个字为什么会产生这么大的作用？做好批注，同桌交流，集体交流。 2.当你看到"春天到了"你联想到了什么？ 3.欣赏春天的美景，读重点句子。(播放课件：春天万紫千红的美景画面，最后屏幕突然变黑)师适时朗读相应课文。	学生默读课文，摘录重点词语填写表格。 学生汇报填表情况。 小组合作学习，互相交流，提取课文信息。 预设：老人心情由悲伤变高兴了，收入由没有变得多极了。 预设：第一句话很平淡，人们没反应。第二句话有魅力，可以使人们心情发生变化。同情老人，然后纷纷解囊相助。 1.自学感悟什么样的语言是有魅力的语言。 预设：富有诗意、感情浓厚。 2.学生想象春天的景色。 3.学生欣赏，朗读。

（续表）

教学过程			
教学环节	教学意图	教师活动	学生活动
	联系生活想象,激发情感	4.你读出了什么？	4.预设：春天的景色很美,春天是美好的(蓝天白云,绿树红花,莺歌燕语,流水人家)。文字简洁、想象丰富、有节奏、朗朗上口。
		5.人们会干什么？	5.描述春天人们参与的各种活动。
		6.盲老人眼前是什么？	6.预设：心酸、难受、悲伤。
		7.你的心情？想做什么？	7.预设：想帮助老人。
	激情朗读,感受语言的感情色彩	8.读重点句,读出感情。	8.学生激情朗读,感受语言文字带来的情感变化。
		但这良辰美景,对于一个双目失明的人来说,只是一片漆黑！这是多么令人心酸呀！当人们想到这个盲人,一生里连万紫千红的春天都不曾看到,怎能不对他产生同情之心呢？	预设：反问句式,感情更强烈,更能突出人们的同情心。
	比较句子,体会反问句在表情达意方面的作用	怎能不对他产生同情之心呢？	
	激发情感,对有魅力的语言产生喜爱之情	一定对他产生同情之心。	
		9.总结：诗人的语言一会儿把我们带入如诗似画的美景中,一会儿又把我们带入漆黑无助的深渊里,这就是语言的魅力。	9.回忆课文内容,体会课文的语言特点。
三、拓展延伸	知道生活中有魅力的语言随处可见	拓展阅读：《周总理外交——走上坡路》 美国代表团访华时,曾有一名官员当着周总理的面说："中国人很喜欢低着头走路,而我们美国人却总是抬着头走路。"此语一出,话惊四座。周总理不慌不忙,脸带微笑地说："这并不奇怪。因为我们中国人喜欢走上坡路,而你们美国人喜欢走下坡路。" 找到有魅力的语句,分析表达效果。	预设："上坡路"和"下坡路"两个词有双重含义。 上坡路代表中国人进步,下坡路美国人落后。表达了对美国人的厌恶。

(续表)

教学过程			
教学环节	教学意图	教师活动	学生活动
四、学用结合，拓展练习	体会语言特点，启发创作灵感。 展开联想，练习创新语言	1.写作指导。 观看生活中的各种提示牌，会让你想象到什么？你心中会有怎样的情感？ 2.看图写警示语。 水龙头、水塘边、花坛等。	预设：不要践踏草坪！小花多可爱，请勿伤害！ 草儿青青，足下留情！草儿要睡觉，请您边上绕！ 有节奏，合辙押韵。 预设：珍惜每一滴水：关紧我，别让我流泪……
五、作业	学会观察生活，积累有魅力的语言，提高创作兴趣	1.继续完成写警示语的练习。 2.收集生活中用来交流的语言。	练习写警示语。 交流收集到的有魅力的语言。
板书设计	14.语言的魅力 无动于衷　　我什么也看不见 纷纷相助　　春天到了，可是我什么也看不见！ （富有诗意　感情浓厚）		

《穷人》教学设计

苏淑芹

教学基本信息			
课题	13.穷人		
学科	语文	年级	六年级
相关领域	叙事散文	教材	人教版语文教材

指导思想与理论依据
语文学科核心素养和语文课程的性质都强调了语文教学应使学生吸收古今中外优秀文化。在阅读中理解、评价人物，感受人物美好的心灵和高雅的情操，体会人世间的真情真意，在思想上受到熏陶。本节课的教学落实了我校的三我理念，在学生的自读中，发现问题，在品读中，交流感受，语言实践，进行个性化的语言表达，提高学生的语言能力、读写能力，提高语文课堂教学的实效。

（续表）

教学背景分析
教学内容:《穷人》是俄国伟大的现实主义作家列夫·托尔斯泰的作品。文章按照事情的发展顺序,描写了桑娜和丈夫在自家生活十分艰难贫困的情况下,在家中五个孩子衣食难保的窘况下,主动收养因病去世的邻居西蒙的两个孩子的感人故事,反映了沙俄统治下穷人的悲惨生活,表现了作者对劳动人民的同情,赞美了穷人之间互相关心、互相帮助的美好情感,歌颂了天下穷人是一家的淳朴感情。文章语言优美,遣词用句准确,对人物的内心活动描写细腻、传神,人物形象鲜明,思想感情真实、感人。 **学生情况:**依据我校"三我"理念,采用自主、合作、探究的学习方式,我主要引导学生从人物的语言、行动、思想中体会穷人的美好品质。六年级的学生已经具备了一定的预习能力、查阅资料的能力,所以在预习时,我让学生在搜集关于列夫·托尔斯泰的资料;学生根据课前收集的资料结合课文进行研究。学生不仅掌握了知识,而且培养了搜集、分析、判断和运用信息的能力,增强了实践能力,提高了语文素养。在学习这篇课文时,学生有可能不愿意潜心读文,因此我决定让学生朗读课文,通过人物的语言、动作、神态来体会人物的内心活动。学生充分地读,在读中整体感知,在读中有所感悟,在读中培养语感,在读中受到情感的熏陶。 **教学方式:**运用信息技术,采用情境教学法,教师用饱含情感的语言启迪学生的心灵,让学生体会文章的思想感情。教师引导学生转换文字与画面,学生自主读书,自主语言实践,根据教师精心设计的写点进行练笔,发展语言能力。 **教学手段:**多媒体辅助教学。 **技术准备:**课外资料、教学课件。

教学目标(内容框架)
教学目标: 抓住人物对话和心理活动、环境描写,体会桑娜和渔夫的人物形象。 了解沙皇统治下俄国渔民的悲惨生活,感受桑娜与渔夫宁可自己吃苦也要帮助别人的高尚品质。 **教学重点:**理解使学生准确地理解桑娜的心情,评价桑娜这个人物。 **教学难点:**根据提供的语境,联系课文内容描写桑娜的心理活动。

教学过程			
教学环节	设计意图	教师活动	学生活动
一、复习导入	回忆课文内容迅速进入情境	问:按照事情的发展顺序,文章可分成哪三部分?（板书:等丈夫、盼丈夫、丈夫归）	齐读课题。 预设:等丈夫、盼丈夫、丈夫归。
二、学习课文	通过感受桑娜一家的贫穷,培养学生的表达、概括能力	1.分析课文第一部分。 (1)引导学生浏览课文,感知桑娜家的处境。 (2)引导学生从四个方面理解桑娜家的贫穷。	学生回答问题。

（续表）

<table>
<tr><td colspan="4" align="center">教学过程</td></tr>
<tr><td>教学环节</td><td>设计意图</td><td>教师活动</td><td>学生活动</td></tr>
<tr>
<td rowspan="4">四、布置作业</td>
<td>在音乐的渲染下，导入下文，使学生的音乐智能得到训练，使学生入境</td>
<td>课件出示：
从屋内装饰看出穷。
从吃、穿看出穷。
从桑娜和渔夫的忙碌看出穷。
从天气的恶劣看出穷。
2.分析课文第二部分。
配乐，导语：夜已经很深了，听着屋外呼啸的寒风，她无心睡觉，盼望丈夫早些回来，焦急地走出了家门迎接丈夫，但她什么也没看见。风卷着什么东西敲打着邻居的门。于是桑娜想到了生病的西蒙，她走进去发现西蒙已经死了，两个孩子依然香甜地睡着。这时桑娜是怎么做的？</td>
<td></td>
</tr>
<tr>
<td>在朗读中体会人物品质，培养朗读能力；通过读、说、想象、体会人物的品质；促进学生逻辑智能的发展通过读、说感受渔夫的高尚品质，训练语言智能</td>
<td>(1)引导学生理解第八自然段。
(2)指导朗读"非……不可"。
(3)出示第九自然段描写桑娜心理活动的句子，范读。引导学生想象课文可能省略的内容。
(4)小结并板书：桑娜宁可自己多吃苦也要帮助别人。
3.分析课文第三部分。
(1)导语引出下文。
(2)课件出示：两次沉默。
思考：桑娜为什么沉默？
(3)引导理解"熬过去"的意思。
(4)你看到的渔夫是个怎样的人？（投影）</td>
<td>(1)阅读并理解第八自然段。
(2)指名读句子。
(3)讨论省略了哪些内容。把省略的内容说出来。

(1)学生听讲。
(2)预设：第一次沉默：不知该怎样对丈夫说；第二次沉默，试探、观察丈夫的反应。
(3)学生理解"熬过去"的意思。
(4)预设：渔夫与妻子桑娜一样，有着一颗甘愿自己受苦也要帮助他人的高尚的心。</td>
</tr>
<tr>
<td>明确中心</td>
<td>3.小结。
教师边总结边完善板书。
探究：有的人说文中的穷人并不穷，你同意吗？</td>
<td>学生各抒己见。</td>
</tr>
<tr>
<td>训练写作智能</td>
<td>4.布置作业。
仿照第九自然段的写法，写一段心理片段。</td>
<td>学生写一段心理活动。</td>
</tr>
</table>

（续表）

板书设计：

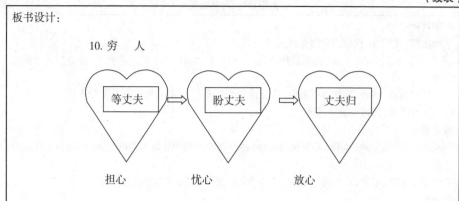

10. 穷　人

等丈夫 ⟹ 盼丈夫 ⟹ 丈夫归

担心　　　　忧心　　　　放心

善良、宁可自己吃苦也要帮助别人。

本教学设计与以往或其他教学设计相比的特点

本课运用现代化的多媒体教学手段，集声音、图像、视频和文字等媒体为一体，具有形象性、多样性、新颖性、趣味性、直观性、丰富性等特点。我根据教学目的、要求和教学内容，创设了声像同步的教学情境，在每个教学环节中都用图片等形式补充了信息，以便于学生深度理解课文中心思想。通过教学实践研究，我认识到：在语文课堂教学中，合理恰当地、精准适时地使用多媒体，可以更好地创设情境，趣化教学活动；突破教学难点，辅助理解，省时高效，给学生创造了良好的学习环境，使学生自主、积极地参与到学习中来，使得"难点不难，乐趣横生"。只要我们语文教师怀有一颗创新的心，共同去研究、去探索、去发现，就能有更好的教学方法与语言文字进行有机结合，使学生爱上语文课堂。

《古诗四首》教学设计

杨虹艳

教学基本信息			
课题	17.古诗四首		
学科	语文	年级	五年级
相关领域	古诗文	教材	北京市义务教育课程改革实验教材
指导者	吕桂红　陈卫华		

（续表）

教学目标(内容框架)			

教学目标：

借助注释、插图等,理解诗句的意思。

创设情境,激发兴趣,诵读、品析领悟诗情,体会作者对祖国壮丽山河的赞美,感受春天旺盛的生命力。

引导学生想象、联想、推想诗中景象,体会诗句的意境之美,并有感情地朗读古诗。

结合生活画面,用古诗表达情感。

教学重点：

创设情境,激发兴趣,诵读、品析领悟诗情,体会作者对祖国壮丽山河的赞美,感受春天旺盛的生命力。

引导学生想象、联想、推想诗中景象,体会诗句的意境之美,并有感情地朗读古诗。

教学难点：

想象、联想、推想诗中景象,体会诗句的意境之美,诵读、品析,领悟诗情。

教学过程			
教学环节	教学意图	教师活动	学生活动
一、导入新课	用课前三分钟飞花令激发学生学习古诗兴趣。	谈话激趣：课前飞花令环节中,我们积累了那么多带"花"的诗句,这些都是写景状物的。 今天继续学习两首古诗。	学生齐读诗题"望洞庭""游园不值"。
二、初读诗篇,赏读成诵	运用书法作品,激发学生想读、爱读的兴趣,熟读成诵	1.用自己喜欢的方式读两首古诗,读准字音。 2.认读书法作品。 3.练习背诵古诗。	学生欣赏书法作品,尝试背诵。
三、回顾学法,自学解意	回顾学习古诗的方法,便于自学 通过借助方法自学,知晓每首古诗的大意 培养学生独立思考和合作探究的能力	1.如果给你两分钟时间,你会用哪些方法学习古诗? 2.老师小结。 3.给你两分钟时间,用上这些方法,你能学会什么? 强调：可以和同桌说一说。 桌间巡视指导。 小结：你们真聪明啊,短短的两分钟学会了这么多!	预设：看注释、看插图、同桌互相说、多读几遍、问同学。 预设：学生自学。 《望洞庭》：秋天的夜晚,洞庭湖水清澈透明,与皎洁的月光交相辉映,显得十分宁静和谐。无风的湖面,朦朦胧胧,就像一面没有打磨过的铜镜。远看洞庭湖和君山的样子,就像白银盘里放着一颗小小的青螺。 《游园不值》：诗人轻轻地敲了柴门很久,也没有人来开,大概是园子的主人爱惜那绿色的苔藓,怕木屐鞋底在苔藓上踩上脚印吧。这满园春色是关也关不住的。有一枝开得艳丽的红杏从墙里伸到墙外来了。

（续表）

教学过程			
教学环节	教学意图	教师活动	学生活动
四、意象结合，入情诵读	通过想象，让学生体会诗句的意境。	1.《望洞庭》。 (1)湖光秋月两相和 听了他的读，我们眼前仿佛看到了什么？ "两相和"仿佛让你看到一种怎样的景象啊？ 皎洁的月光与平静的湖水交相辉映，多美啊！让我们美美地读一读。 (2)潭面无风镜未磨 想象未磨的镜子是什么样。 指导朗读"无风"的湖面。 想一想，有湖光，有秋月，还有朦朦胧胧的湖面，感觉怎么样？两句一起读。 小结并板书：想象。	预设：皎洁的月光、湖水。 学生想象画面，展示朗读。 想象未磨的镜子：朦朦胧胧，模模糊糊。 练习朗读：湖光秋月两相和，潭面无风镜未磨。
	通过联想，引导学生入情诵读。	(3)遥望洞庭山水色，白银盘里一青螺 指导"遥望"。 观看洞庭山水图片，你能联想到什么？ 板书：联想。 带着想象和联想读一读这首诗。 创设情境，引导读诗。 小结：读古诗，不仅会想象，还得能联想。	读出"遥望"的意境。 由湖水想到白银盘，由君山想到青螺。 练习朗读。
	通过绘声绘色地朗读，引导学生读诗要看见画面，听到故事，听到声音。	2.《游园不值》。 (1)带着想象和联想，同桌互相读一读这首《游园不值》，看谁能够读得有声有色，让同桌听出画面，听到故事，听到声音。 (2)观看视频《游园不值》。 (3)将自己想象、联想到的画面。用文字描述下来，完成学习单。	同桌互相练习朗读。 学生认真观看。 学生完成练笔： 透过这一枝红杏，我仿佛看到了_____； 听到了_____； 想到了_____。
	通过练笔写话，把想象、联想落到实处。		

（续表）

		教学过程	
教学环节	教学意图	教师活动	学生活动
	利用诗人的倒装句式,引导学生推想诗人想表达的情感。	(4)学生交流学习单。 这首诗有问题,发现了吗? 对比诗句,发现问题,哪个更符合生活规律? 推想诗人想表达哪种情感。 板书:推想。 (5)学古诗,不仅要想象、联想,还要揣摩诗人表达的情感。透过语言文字,你们再推想一下《望洞庭》,说一说诗人想要表达怎样的情感? 3.每首推荐一名学生再读。	交流学习单。 预设:没发现。 学生对比读,发现二、四句倒过来符合生活常识。 生机勃勃,旺盛的生命力,赞美春天。 推想:美或赞美。 推荐学生诵读。
五、尝试方法,感悟诗情	激发学生积累古诗的兴趣,知道生活中处处都有诗。	观看生活中的图片,会让你想象到什么?联想到什么?你心中会有一份怎样的情感?	预设: 春色满园关不住,一枝红杏出墙来。 儿童散学归来早,忙趁东风放纸鸢。 接天莲叶无穷碧,映日荷花别样红。 留连戏蝶时时舞,自在娇莺恰恰啼。 停车坐爱枫林晚,霜叶红于二月花。 墙角数枝梅,凌寒独自开。
六、学用结合,拓展延伸	学以致用,做生活的有心人。	看到"四月五日""八月十五""九月九日"你会想到哪些诗? 师生用诗句表达依依惜别之情。	学生背诗句。
板书设计	17.古诗四首 望洞庭　　　　　　游园不值 作者　刘禹锡　　　作者　叶绍翁 想象 联想 美　　　推想　　　生命		

《夏日田园杂兴》教学设计

张晓冬

教学基本信息			
课题	夏日田园杂兴		
学科	语文	年级	四年级
相关领域	古诗文	教材	北京市义务教育课程改革实验教材
指导者	吕桂红　陈卫华		

教学目标(内容框架)
教学目标: 1.有感情地朗读、背诵古诗。默写古诗。 2.随机渗透学习古诗的方法,会借助注释理解古诗的大意,能用自己的话说出诗句的主要意思。通过看插图、想象画面等方式帮助学生体验意境,感受田园生活的情趣,体会诗人对田园生活的热爱。 3.培养阅读古诗词的兴趣和对古诗词的热爱之情,激发学生积累更多田园诗的兴趣,养成课外主动积累的好习惯。 **教学重点:** 1.创设情境,激发兴趣,诵读、品析领悟诗情,体会作者对古代田园生活的赞美,以及对劳动人民的敬爱之情。 2.随机渗透学习古诗的方法,会借助注释理解古诗的大意,能用自己的话说出诗句的主要意思。通过看插图、想象画面等方式帮助学生体验意境,感受田园生活的情趣,体会诗人对田园生活的热爱。 **教学难点:**学生根据老师教授的学习古诗的方法学习其他古诗,并用想象、联想和书下注解、书中画面,感受诗中景象,体会诗句的意境之美。

教学过程			
教学环节	教学意图	教师活动	学生活动
一、导入新课	激发学生对古诗的兴趣,积累古诗。	教师出示图片。 提示有关春天的古诗。	根据图片有感情地诵读古诗。
二、学习古诗	理解字义、词意、句意。感受诗人描写的场面,体会诗中表达的感情。	1.同学们,美丽的春天即将过去,夏季就要来临。今天我们就来学习一首夏天的古诗《夏日田园杂兴》。	

（续表）

		教学过程	
教学环节	教学意图	教师活动	学生活动
二、学习古诗	通过绘声绘色地朗读，引导学生读诗时联系画面，感受故事。	2.正音，"兴"xìng。 3.范成大你们了解多少？你能为大家介绍一下范成大吗？ 4.教师出示图片介绍：范成大，字致能，号石湖居士。南宋诗人。谥文穆。他与杨万里、陆游、尤袤合称南宋"中兴四大诗人"。反映农村生活的作品是《四时田园杂兴》，共有60首，描写了四季的农村生活。 5.解题。"兴"是什么意思？ 6.指导读准字音，读出节奏。 (1)请说说诗应该怎样读？有什么要求？ (2)明确诗歌的朗读方法：正确、流利，读出诗的节奏。 (3)听范读。 (4)个人自由朗读。 (5)指名试读，评议。 7. 交流学法。 同学们，古诗语言简练，但含义深远，所以在学习的过程中，我们先要了解诗的大概意思，平时遇到一首新的古诗你是怎么学的？ 接下来，咱们先借助诗句下面的注释，来读懂重点字词的意思，把这些词的意思串起来就是每行诗句的含义，再把每行诗的意思连起来，用上自己的话来说，就是整首诗的意思。 8.刚才，你读懂了哪句？ (指点"傍、绩、各当家"等重点词在诗句中的意思。) (1)"绩"在这里是指一个动作，搓；"夜绩麻"就是指—— (2)"各当家"指各有各的本领，各有各的事做；"村庄儿女各当家"就是指—— (3)"傍"表示靠近的意思；"也傍桑阴学种瓜"就是指——	学生介绍对诗人范成大的了解。 学生用以往学到的学习古诗的方法回答问题。 自己读。 同桌读。 班级评价。 学生交流学习方法。 学生依照注解，结合想象，串联字词意思，解释诗句的含义。 学生结合古诗回答问题。

（续表）

教学过程			
教学环节	教学意图	教师活动	学生活动
		知道了这些词在古诗中的意思,谁能把这首诗的意思连起来,再来说说? 9.乡下人家,不论什么时候,不论什么季节,都是一道独特、迷人的风景。请大家再自由读一读这首诗,边读边想,你的脑海里除了刚才读懂的画面,还出现了哪些画面? 10.赏析"昼出耘田夜绩麻,村庄儿女各当家"。 诗歌一、二句写了什么内容? 交流:(劳动的辛劳、繁忙及劳动所带来的快乐) 11.赏析"童孙未解供耕织,也傍桑阴学种瓜"。(出示插图) 引导学生观察图画,描述画面内容。(抓住儿童神态、动作、想象其语言) 你们喜欢这些小孩子吗?(天真、勤劳、好学、可爱、爱劳动)。 不光村子里的男男女女各尽所能,做着分内事,就连小孩也学着大人的样子忙碌着。 12.有感情地朗读全诗,指导背诵。 13.村庄儿女日夜劳作虽然繁忙、辛劳,却是快乐的。孩子虽然不懂耕织,却爱学做农活,也是快乐的。这样和谐、恬适的劳动场面感染了诗人,让他深深地爱上了这片土地,爱上了这里勤劳朴实的人们,更爱上了这温馨美好的田园生活。(配乐读)	学生放声自由读诗,想象其意境,体会农民一家辛勤劳动的生活。 学生有感情诵读。分组读,全班读。
三、拓展关联	增加学生对学习古诗的兴趣,巩固学习古诗的方法。	刚才我们在学习这首诗的时候,除了借助注释、插图外,还通过想象,读懂了、读好了这首诗。知道这首诗是从描写那一幅幅劳动场面,让我们感受到忙碌的乡村生活。请大家再读读范成大的另一首《夏季田园杂兴》。	学生以四人小组为单位读读这首诗,说说大意,读后谈谈自己的感受。

（续表）

教学过程			
教学环节	教学意图	教师活动	学生活动
三、拓展关联	增加学生对学习古诗的兴趣，巩固学习古诗的方法。	梅子金黄杏子肥， 麦花雪白菜花稀。 日长篱落无人过， 惟有蜻蜓蛱蝶飞。 这首诗是在写什么呢？ 指名读。 说一说诗句的意思。 这首诗描写的是什么季节的风光？ 比较两首诗，你发现有什么相同和不同的地方？	学生比较两首诗所描写的不同事物，想象诗人当时的心情，有感情地朗诵诗歌，感受两首诗的不同和相同。
四、总结学法		乡村是那么恬美、秀丽，这首诗字字句句都洋溢着一种平和、宁静的生活氛围。这类描写自然风光、农村景物以及隐居生活的诗，就叫作"田园诗"。同学们课下可以搜集、品读更多诗人所创作的田园诗。	
板书设计	夏日田园杂兴 宋　范成大 村庄儿女　　耘田　绩麻　　勤劳快乐 儿童　　　　种瓜　　　　天真可爱		

第二节　数学篇

《倍的认识》教学设计

付　蕾

教学基本信息			
课题	倍的认识		
学科	数学	年级	二年级

（续表）

指导思想与理论依据
由于倍的概念比较抽象,学生日常生活中接触少,所以学生要理解倍是较难的。这节课要让学生通过观察、体验、操作等实践活动,初步建立倍的概念。结合国家数学课程标准的基本理念,以培养学生创新意识和实践能力为宗旨,把现代信息技术和课堂教学进行有机整合。

教学目标(内容框架)
学生初步认识倍,初步理解倍的概念、倍的意义。 培养学生观察、推理、迁移的能力及语言表达能力。 培养学生善于动脑的良好学习习惯和学习数学知识的兴趣。

教学过程			
教学阶段	教师活动	学生活动	设置意图
一、创设情境,导入新课	同学们,我们的社会实践课堂去了麋鹿苑看到了许多可爱的小麋鹿,今天老师再带大家到农场去认识更多的小动物好不好呀?	观看麋鹿苑的照片。	创设情境,激发学生学习兴趣,调动学生学习的积极性。
二、实践、交流与探究	瞧,这是什么地方啊?（乡村动物园)让我们一起去动物园里玩一玩吧? 1.鸡舍图。 你们认识这些可爱的小动物吗? 你们从图中发现了哪些数学信息? 数一数公鸡有几只? 小鸡呢? 通过这些已知信息你能提出什么数学问题? 你觉得什么是倍? 这是原来你们对倍的认识,看看通过今天的学习,你对倍有没有新的了解。 谁能到前面来圈一圈公鸡有几只、小鸡几只。 原来没学倍的时候我们管这个叫一个什么? 这个是—— 老师又给大家请来了一些公鸡和小鸡。 你们猜猜我会提什么问题? 谁能来给大家讲一讲?	认真倾听。 预设:2只公鸡、4只母鸡、8只小鸡。 预设:学生说不出倍的具体认识。 说一说,摆一摆。 提出倍的数学问题。	先让学生观察主题图,从图片中获取数学信息,培养学生观察图片的能力。 通过圈一圈,学生初识倍的概念,并感受到标准的重要性。

	教学过程		
教学阶段	教师活动	学生活动	设置意图
二、实践、交流与探究	老师现在有点不理解了，刚刚三只小鸡圈一圈，这里也是小鸡，为什么用4只小鸡圈成一份？ 接着看，公鸡又来了5只，小鸡的只数是母鸡的两倍，小鸡有几只？拿出手里的彩笔摆一摆。 三组作对比，母鸡数不一样，小鸡的只数也不一样，有没有相同之处？ 揭示"倍"。板书：倍的认识。 小结：倍数是表示两个量之间的关系。我们要分清谁是谁的几倍，就要看清谁和谁在比。比的标准不同，标准的数量变化了，结果也就不一样了。 2.兔子图。 让我们再来看看动物园里还有哪些小动物！ 小白兔一个接一个地吃着萝卜，你想不想研究一下在此过程中，小白兔和小灰兔萝卜个数之间的倍数变化？拿出学习单自己圈一圈，填一填吧！ 认真观察，你发现了什么？ 3.练习。	学生到前面来圈一圈。 学生总结：公鸡是1个3，小鸡有这样的2个3，所以小鸡是公鸡的2倍。 学生解释：上面母鸡有几只，下面小鸡就要圈几只。 指名说一说，到前面来讲解。 学生读出数学信息，猜想小灰兔的萝卜数。	通过比较，强调在倍的认识中标准的重要性。 通过不断增加的胡萝卜的份数认识"多倍"，并在此基础上引导学生认识较难理解的"1倍"。 让学生拓宽思路，主动设计，提高对倍的认识与理解，能用"倍"的知识解决实际问题。
三、总结收获	刚刚咱们观察了许多动物，还通过小动物发现了倍的存在，说明生活中处处都有倍。你对倍有哪些了解呢？ 指名说一说。 看来我们对倍的认识有很多啊。		

（续表）

教学过程			
教学阶段	教师活动	学生活动	设置意图
板书设计	倍的认识		

2只公鸡为1份

小鸡有这样的4份，是4个2。

小鸡的只数是公鸡的4倍。

4只母鸡为1份

小鸡有这样的2份，是2个4。

小鸡的只数是母鸡的2倍。

《分类》教学设计

韩立云

教学基本信息			
课题	分类		
学科	数学	年级	一年级

指导思想与理论依据
《义务教育数学课程标准(2011年版)》将"统计与概率"作为一个独立的知识板块纳入小学数学课程。统计是一个重要的数学思想方法。数学课程标准更加重视学生对数据分类、统计过程的体验,学习一些简单的收集、整理和描述数据的方法,认识统计的作用和意义。"分类"是第六单元的内容。本单元教学是通过"分一分、排一排、涂一涂、画一画、数一数"的方法整理数据,初步认识简单的象形统计图和象形统计表。
教学背景分析
教学内容:初步体会到不同的的划分标准可以得到不同的划分结果,并会用简单的象形统计图和统计表来表示数据整理的结果。 学生情况:教学方式:实物演示法、讨论交流法 教学手段:观察法、操作法 技术准备:PPT、Pad

（续表）

教学目标(内容框架)
1.学生经历数据的分类、收集、整理和分析的过程,体验统计结果在不同分类标准下的多样性。初步体会到不同的划分标准可以得到不同的划分结果,并会用简单的象形统计图和统计表来表示数据整理的结果。 2.初步感受统计方法的意义,初步培养数据分析的观念。初步体会运用数据进行表达与交流的作用。 3.让每一个学生都能参与到数学活动中来,培养学生善于表达和倾听他人意见的学习品质。让学生体会到生活中处处有数学。

教学过程(文字描述)
首先以礼物图片导入,让学生体会分类标准的多样性,然后借助Pad分类整理班级中的风筝,并用自己喜欢的方式展示数据统计结果。学生汇报,生生交流,发现不同的展示方法,同时总结出最清晰正确的方法。让学生在自己的发现、实践中,初步体会象形统计图的形象直观。然后让学生根据不同的运动项目对运动员进行分类,并尝试完成象形统计图及统计表。使学生体会到不同标准不同,但总数相同,同时熟练掌握象形统计图的绘制方法。最后请学生根据天气情况绘制象形统计图或录音给我提出出游建议。以让学生明白统计在生活中的实际应用。

教学过程			
教学阶段	教师活动	学生活动	设置意图
创设情境, 导入新课	同学们,又是蓝天白云,绿树红花的季节,大家喜欢放风筝吗？看,端蒙水娃给我们带来了漂亮的礼物呢！(出示图片)快看看一共有几个礼物？ 你是怎么知道的？ 都是解决同样的问题,方法为什么不一样？ 生活中,你还在哪儿看到过"分类"的情景？ 同学们对生活观察得真细致。垃圾分类可以使我们的生活更环保,超市物品分类可以让我们更容易找到商品,房间物品分类可以让房间更整齐。既然分类这么重要,今天我们就来探讨一下关于分类的知识。 板书:分类	指两名同学说一说。 生举例。	借助旧知识引出新知识,从生活中的情境导入,激发学生学习兴趣。

（续表）

教学过程			
教学阶段	教师活动	学生活动	设置意图
操作交流，探究新知	1.老师悄悄地告诉大家，其实端蒙水娃还送给了我们班几个风筝呢哦，快看，我该如何整理呢，谁来给我出个主意呢？ 看来有的时候只有一种分类标准呢！ 2.下面老师用Pad给每个同学都推送风筝图片，请同学们按照形状分一分，再数一数，整理一下以后，把结果记录在Pad上。完成后请提交。 谁愿意向大家展示一下你的作品？ (1)先展示先分再数的方法。 介绍自己的分法： 大家能一眼看出谁最多谁最少吗？怎么看出来的？为什么不用数呢？(可以画一条线，哪条线长哪个就多) 举手，老师也完成了这个作业，能展示一下吗？（贴到黑板上） 强调：一一对应。 老师还想到了一个办法，让这个作品更清楚。我要给它画上一条线，告诉大家我是从这里开始数的，然后再做上标记。第一列是蜻蜓形的，第二列是金鱼形的，第三列是沙燕形的。这样看过图的人是不是一眼就能看出我画的是什么意思啊？ 瞧，我们多棒啊！可以用图来表示整理的结果。 板书：图 (2)展示表格记录数据的方法。 还有谁愿意展示自己与众不同的记录方法？ 大家发现他们都是用什么来记录个数的？（数）刚才我们用图记录了整理的结果，这一次我们用数也能记录整理的结果。	指名说一说如何整理。 （可以摆一摆，圈一圈，写一写） 指名展示： 预设1：一类的图片放在一起。 预设2：一排一排地摆放。 预设3：把图形放到表格里或直接写出文字形式用表格展示。 汇报时说清自己的想法，并征询同学们是否理解，同时等待质疑并解疑。 认真听，积极作答。	组织学生借助Pad分类整理风筝图片，记录整理结果。在展示中初步体会象形统计图的记录方式。明确象形统计图和统计表的记录方式。

（续表）

	教学过程		
教学阶段	教师活动	学生活动	设置意图
	看，老师把一个同学的作品请到了黑板上，我们先横着看看(横着画一条线)，上面记录的是什么？(板书：形状)下面记录的是什么？(板书：个数)再竖着看看，(画竖线)第一列你知道了什么？第二列你知道了什么？第三列你知道了什么？ 通过老师画上的一些线，你觉得它像什么？ 板书：表 小结：同学们不仅能够按照形状把这些风筝分为3类，而且自己设计图表把分类的结果表示出来。(板书：图表)你们可真棒！其实刚才大家对风筝的种类数量进行分类整理的过程就是统计的过程。(板书：统计)而像这样形象直观的图形记录可以称为象形统计图。(板书：象形)所以这样的统计图叫—— 这样的表咱们也可以称为统计表。(板书：统计) (3)老师还有两个风筝，我们该放在哪儿呢？为什么？ 看来统计的结果可以根据实际情况发生变化。	多指名介绍回答。 齐说：象形统计图。	体会不同分类下的统计结果变化。
巩固加深，动手操作。	1.天气越来越好，大家都喜欢去操场上蹦蹦跳跳，跑一跑。咱们学校的体育节召开了，端蒙水娃给大家带来了很多精彩瞬间呢。我们也去体会一下好不好？看，这是两个班的运动员们，在体育项目比赛中我们该如何给这些运动员分类呢？ (1)看来虽然分类的标准有很多，但体育场上运动员的分类是由比赛项目决定的。这两个班的运动员去参加拔河比赛了，该如何分类呢？为什么？跑步比赛该如何分类呢？为什么？	生答略。(要说清按什么标准分) 根据图回答问题。	巩固不同分类标准的分类结果不同。

（续表）

教学过程			
教学阶段	教师活动	学生活动	设置意图
巩固加深，动手操作。	大家的分析真有条理，你快认真看看自己的任务单，需要你按什么标准进行统计呢？ 还有个小问题，找到了分类统计的标准，你看小卷子的左边，老师想让你干什么呢？可是这次老师既没有用Pad发送，也没有给你图片，你没得移动也没得贴，那么该用什么来画呢？用你的水彩笔来完成一下吧！ (2)展示画图的方法。 看来，只要我们在这一列的下面确定好了是男的还是女的，那么不管我们用什么样的符号来表示，都能表示这一类的人数。 通过这两份统计图和统计表，你能发现什么？ 小结：分类的标准不同，分类的结果也不同。但是不论怎么分，最后的总数都应该一样。 2.这么晴朗宜人的天气，真是出游的好季节，老师计划在端午节放假时去一趟风景如画的济南，为了能顺利游玩，老师查阅了近五年济南端午节假期的天气情况，希望大家能够根据图中的信息进行统计，给我一个出行建议，好吗？ 听好要求哦！你可以帮老师绘制一份天气象形统计图或统计表。可以拍照上传，也可以用语音记录下你给老师的出行建议，选择一种就好哦！开始吧！ 指两名同学介绍，一名是统计图；一名是语音。老师这节课的收获可真多啊！ 今天这节课你有什么收获呢？	指两名说清从哪看出分类标准的。 画象形统计图。 指名展示介绍：第一种，两种图形不同；第二种，两种图形相同。追问是怎么分出来的。	巩固绘制统计图和统计表的方法。 让学生体会统计在生活中的重要作用。

《一亿张纸摞起来有多高》教学设计

曹彦东

教学基本信息			
课题	一亿张纸摞起来有多高		
学科	数学	年级	四年级

教学背景及学情分析

指导思想与理论依据：

本实践活动是北京版小学数学四年级(上册)在学习第一单元《大数的认识》之后进行的,是对大数认识的非常重要的补充。大数的特点是大,大到不能在现实生活中直接看到,只能凭想象去感知,又不能凭空瞎想。因此本次实践活动课,通过综合运用所学知识解决1亿有多大的问题,引导学生通过亲自动手测量与计算,让学生经历了有目的、有设计、有步骤、有合作的实践活动全过程。在解决问题的过程中使学生感受1亿的大小,数感得以建立,方法得以沉淀,能力得以提升。

教学内容： 北京版小学数学四年级(上册)在学习第一单元之后的实践活动课

学情分析：

本实践活动是北京版小学数学四年级(上册)在学习第一单元《大数的认识》之后进行的,是对大数认识的非常重要的补充。大数的特点是大,大到不能在现实生活中直接看到,只能凭想象去感知,又不能凭空瞎想。因此本次实践活动课,通过综合运用所学知识解决1亿有多大的问题,引导学生通过亲自动手测量与计算,让学生经历了有目的、有设计、有步骤、有合作的实践活动全过程。在解决问题的过程中感受1亿的大小,数感得以建立,方法得以沉淀,能力得以提升。

教学方式：

自主探究法、合作交流法、类比迁移法、分析发现法。

教学手段：

观察法、操作法。

技术准备：

PPT、A4纸张、直尺。

教学目标及重难点

知识与技能：

学生经历探究过程,借助具体事物,使学生在具体情境中体验一亿的大小,发展数感,感受数学与现实生活的密切联系。学会用生活周围的数据,形象地描述大数,培养主动、自觉地运用和理解数的意识。

过程与方法：

学会在任务中发现问题,初步获得解决问题的一些策略和方法,发展学生解决问题的能力。初步渗透选用小基数类推解决问题的数学思想。

情感态度价值观：

培养学生学习数学的兴趣,增强学生的参与意识和合作意识,使学生获得成功的体验,初步树立运用数学解决问题的自信心,培养勤俭节约的良好习惯。

（续表）

教学过程			
过程	教学内容	学生活动	设计意图
一、复习导入	1.板书：100 000 000 问：这个数是多少？应该怎样读？我们已知道了一亿的组成（指名读一读） 课件出示：在一亿的世界里，仅仅知道这些是不够的，你们想不想探究一亿的世界有多大？今天我们一起去探究一亿有多大。 （揭示课题：一亿有多大） 今天我们就通过一亿张纸摞起来有多高来感知一亿有多大。 一手拿一张A4纸，这是一张薄薄的A4纸，一亿张这样的纸摞起来，比我们的教室、中央广播电视塔、珠穆朗玛峰是高还是矮呢？ 1.猜一猜。大家眼睛闭着，在大脑里大胆猜想一下：1亿有多大？ 2.操作验证。 第一步：确定方案。 ①确立研究的问题：1亿张纸摞起来有多厚？ 教师启发学生思考，要想研究1亿张纸摞起来有多厚，是否真的要找出1亿张纸摞起来直接测量呢？不能直接测量怎么办？ 继续提问：取"一部分"应该取多少张呢？ 追问：你们为什么不取一张或者68张、125张、1028张呢？	学生认真听讲跟随教师思考。学生读一读。 指两名同学说一说。 仔细听。 猜测，说说自己的理由。 学生发挥想象，说说自己想象中1亿的大小。 借助实际物品猜测。 预设： 1.可以先测量一部分纸的厚度，再由部分推算出整体是多少。 2.可以先量出10、100张纸的厚度或1000张纸的厚度。 不是整数的纸张数不好计算。为了计算方便，应该取整百、整千、整万的数量。 一张纸太薄，误差大，整十数利于计算。	简单回顾前一节课所学内容，揭示本课题。激发学习欲望。 明确本节课的主题。

（续表）

教学过程			
过程	教学内容	学生活动	设计意图
二、自主探究，培养树干	课件出示：要测量1亿有多大，可以先测量出较小数有多大。例如，想知道1亿张纸摞起来有多高，可以先选择测量（ ）张纸摞起来有多高，也可以选择先测量（ ）张纸的高度，再来推算。 说明：为了计算方便，应该取整百、整千、整万的数量。 ②明确活动目的、要求。 以小组为单位，通过分别取10张、50张、100张等纸来测量厚度，然后进行推算。与组员描述活动过程，从中体会一亿的大小。 第二步：进行实验。 分别取100张或1000张纸的高度为基数测量，然后推算1亿张纸的高度，组长在任务单上做好记录。 教师参与到学生活动中，有针对性地指导、帮助。 整体交流以100张纸为例。多种方法汇报。 ①测量高度：先数出10张、100或者1000张纸进行测量。以小组准备纸张情况而定 ②小组分工合作，讨论方法，做好记录。 ③交流汇报，得出结果。组织交流，把学生的思考过程书写在黑板上，自主交流。 找不同学生交流思路，生生、师生互动，质疑、解惑。（主动权交给学生）投影演示推理过程，感受高度变化。 比较以10、100、1000张纸为基数的计算结果，体会测量100、1000张纸的计算结果更准确，误差小。	各小组依据方案开展活动，并将获得的数据、推算过程补充记录在记录表中。组内交流。 预设：找学生板书，生生互动，质疑，解惑。 学生板书： 张数　　厚度（厘米） 100　　　1厘米 1000　　10厘米 10000　 100厘米 　　　　 =1米 100000　10米 1000000　100米 10000000 1000米 100000000 10000米 计算法：先测量100张纸1厘米的高度。 100000000÷100 =1000000厘米 =10000米 答题：略	展示作品。提高学生语言表达能力及探究欲望。 借助实物进一步体会1亿张纸摞起来的高度，渗透借助实物类比来说明问题的方法。

（续表）

	教学过程		
过程	教学内容	学生活动	设计意图
	一亿张纸的高度约是1万米。回到课前图片比较：④小结：回顾推理过程，总结方法。投影演示1亿张纸摞起来的高度。板书：提出问题 设计方案 实验操作 得出结论 出示投影，总结方法： 　　要测量1亿有多大，可以先测量出较小数有多大。如：想知道1亿张纸摞起来有多高，可以先选择测量（　　）张纸摞起来有多高，也可以选择先测量（　　）张纸的高度，再来推算。 我们感受了1亿张纸摞起来有多高，你们想不想去探究1亿这个神奇的数字？ 练习1：数1亿张纸需要多长时间？一刻不停地数，数1亿张纸大约要（3）年。人总得吃饭睡觉，假如每天数8个小时，数完1亿需要（9）年。也就是说，你今年9岁，从现在就开始数，要数到（18）岁才能把1亿张纸数完。 练习2：想一想。	测量不同纸张数的计算结果汇报。 为什么会出现不同结果？ 误差造成。 学生感受1亿张纸摞起来的高度，与图片比较。 预设：相当于3333层教室的高度；相当于20个中央电视塔的高度；比珠穆朗玛峰高一千多米；等等。 说一说探究的步骤： 提出问题 设计方案 实验操作 得出结论 指名学生说一说。 指名读题。 思考，说一说答案。 预设：数的时间太长了。我从高度上感受到了1亿这个数大，从数数量所需要的时间上也感受到了1亿是一个特别大的数字。 读题，思考后交流。	让学生体会到选择的基数不同，实验的精确度也会不同。感悟学习方法。 与生活实际相结合，借助具体的事物体会大数的大小，形成数感，感受数学离不开生活，体会数学的空间魅力。 从时间上感受数的大小，使学生产生珍惜时间意识，渗透美育。

（续表）

教学过程			
过程	教学内容	学生活动	设计意图
三、巩固练习，拓宽知识	 如果要测量1亿粒绿豆有多重，我们应该先测量多少粒绿豆的重量，比较合适呢？ A、1粒绿豆 B、100粒绿豆 C、1000粒绿豆 听了同学的意见，你有什么想法？	预设： 1.我觉得选B。因为一粒豆太少了，误差大。1000粒豆子太多了，得数半天。 2.我觉得选C。如果直接给出1000粒绿豆，选择C误差小，更接近准确结果。A答案相对来说就不选了。 预设：我觉得在选择部分的时候，要根据实际情况来定。如果有现成的基数，选择数据大的比较准确，比如这道题中的1000粒。如果没有1000，选择100，这个比较好数。	创设开放性的题目联系，使学生能够更加深入地理解知识，从而互相提高，共同成长。
	练习3：我们刚刚从高度和时间两个方面认识了1亿有多大。（手里拿颗绿豆），这是什么？我们通过小小的绿豆来认识1亿。 通过称量100粒绿豆大约6克多 1亿粒大约6.25吨 如果一个家庭每天吃0.5千克，可以吃34年。 如果将1亿粒绿豆铺平在地上要铺2000平方米，有40多个教室地面大小。	读题，说说自己的感受。 预设： 1.一粒绿豆很小，但是1亿粒很小小的绿豆却可以让一个家庭每天吃一斤，够吃34年，1亿这个数很大。 2.1亿粒绿豆可以铺2000平方米，相当于40多个教室地面大，我觉得这个数真的很大。 3.我觉得一粒豆子不算多，但是积少成多，全国每人节约一粒，那就是一个庞大的数字。	从重量、面积、人数、时间上感受1亿的大小。
	练习4：每秒钟浪费一滴水，那么一个月将要浪费1219200滴。每年将流失4亿多滴水！（1亿滴水大约可以汇成3333升水，能够装四辆大型运水车。）正因为这样，鱼儿即将没了家。	读一读，谈一谈感想。预设： 1.从数量上说1亿滴水的多。 2.从节约用水的角度说说自己的感想。	使学生在头脑中建立1亿的大小的概念，体会到1亿这个数之大。
	练习5：我们从重量、时间、长度、面积等不同方面感受到了1亿是个非常大的数字。我们也不能忽视一粒米、一滴水，在1亿的大军里，它们也有着很重要的作用——积少成多。	指名读一读，说说体会。 说说什么是赤道，看到数字有什么体会。	

（续表）

	教学过程		
过程	教学内容	学生活动	设计意图
	 练习6：资料。 ·亚洲严重缺水，缺乏符合卫生标准的饮用水的人数约为8亿。因缺水不能使用卫生设备人数约20亿。20年后，全世界缺水人口可能达到30亿。 ·如果一个人能活80岁，以亿计算，其度过的岁月不过25亿多秒。 ·1亿秒的时间约是3年零62天。 ·我们学校大约有1500名学生，如果每人每学年发20本书，那么1亿本书够发约3333年。 ·如果每一分钟心跳90次，那么1亿次心跳大约是两年多。 ·地球年龄大约是46亿岁。	自由发言，谈感受。 节约用水，积少成多，保护水资源。	1亿个小朋友手拉手，可以绕地球三圈，体会大数的概念，培养数感。 借助投影中的图形，使学生理解地理知识，进行学科的渗透和整合。 学生根据对以上信息、数据的分析，结合具体情境描述出1亿的大小，从不同方面感受1亿。
四、拓展	拓展延伸： 拿出一元钱硬币问：你准备怎么解决这个问题？ 	预设： 1.拿出一元钱硬币，先量一个硬币的高度，再乘以1亿枚。然后除以珠穆朗玛峰的高度。 2.一枚硬币的厚度约2毫米，一张纸的厚度约0.1毫米。一个硬币的厚度大约是一张纸的20倍。1亿张纸比一个珠穆朗玛峰高，1亿枚硬币就相当于有20个1亿张纸的高度，所以选C。	通过讨论交流等活动，使学生在具体情境中体验1亿的大小，发展数感，感受数学与现实生活的密切联系。感受数学的魅力。
五、小结	通过这节课的学习，你有什么收获？我们是怎样来进行研究的。		

（续表）

教学过程			
过程	教学内容	学生活动	设计意图
六、作业	我们从重量、时间、长度、面积等不同方面感受到了1亿是个非常大的数。但它再大，基数还是1。我们不能忽视一粒米、一滴水，在1亿的大军里它们也有很重要的作用。节约应从我们每一个人做起，从节约每一张纸、每一粒米、每一滴水做起。 搜集资料，制作一张"1亿有多大"的数学小报。	同学交流，从不同方面总结收获。	能够灵活运用知识解决实际问题。让学生体会成功解决问题的喜悦，产生乐于思考，乐于交流的意愿，真正体会到数学学习的乐趣。

板书设计

一亿张摞起来有多高

张数	高度(厘米)	方法
		提出问题
100张	1厘米	设计方案
1000张	10厘米	实验操作
10000张	100厘米＝1米	获得结论
100000张	10米	
1000000张	100米	
10000000张	1000米	100张约1厘米
100000000张	10000米	$100000000 \div 100 = 1000000$
		$1000000 \times 1 = 1000000$厘米＝10000米

《复式条形统计图》教学设计

王 新

教学基本信息			
课题	复式条形统计图		
学科	数学	年级	五年级

（续表）

指导思想与理论依据

"统计与概率"在新课程改革中得到了重视,成为和"数与代数""图形与几何""综合与实践"并列的课程内容。这既反映了"统计与概率"在现代社会生活中的重要地位,也说明了"统计与概率"在培养学生数学素养方面所具备的重要作用。《复式条形统计图》属于"统计与概率"这一领域,《数学新课程标准》中指出,统计课程的核心目标是培养学生的统计观念。课标中对于复式条形统计图的教学提出明确的要求,《标准》中提出,统计观念主要表现在以下几个方面:认识到统计对决策的作用,能从统计的角度思考与数据有关的问题;通过收集数据、描述数据、分析数据的过程,做出合理的决策;能对数据的来源、收集和描述数据的方法、由数据得到的结论进行合理的质疑。在教学中,教师有效的利用学生已有的生活经验和知识经验,设计一些有价值的数学活动,在这些活动中充分暴露学生遇到的疑难与问题,真正从学生的角度去审视这些问题,触及学生的心理需求。正如赞可夫所说:"教学一旦触及学生的心理需要,这种教学就会变得高度有效。"

教学背景分析

教学内容:

已学过的相关内容

一年级上册:条形统计图雏形;二年级上册:以一当二统计图;二年级下册:以一当五统计图;三年级下册:简单数据整理;四年级下册:单式条形统计图、简单数据分析。

本册主要内容

认识复式条形统计图,了解统计图特点;根据复式条形统计图回答简单的问题;根据数据的变化,体会统计的作用;完成复式条形统计图;根据统计图解决问题;根据数据的变化进行合理推测。

后续学习的相关内容

五年级下册:折线统计图、复式折线统计图;六年级上册:扇形统计图;六年级下册:扇形统计图分析。

学生情况:

学习经验。在以前的学习中,学生已经了解了统计在现实生活中的意义和作用,多次经历统计的过程,会用简单的方法收集和整理数据,进行初步的数据描述和分析。学习过程中他们认识了单式和复式统计表、单式条形统计图,能够根据统计图表中的信息提出并解决简单的实际问题,初步利用统计的预测功能提出建议。

生活经验。随着信息技术的发展,数字化时代的到来,报纸、杂志、电视、网络等媒介存在大量的统计信息,学生对复式条形统计图不是一无所知,能够借助以往的学习经验读取基本信息,并回答简单实际问题。

教学方式:

创设学校组织外出实践活动的情境,让学生选出自己最想去的地方,进行统计,根据统计数据,让学生创造复式条形统计图,进行生生交流。

在教学中运用变教为学的理念,组织学生主动参与新知的探索与学习,从而完成了统计数据、绘制统计图、分析统计图的过程;并放手让学生经历独立思考、分组讨论、合作探索,提高学生学习的效率。

教学手段:

Pad网络现代化教学手段,实现师生互动。

教学过程中采用变教为学的理念,充分发挥学生的主体性。

技术准备:师生Pad、互联网课件

(续表)

教学目标(内容框架)
1.经历观察、动手制作、展示交流评价等主动探索、互动合作的学习过程,认识复式条形统计图的特点,了解复式条形统计图的意义和用途,掌握其绘制方法。 2.能根据复式条形统计图发现数学信息、提出数学问题并加以解决,会分析统计图中的数据,能根据数据做出合理性的预测和判断,发展初步的数据分析观念。 3.经历观察比较、动手操作、交流评价的学习活动,培养学生的数学素养。

教学流程示意(可选项)
一、联系生活,创设情境,激发创造欲。 二、自己创造,组内欣赏,评价交流。 三、应用新知,解决问题。

教学过程			
教学阶段	教师活动	学生活动	设置意图
创设情境	1.收集数据 创设学校要组织开展社会实践活动情境。 准备从以下三个地方选择一个作为咱们活动的地点。负责老师想听听大家意见。这节课先来了解一下我们班同学的意愿。到底选择去哪儿,你有什么好办法? 2.整理数据 投票结果已经出来了。现在咱们要把现场投票结果报告老师,你有什么办法? 板书:统计表 统计图 拿出学习单,用Pad发给学生。	拿出Pad,既然是最想去的,每人只选一项,把你的想法传送到前面的屏幕上。 (填表,画图。追问为什么画图?) 自己把同学们的投票情况整理在统计表中。学生填表。1人读表中人数。从表中你能看出什么?	贴近学生生活实际,学生获得对数学的积情感。Pad收集数据,一方面提高了学生收集数据能力,学习用数说话。另一方面培养统计意识,激发学生兴趣。
自己创造,欣赏交流	从统计表中一眼就看出了数据,刚才有同学提出还可以用条形统计图表示出来。你们会吗? 1.独自创造 创造天地:根据表中数据创造出你喜欢的条形统计图。	(学生个人在方格纸上尝试完成统计图,教师巡视。)下面你们同桌先交流你们的创作想法及创作过程中有什么成功的地方及困惑。	这个活动,给了每一位学生尝试创造新知机会,改变了以往以部分学生的认知水平代替所有学生的认知水平情况,让所有的学生在原有基础上体验到知识的发展过程。

（续表）

	教学过程		
教学阶段	教师活动	学生活动	设置意图
自己创造，欣赏交流	如何在统计图中让别人一眼就能够方便清晰地看出男女生投票情况？想好后绘制条形统计图。 2.组内交流 同学们把数据整理好后制成了统计图上传了，我看大家的作品都非常有想法，也很有创意。 3.集体反馈 刚刚组内同学互相欣赏并交流了各自的作品。下面请几位同学上来说说自己的想法。 要求：咱们现在都有任务，我们分成两大团队，前面几位同学代表学生团队来发言，你们之间可以对自己的作品说出想法，也可以给其他同学的作品进行补充或者提建议。下面的同学们代表教师团队，小老师们认真听，可以对前面同学的发言提出问题或者建议。 揭题：把男女生情况能在一幅图中清楚表示出来，这样既直观形象，又便于比较。这样的条形统计图叫复式条形统计图。 4.优化统计图：通过刚刚的交流你们最欣赏谁画的统计图？ 5.分析应用：从这幅图中，你能获得哪些信息？根据我们的统计情况你有没有对负责老师的建议？ 小结：通过刚刚同学们的交流，我发现我们班想去××地方的同学都比较多，这是特殊情况还是普遍的呢？有兴趣的同学利用课下时间可以调查一下其他班或其他年级的情况，制成统计图，并试写一份分析报告向老师提建议。 6.今天研究的统计图和以前所学的有什么不同？看看一幅完整的条形统计图包括哪些内容？	集体汇报生生交流发现新知 说说你的理由 读图分析 发现有价值的信息 和以前学习的统计图比一比	变教为学，把课堂还给学生。根据本班学生的实际情况，利用学生认知上的冲突，在作品展示、对比、分析中，认识到同学们绘制的各种统计图的特点，在集体交流中感到复式条形统计图更能清晰地比较。在分析复式条形统计图过程中，培养学生的分析读图能力，体会统计的意义，让每个学生在学习中都有所成长。

（续表）

教学过程			
教学阶段	教师活动	学生活动	设置意图
应用新知解决问题	1.课件上,一个统计图没有图例。让学生看图说说缺少了什么,分析获得了哪些信息。 2.给学生提供不同的学习材料。	学生根据数据完成统计图,组内欣赏、交流、分析。	结合实际情境,使学生理解在日常生活中为什么要运用复式条形统计图,进一步体会统计的意义,逐步形成统计观念。
延伸生活	阅读学习资料。通过刚才的活动,相信大家对复式条形统计图有了进一步的了解,复式条形统计图在生活中的应用非常广泛,我们随处能见到它们的身影。	看Pad里面老师给大家提供了一些条形统计图:说说你对哪个统计图更感兴趣,选择自己感兴趣的课题进行研究并对全班同学做出汇报。	Pad给学生推送生活中各种各样的条形统计图,丰富学生的知识,感受到所学知识与生活的联系,让学生选择感兴趣的材料与大家交流,充分体现了学生学习的自主性。凸显统计价值。
小结收获	通过这节课的学习,你有哪些收获?		

学习效果评价设计
本课内容设计贴近学生生活实际,学生调查的积极性高,获得对数学的积极情感体验。在活动中通过生生交流、互相评价的方式,使学生能够清晰地看出复试条形统计图的优势,激发学生的学习兴趣。生生评价增强了学生的学习自信心。 在教学过程中,我精心设计学生活动,给了每一位学生创造新知的机会。师生互评,改变了以往以部分学生的认知水平代替所有学生的认知水平的情况,让所有学生学有所获。 采用"变教为学"的理念,把课堂还给学生,让学生在轻松愉悦的氛围中、在集体交流中,感受到复式条形统计图能更清晰地比较。

评价量规

评价量规			
评价标准			
☆☆☆☆☆	☆☆☆☆	☆☆☆	☆☆
课上专心倾听同学的发言,积极发言,表达自己的想法,并能够做到生生交流互相质疑或者给其他同学补充。	听讲比较认真,能够主动举手发言。	听讲情况一般,发言不够主动,但能做到认真倾听。	听讲偶尔不够专心,不举手发言。
能用语言表达出自己设计的复试条形统计图的想法,说清楚自己设计图的好处,能够根据所给不同材料,绘制条形统计图,并能通过分析图中内容,找出有价值的信息	能够较好地说出自己的设计想法,能够分析复试条形统计图。	能够把调查资料用复试条形统计图表示,但是表达时较为啰唆。	能够观察图说出发现,但自己设计时没有太大想法。

（续表）

本教学设计与以往或其他教学设计相比的特点

复式条形统计图是在学习了单式条形统计图的基础上进行教学的。学生已有单式条形统计图的知识基础,本课教学让学生在具体情境中感受到复式条形统计图能更清晰地比较出两组或两组以上的数据,激发起进一步探究学习复式条形统计图的欲望。反思本节课的教学,总结以下几点:

1.选择学生感兴趣的生活材料作为教学内容,让学生自主产生统计的需要,关注统计的现实意义,让学生体会统计服务于我们的生活。

"培养学生的统计观念"是学习统计的核心目标。而统计观念的形成最有效方法是让学生亲身经历收集数据,整理数据,分析数据的全过程。因此,在课开始我选取了学生生活中的素材,创设了一个现实情境:社会实践活动争取同学们的意见,到底去哪儿呢,可以怎么办。安排这一教学内容的目的,一方面是通过一个真实的情境激发学生学习兴趣,让学生自主产生统计的需要,密切统计内容与现实生活的联系;另一方面,使学生们通过亲身实践与切身体验,经历收集数据、整理数据、分析数据的全过程,从而体会数据可以用来描述现象,回答问题。以帮助学生形成统计意识,体会统计价值。本课教学我没有选用教材中现成数据,而是选择在课开始用Pad这一现代化手段进行点击统计,把学生的选择结果显示在大屏幕上,显示数据,让学生亲身经历数据的收集,体会到现代科技手段的先进优越性,也激发学生的学习兴趣。让学生记录男女生各项报名活动的人数,在此基础上创造喜欢的条形统计图,学生在真实的情境中数学兴趣和创造热情被激发,激发学生进一步探究认识复式条形统计图的欲望。学生在课堂中展开了热烈的讨论,从不同的角度观察统计图、分析统计结果,从中了解多种信息,并根据所获得的信息给负责老师提建议,这样的设计密切了数学与生活的联系,体现了在生活中学数学用数学,用学到的数学知识解决生活中的问题。

2.变教为学,采用不同的学习方式,注重知识发生过程中学生的亲身体验与感悟,让学生在经历和体验中学习。

本课教学中,我既关注学生有关统计知识的获得,又为学生提供了充分的自主活动和生生交流的时机,使用不同的教学方式,放手给予学生充分的时间与空间,寻找绘制方法,学生变被动地按要求操作为主动发现问题,解决问题的探究活动,在探究的过程中学生之间互相交流,设计方案,互相评价,使学生在参与数学活动的同时获得了知识,提高了能力,增强了创新和应用意识,亲身经历了复式条形统计图形成的创作过程及特点,感悟到统计的思想和方法,发展了初步的数据分析观念,培养了善于倾听、用心思考、积极合作,勤于反思等多方面的数学素养。

3.Pad教学与互联网相结合的混合式教学方式,让学生学得有趣、有用、有效。

本课教学中,运用了Pad与互联网结合现代化教学手段,这样的教学方式使学生自始至终保持着一种积极的学习状态,学生每人手中一个Pad,通过老师发送的学习内容、材料进行学习体验,使每个学生都能够积极参与到学习活动中,教学效果达到了预期的效果。

第三节　科任篇

May I speak to Mike 教学设计

刘佳琳

教学基本信息			
单元主题	Telephones in our life	章节	Unit 2
学科	英语	年级	四年级
教学背景分析			

一、单元(或主题)教学设计说明

《英语课程标准(2011年版)》从语言技能、语言知识、情感态度、学习策略和文化意识五方面阐述了综合运用语言的能力,并给出这五个维度的分级目标描述和分级标准。随着课程改革的不断深入,英语课程总目标从综合运用语言的能力转向学科核心素养,综合表现为四大要素,即语言能力、文化品格、思维品质和学习能力。在学科核心素养这一大背景的引领下,英语课程内容也从碎片化的走向整合的、关联的、发展的,整合后的内容包括:主题语境、语篇类型、语言知识、文化知识、语言技能和学习策略。这六大要素是一个相互联系的有机整体,而语言学习活动都应在一定的主题语境下进行,英语学习活动观也强调了主题意义的重要性。因此,课堂设计应关注以学生为主体的主题意义的探究过程,提高学生的语言运用能力,培养学生的核心素养。本单元的教学内容涉及"通讯"话题中的子话题"打电话",语言围绕不同生活场景下电话的应用展开,因此把本单元的主题设计为"Telephones in our life",主要学习的语言知识是接打电话的英文表达。本单元每一课的情境都比较完整,分别涉及打电话分享事物、打电话留言并进行交流、打电话请假等几个生活中常见的场景。打电话这一话题所涉及的交际用语相对复杂,一方面,存在要找的人在家或者不在家、接电话的人是不是对方要找的人、电话留言等诸多情况;另一方面,由于中西方文化的差异,接打电话的表达习惯又存在一定差异。因此,我在深入研读文本的基础上,严格把握主题语境,将本单元整体设计为两大主线:主线一,打电话时遇到不同情况应该使用的交际用语;主线二,就不同目的打电话时所使用的语言。两条主线齐驱并进,使学生在习得交际用语的同时,学会通过打电话实现自己的目的。

二、单元(或主题)教学目标与重点难点

教学目标:

能够听懂、认读用于打电话的词汇和语言,掌握打电话的交际用语,并在具体语境下恰当运用。
能够运用简单的语言与他人进行电话交流,如分享事物、进行询问、发出邀请、留下信息等。
能够得体地与他人在电话中交流,乐于分享,养成关心、关注他人的积极情感。

教学重点:

能够听懂、认读用于打电话的词汇和语言,掌握打电话的交际用语,并在具体语境下恰当运用。
能够运用简单的语言与他人进行电话交流,如分享事物、进行询问、发出邀请、留下信息等。

教学难点:

能够就打电话时所遇到的不同情况做出快速反应,正确使用交际英语。
能够结合实际情况,在打电话的过程中恰当使用延展性语言进行交流。

（续表）

	第1课时教学设计
课题	Lesson5 May I speak to Mike?
课型	新授课☑ 章/单元复习课☑ 专题复习课☐ 习题/试卷讲评课☐ 学科实践活动课☐ 其他☐

教学内容分析

本课是北京版小学英语四年级上册第2单元第5课,是本单元的第一课时,为新授课。本课为听、说教学,主题是"接打电话"。本课对话内容梗概:Yangyang给Mike打电话分享他的新机器人,询问Mike是否想看一看;Mike接电话表示很想看,但是现在正在帮助妈妈做家务;随后电话铃又响了,Mike再次接起电话,是Ms Li找Mike的妈妈,Mike喊自己的妈妈接电话。本课对话帮助学生初步了解接打电话的英文表达,学习接电话的人是对方要找的人、接电话的人不是对方要找的人,这两种不同情况下该如何表达,培养学生礼貌接打电话的意识,并鼓励学生乐于通过电话与他人分享、交流。教师在本课听、说教学活动中,帮助学生掌握听前预测、捕捉关键词、归纳总结等学习策略。

学习者分析

本节课授课班级为四(5)班学生,本班学生课堂表现积极,喜欢通过说唱、玩演、合作等形式习得语言知识,掌握语言技能。大部分学生的英语基础较好,少部分学生的英语学习习惯欠佳,基础稍弱。

已有知识:学生已经有了一定的语言积累,尤其在上一单元刚学过有关心情和原因的表达,与本课主题Make a phone to share相关联,但学生在以往的学习中没有接触过打电话相关的语言,因此接打电话的功能句对于四年级的学生来说既是重点又是难点。

已有能力:学生通过学习积累,具备了简单描述图片,根据图片内容进行预测的能力,也具备了提取简单信息的能力。但大部分学生无法使用准确的语言回答问题,需要老师进行培养。

已有经验:学生都有接打电话的经历,因此对接打电话这一主题情境并不陌生。但是多数学生都是用手机接打电话,对话者是谁一目了然,而本课对话情境是用座机接打电话,与现实生活有一定差异,还需要教师就对话的背景进行适当的解释和引导。

学习目标

能够运用句型May I speak to、This is拨打电话,并根据实际情况做出回答:Speaking、Please hold on、it's for you。

能够在打电话的具体情境中听懂、认读may、speak等单词,并理解、认读speaking、hold on、This is等交际用语。

能够分角色朗读课文对话。

能够理解英语国家打电话的特定方式,有礼貌地接打电话,并在生活中乐于通过打电话与他人分享、交流。

学习重点难点

重点:

句型May I speak to、This is以及答语Speaking、Please hold on、it's for you的初步应用。

词汇may、speak、speaking;短语hold on的理解和认读。

难点:

句型May I speak to、This is以及答语Speaking、Please hold on、it's for you在不同情境下的准确应用。

部分情景词汇和句型的理解和认读:new、have a look、doing housework等。

学习评价设计
教师把学生分成三大组,每组用一个标志代替,在黑板左侧画出相同阶数的台阶,在整个课堂活动中,根据三个小组的课堂活动参与度、回答问题正确率、学习态度等几个维度对学生进行评价。表现好的小组或个人可以为该组上一个台阶,爬到顶端后派出一名代表与老师说句子边进行scissors、paper、stone的游戏,根据输赢分别获得10分、20分、50分、100分。本节课结束后,根据每一组所得总分,奖励不同数量的小贴画、小印章。

学习活动设计
一、热身导入 1.老师用表情和动作表现出今天很高兴,引导学生询问:Why are you so happy? 或者 Why do you look so happy? 老师回答:Because I have got a new book named "The Robot", who wants to have a look? 并引导学生说:"Teacher, I want to have a look." 2.接下来,把书给任意一位举手的同学看一看,并询问:How do you feel today? Why? 然后随机询问几位同学今天的心情,并将表示心情的图卡贴在黑板上。 3.T: Now, let's look at our friends. 老师用课件展示书中画面,引导学生询问并根据提示回答问题。最后一张呈现Mike打电话的照片,并引导学生问答:Why is Mike so happy today? Because his friend is calling him. 教学意图:学生在上一单元学习了关于人的情感情绪的表达,会就某种情绪展开对话。本节课上,老师引导学生询问老师的情绪、同学的情绪、书中人物的情绪、本课主人公的情绪,逐步导入本课主题,在复习旧知识的同时自然而然地进入本课情境。同时,老师在真实情境中渗透本课词汇robot、have a look,为接下来的对话学习做准备。 **二、呈现与学习** Dialogue 1 Step 1:听前预测 老师引导学生猜测:是谁在给Mike打电话。 T: Mike is so happy. Who is calling Mike? 教学意图:学生预测打电话的人,对答案和对话内容有所期待,激发听对话的兴趣。 Step2: listen and check 老师播放第一个话轮,引导学生听对话并检验预测: Let's listen and check: Who is calling Mike? How do you know that? 引导学生关注两人分别是怎样说的,重点关注打电话的人如何表达自己要找谁并做自我介绍:May I speak to、This is。 老师用PPT呈现对话内容并带读,同时引导学生关注接电话的人是不是对方要找的人:Yangyang wants to speak to Mike. Is this Mike? 重点关注接电话的人就是对方要找的人的时候如何回答:Speaking。 教学意图:老师通过PPT逐步引导学生关注接、打电话的人分别如何去说,并感知、体会到接电话的人就是对方要找的人这一具体情境,使学生更好地融入情境并理解所学功能句。 Step3: listen and answer 老师播放第二个话轮,引导学生听并回答: Why is Yangyang calling Mike? Can Mike go and have a look at the robot? Why? 教学意图:老师通过问题,引导学生关注对话中的细节信息,渗透听后回答策略,培养学生捕捉关键信息的能力。

（续表）

Step4：watch and repeat

老师播放第一幅主题图所对应的动画,并在观看结束后PPT呈现对话内容并带读。

教学意图：通过观看动画,使学生进一步理解对话所发生的情境(接电话的人就是对方要找的人),并进行正确的语音输入,体会对话发生的语境的同时,理清对话脉络,掌握功能句型。

Dialogue 2

Step 1：情境过渡、听前预测

老师用PPT播放电话再次响起的动态图,请学生猜测：Who is answering the phone? Who is making a call? 学生就预测内容展开对话。

教学意图：老师通过播放电话再次响起的动态图,将两个情境巧妙地串联在一起,使学生在连续的情境中学习英语。再次进行听前预测,并运用功能句预测通话人物的信息,使学生学会学以致用,并产生成就感,对接下来的对话学习继续保持兴趣。

Step2：listen and check

老师播放第一遍动画(无字幕),引导学生听并检验预测：Mike is answering the phone. Ms Li is making a call. 学生在获取答案后模仿对话。

老师PPT呈现对话内容,同时引导学生关注接电话的人是不是对方要找的人：Ms Li wants to speak to Mrs White. Is this Mrs White? 重点关注接电话的人不是对方要找的人的时候如何回答：Hold on, please, it's for you.

教学意图：老师再次通过PPT逐步引导学生关注接、打电话的人分别是谁、如何去说,感知上下两个情境的不同之处,体会到接电话的人不是对方要找的人这一具体情境,使学生更好地融入情境并理解新的功能句。

Step3：watch and repeat

老师播放第二遍动画(有字幕),并在观看结束后PPT呈现对话内容并带读。

教学意图：通过观看动画,使学生进一步理解对话所发生的情境(接电话的人不是对方要找的人),进一步加深对语意和语境的理解。

Step3：续编对话

老师引导学生思考并讨论：How does Ms Li feel? Why is Ms Li calling Mrs White? 随后,老师PPT呈现自己的猜测以及Mrs White接电话后二者的对话内容和所用语言。学生根据老师所提供的语言支持将自己的猜测用对话表示出来。

教学意图：通过续编对话,使学生更深入地体会、理解在本课主题语境下应该使用的语言,使对话学习有始有终。

三、巩固操练

1.老师引导学生分组讨论并回答：How to answer the phone and how to make a call? 板书：接电话的人就是对方要找的人、接电话的人不是对方要找的人分别如何回答。

教学意图：学生通过自己总结本课主题情境下两种不同情况所用的语言,进一步加强对所学功能句的理解,内化语言的应用。帮助学生养成归纳总结的好习惯,也是对学习策略的渗透。

2.创设新的情境,练习语言表达。

T: Now you know telephones are important in our life, we can share good or bad things with our friends by making a phone call. Now, it's Saturday, I want to give you a call…

接下来,老师示范拨打电话,全部同学扮演同一个接电话者,练习对话。

接电话的人就是要找的人这一情况的操练如下所示：

T: May I speak to…? This is Miss Liu.

Ss: This is… speaking. /Speaking.

接电话的人不是要找的人这一情况的操练如下所示：

T: May I speak to…? This is Miss Liu.

Ss: Please hold on…, it's for you.

3.两人一组，练习对话并展示。

两人配合，进行角色扮演，根据接电话的人是不是要找的人创编对话。

设计意图：根据接电话的人是不是要找的人创编对话，有助于学生在实际生活中结合不同情况做出灵活准确的应答。

四、拓展提升

1.老师根据本课Yangyang给Mike打电话分享事物这一主题，结合现实情境(Saturday)和学生已知，引导学生就分享心情或事物，拓展对话内容。

2.老师PPT呈现有关不同心情和原因的单词、短语。

happy: I have a new dress.

excited: I will go to the zoo.

sad: My cat is missing.

upset: My book is wet.

worried: My mum is ill.

设计意图：为学生提供语言支持的同时，激活学生思维。

3.老师示范创编对话。

4.小组创编对话并展示。

设计意图：这一活动的设置既没有脱离本课主题，强化学生对本课功能句的应用，又结合了新的情境，同时将上一单元所学语言有机融合在一起，体会不同情境下语言的应用，提高学生对语言应用的灵活性，也使不同层次的学生学有所获。

作业与拓展学习设计

1. Role-play the dialogue.

2. Make a phone call to your best friend in English.

3. Make a mind map about the phone talking.

特色学习资源分析、技术手段应用说明

教师充分利用互联网资源，为本单元学习补充视频资料，并利用视频制作软件，指导学生录制小视频，既实现了师生互动，又实现了生生互动，有效提高了课堂效率。除此之外，教师利用思维导图在线绘制工具，帮助学生梳理知识脉络，使所学知识系统化、完整化。

教学反思与改进

教师在对本单元进行整体设计时，不仅关注到本单元几课时之间的内在联系，还关注到上一单元话题"情感、情绪"和下一单元话题"寻求帮助"。因此，在本单元第一课时的导入环节，复习了上一单元内容，并积极引导学生将所学语言学以致用。在后面的几课时教学活动中，重点教授本单元重点内容的同时，也渗透了下一单元的语言。这样一来，学生能够横向地将知识融会贯通，系统地、完整地学习英语。

通过本课时的学习，大部分学生掌握了打电话的交际用语，并能够区分接电话的人就是要找的人和接电话的人不是要找的人分别怎么说，也能够在特定情境中创编对话，使用所学语言。结合本堂课的实际情况，发现如下问题：

1. 在操练环节，学生的积极性出现很大差异，有些学生积极参与课堂活动，主动创编对话，有些学生则态度消极，表现出畏难情绪。通过分析发现，这种情况说明教师在分组的时候，没有充分考虑到各个层次学生的配比情况，没有以优带差，这在今后的教学过程中还有待改进。

2. 在拓展提升环节，学生创编的对话在很大程度上存在着生搬硬套的痕迹，编出来的对话基本就是把老师的示范很简单地进行替换，没有真正用英语思维去创编对话、使用语言。因此，在以后的教学中要加强学生这一方面的培养。

3. 教师经验尚浅，过分关注教学流程，对学生的表现没有及时给予评价，课堂气氛没有平时上课活跃。因此，教师除了不断提高自身的教学能力，还应加强心理素质的培养。

what are your favourite sports? 教学设计

秦美燕

教学基本信息			
课题	Unit 6 what are your favourite sports? Lesson19		
学科	英语	年级	五年级
教学背景及学情分析			

教学背景：
英语课程标准中提出，小学英语教学评价的主要目的是激发学生的学习兴趣和积极性，在进行课堂评价时要保护学生的自尊心和自信心，体现尊重与爱护，关注个体的处境与需求。通过课堂评价，让学生了解自己课堂学习的状态，体验进步与成功，从而产生进步的动力。
本课是五年级(上)第六单元的第一课，在本节课的教学设计中，我通过相关理论的学习、学情的分析确定了本节课的指导思想，即努力创设情境，通过完成任务，使学生积极参与到课堂学习和实践中来，在愉悦的体验中增长知识，培养能力，发展学生用英语做事的能力。老师给予适当的评价提高学生的自信心，满足他们学习不断进步的心理需要，促使学生以更轻松的方式和心态有效参与到教学中来。

教学内容：
本单元内容围绕着自己喜欢的体育活动的进行简单询问，表达自己喜爱的原因，了解他人的运动爱好，了解有关体育运动的名词。了解其他国家的体育运动，培养学生的跨文化意识。

学情分析：
五年级学生的年龄在十岁左右，学习英语4年了。所以在教学中，教师充分尊重学生的个体差异，积极调动学生学习英语的主观能动性，以激发和培养学生学习英语的兴趣与激情。
我们在第5单元中对英国的概况有了初步认识，学生对这个国家也很感兴趣，本课继续学习英国的运动，孩子的兴趣都很高。我针对本课的教学内容做了简单调查。
1.你知道哪些常见的运动？
2.你知道英国人喜欢什么运动吗？

(续表)

分析：
1.孩子们能说出运动名词以及词组：tennis、golf、basketball、baseball、football、badminton、Swim、run、roller skating、ice hockey。
rugby 这个单词孩子们都不知道，我采取拼读的方法，让学生学习单词的发音，并配上视频讲解来理解它是什么样的球，以及它的规则。
2.孩子们不知道英国人喜欢什么运动，我将此作为本课的重点也是难点内容来讲解。
(1)分类归纳英国人喜欢的运动。
(2)将"英国人喜欢什么运动"作为课前预习题留给孩子，让他们去网上搜索并记录下来。再查找我们中国人喜欢哪些运动。
教学方式：
通过提问、观察、讨论、听录音、伙伴交流、赛马游戏等一系列活动调动学生学习积极性。
教学手段：
多媒体视频、图片；单词卡、PPT课件。

教学目标及重难点

一、教学目标
1.了解英国人喜爱的运动。
2.能理解课文内容并初步正确的朗读课文。
3.会用What's your favorite game? 及回答It's ... 询问他人所喜爱的运动，并能在实际情境中初步运用。
4.能听、说、读体育运动名词：tennis、golf、rugby、ice hockey、badminton、basketball、baseball、football。

二、评价目标
整堂课遵循"激励性原则"，用发展的眼光来评价学生。
采取有效的任务驱动性评价。
根据不同层次的活动，评价学生的课堂表现。

三、教学重难点
重点：
1.在询问对方所喜爱的运动情景中初步运用What's your favourite game? 及回答It's ...。
2.能听、说、读体育运动名词：tennis、golf、rugby、ice hockey、badminton、basketball、baseball、football。
难点：
1.通过构建思维导图，帮助学生获取英国人所喜欢的运动的信息。
2.综合运用所学的语言知识交流和描述英国、中国的运动。

（续表）

教学过程			
过程	内容	学生活动	设置意图
一、Warming up	活动一: Look and say 活动目标: 通过观看运动视频，直接进入本课主题。 T: Do you like sports. Which sports do you like best? T: Let's enjoy the video about sports.	S: I like...	通过 free talk 和观看运动的视频，复习学过的有关运动的词汇，激活学生已有知识，为话题做铺垫。 教师用语言、动作、表情等向学生传递积极向上情感，提高学生学习的自信心，调动学生学习的积极性与主动性。
二、Presentation and practice	活动一: 介绍 Peter 活动目标: Peter 来自英国, 由 Peter 介绍英国的运动。 T: Do you know the boy? He is Peter. He is yangyang's classmate. Can you guess where he from is? Can you guess which sports does Peter like best? 活动二: 学习课文 活动目标: 结合课文, 谈论英国的运动 T: Now Yangyang and Peter they are watching a match. Let's watch the video, and listen peter how to answer. Q1: What's your favorite game, Peter? Q2: What sports do people like in the U.K.? T: Now let's see some popular sports in the U.K.	S: He is from the UK. S: Maybe… S: It's rugby. (英式橄榄球的视频) S: People in the U.K. like rugby, football, tennis, and golf.	Peter 来自英国, 他们在观看比赛, 自然地就会谈论英国的运动, 进而过渡到后面的课文学习环节。 在课文内容基础上, 增加了其他英国人热爱的运动项目。同时让学生们了解赌马, 即培养学生的跨文化意识。

	The first: football. The most popular games in the U.K. The second: cricket. The national sport of the U.K. <u>Let's enjoy video.</u>(观看板球以及打板球视频) The third: rugby. The third popular sport in the U.K. Let's look another popular games: golf, badminton, basketball, tennis and baseball. T: people in the U.K. love ball games, do you know any another games? Q3: <u>British</u> people are also love horse race. British = people in the U.K. T: Do you know why British people are also love horse race? T: horse racing is fun and excited. British people are sports lover. So they are sports lover. 活动三: Read the dialogue 活动目标: 听录音读课文, 模仿录音的语音语调。 1.Let's listen and repeat. 2.Role plays with your partner. 3.show the dialogue.	football, cricket, rugby, golf, badminton, basketball, tennis, baseball. Let's enjoy video. Sports lover: They love sports very much.	通过模仿对话, 引导学生规范自己的语音语调, 在朗读时, 老师通过语言和肢体动作对学生进行评价。 1.首先通过训练孩子的听力和表达能力, 并对英国人的所喜爱的运动进行总结, 为后面的输出进行铺垫。 2.在语言输出时以小组为单位, 既锻炼了学生的小组合作能力, 又提升了小组成员间的凝聚力。 3.在课堂教学中, 教师给学生一些任务, 让他们带着任务通过所学的语言来完成, 然后进行展示, 老师及时给予评价, 这种评价也能在很大程度上调动起学生潜在的求知欲, 激起其持久的学习需求。
三、 Production	活动一: Peter's friends 活动目标: 训练学生的听力和口语表达 T: look Peter and his friends are watching sports on TV now. Let's see what's their favorite game? Do you remember Peter's favorite game is rugby?	1.Let's listen and repeat. 2.Role plays with your partner. 3.show the dialogue. Let's listen.	

（续表）

| | 听力内容：
Peter: What's your favorite game ?
(Nina)
Nina: It's tennis. what about you?
(John)
John: My favorite game is badminton,
what about you Candy?
Candy: My favorite game is baseball.
It's fun and excited.
Peter: what about you Jeff?
Jeff: My favorite game is golf.
T: let's check.
Do you remember everyone's favorite
games?
_____Favorite game is_____.
Let's Summarize:
T: British people love sports, they lik
e_____ _____ _____.
_____is their favorite sports.
Many people also like _____. | _____favorite game is_____. | |
| 四、
Summarize

五、
Homework | 活动二: we are sports lovers
活动目标: 中国人喜欢的运动和我
们自己喜欢的运动
T: British are sports lovers. Our
Chinese also love sports, too.
T: What is our Chinese people's
favorite sport? Let's look!
T: Children are also sports lovers. let's
watch a video.(我们学校的视频)
What are popular sports in our school?
T: please write down the popular
sports in our school.
Today, we have learned something
about the U.K. sports. We will talk
about the sports in America and
Canada next time, you can surf the
internet and find something about it.
1. Read the dialogue with your partner.
2. Please find something about the
sports in America and Canada on the
internet. | S: Chinese people are sports lovers.
We like_____...
_____is our favorite sports.
We also like_____. | 先谈论我们中国人喜欢的运动，然后再说我们学校的孩子们喜欢的运动，以及自己喜欢的运动。训练学生的口语表达和写作能力。
这个环节对口语表达和写作的要求较高，根据学生参加活动的难易程度进行评价。

对本次课进行总结，评价同学们的表现，评出优秀小组。 |

（续表）

板书设计

Lesson 19
What's your favorite sports?
It's....
Most popular sports in the U.K

教学反思

整堂课遵循"激励性原则"，用发展的眼光来评价学生。

我通过语言、动作、表情等向学生传递自己的情感，根据学生的具体表现运用丰富多样的语言来进行评价。例如，对表现好的学生用Great、Wonderful、Clever boy/girl等词语评价；对表现不错、尚需努力的用Come on评价；对回答错误的学生，及时表态："Don't worry, I believe you, next time."让每一个学生都从教师的评价中得到鼓励，建立信心。

有效的任务驱动性评价。在课堂教学中，教师给学生一些任务，让他们带着任务通过所学的语言来完成。在学习英国人所喜欢的运动后过渡到我们中国人所喜欢的运动，让孩子们先写出来在小组内进行输出，然后再向全班展示，任务完成后，学生极有成就感。同时，这种评价也能在很大程度上调动起学生潜在的求知欲。

根据学生参加活动的难易程度进行评价。根据回答问题的难易程度选择给小组或个人加分，最大限度地调动孩子们的积极性和主动性。

《杠杆》教学设计

靳春松

课题名称			
课题课时	《杠杆》第一课时		
学科	科学	年级	五年级
教材版本	首师大版科学		
本课研究专题			

一、专题名称

动思同行，培养学生的探究能力和观察分析能力。

二、研究专题背景

小学科学实验教学，是小学科学教学的一部分，也是小学科学教学的重要环节，科学课的很多知识都是要通过自己实验去获得的。本节课围绕怎样让"大象"和"小老鼠"一起玩跷跷板这个问题展开实验。学生通过实验，发现杠杆平衡的特点及规律，锻炼了探究能力及观察分析能力。

（续表）

三、研究专题分析

本课时是首师大版科学第六册第一单元第一课《杠杆》的第一课时。原教材中设计两个观察活动和一个实验"杠杆能起什么作用？"。教材中是按照图示做实验，这样的做法探究的意识不够强，因此我改进了实验，以体现学生的主体性，培养学生的探究能力。学生有一些生活经验，也知道杠杆，但是并不知道杠杆平衡的条件及杠杆的作用。因此，通过本课学习，使学生对杠杆这种简单机械有更全面、更深刻的认识。

四、专题解决思路

以《义务教育小学科学课程标准》和我校"三我"理念为指导思想。探究活动是学生学习科学的重要方式，学生从日常生活出发，通过实践活动了解了探究的方法，从而掌握了科学知识。我从学生所熟悉的跷跷板入手，提出带有难度的让小老鼠和大象一起玩跷跷板的问题，激发学生展开探究。

教学目标及教学重难点

知识与技能：

知道跷跷板是应用杠杆原理，通过实验找到杠杆作用的规律。

知道杠杆的作用和用途，能利用杠杆尺进一步进行实验。

知道杠杆的三种形式，省力的杠杆费距离，费力的杠杆省距离。

过程与方法：

通过跷跷板的实验探究，发现杠杆省力作用的规律。

通过对杠杆的研究，让学生逐步学会透过现象认识事物本质的方法，培养学生观察能力和用科学的方法解决问题的能力。培养交流与合作的能力和学习科学的兴趣。

情感态度与价值观：

具有研究杠杆作用与应用的科学探究兴趣和归纳能力。

在探究过程中，能与人合作，并能清楚、简捷地进行表达和交流。

感受杠杆的作用是有规律的。

教学重点：通过对跷跷板进行实验，发现杠杆平衡的规律。

教学难点：探究杠杆作用的规律，找到省力杠杆的特点。

教学过程			
教学阶段	教师活动	学生活动	设置意图
一、导入	为了人们的身体健康，现在每个小区都安装有健身器材，你们小区里有哪些？ 当学生说到"跷跷板"时，我提出问题：跷跷板是什么样？ 学生边说，教师边出示图片。 如果从班里找一个同学和你一起玩跷跷板，你会找谁？说一说理由。 一只大象也想玩跷跷板，那么它该找谁一起玩呢？两只小老鼠看到它们玩得这么高兴，也愉快地玩起来。 这时又走过来一只小老鼠和一只大象，它俩也想玩跷跷板。你们想象一下会是什么样子？	学生举例小区内的健身器材。 学生介绍跷跷板的样子和玩法。 预设：找体重相似的同学玩跷跷板。 大象和大象玩，小老鼠和小老鼠玩。 学生汇报想象小老鼠和大象玩会出现的样子。 （小老鼠会被弹飞）	激发学生兴趣。 使学生感知跷跷板两边的力应是相等的。

（续表）

教学阶段	教师活动	学生活动	设置意图
二、新授	**步骤一：提问** 你帮小老鼠想想办法，怎样和大象一起玩跷跷板呢？ 找同学到前边来模拟小老鼠和大象玩跷跷板。 **步骤二：用杠杆尺做实验** 还有很多同学想到前面来做实验。老师给每组准备了一个跷跷板。各小组想办法使小老鼠和大象一起玩跷跷板吧，比一比哪组找的方法多。教师介绍杠杆尺就是跷跷板，中间为支点，一侧挂4个钩码相当于大象，另一侧挂一个钩码相当于小老鼠。调整距离使跷跷板平衡。 说一说你有什么发现？ **步骤三：总结** 要想使小老鼠和大象一起玩跷跷板，小老鼠就要离支点远，大象离支点近。这样小老鼠就省力。大象要想和小老鼠一起玩跷跷板，大象就离支点近，小老鼠离支点远，大象就费力。大象和大象玩，小老鼠和小老鼠玩，这种就是不省力也不费力。	小组讨论方法。 到前面来演示。 学生分组做实验，边试验边记录。 汇报：支点到小老鼠的距离总比支点到大象的距离长。 学生看图听老师总结。	初步感受一个重、一个轻怎样玩跷跷板。 让学生得出杠杆平衡的规律、省力杠杆的特点。 使学生认识省力、费力、不省力也不费力杠杆的应用。
三、应用与延伸	生活中有很多这样的现象：1.出示大石头图片，你怎样用最小的力来撬起这块大石头呢？ 2.出示杠杆定义并介绍力点、重点、支点。 3.在我们的生活中还有哪些设施或工具是利用杠杆的原理制成的？举例说明。 4.作业：思考健身器材中还有哪些部分应用了杠杆，生活中为什么还要有费力的杠杆呢？	找同学说一说，并且到前边来摆放正确位置。 学生举例说出杠杆的应用，并说出他们属于哪种杠杆。	使学生知道杠杆的定义，并且知道杠杆上的支点、重点和力点。 通过练习使学生进一步认识省力杠杆、费力杠杆和不省力也不费力杠杆的应用。拓展延伸为后面的学习做好铺垫。

（续表）

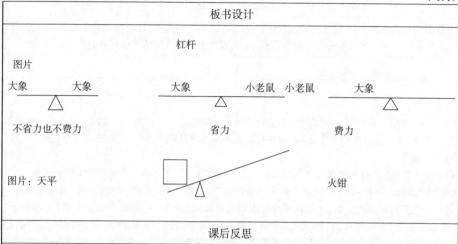

板书设计

杠杆

图片

大象　　　大象　　　　　大象　　　小老鼠　　小老鼠　　　大象

不省力也不费力　　　　　省力　　　　　费力

图片：天平　　　　　　　　　　　　　　　　火钳

课后反思

本节课的研究专题是"动思同行，培养学生的探究能力和观察分析能力"。我校的"三我"理念是"我发现、我实验、我创造"。本节课的教学目标是使学生认识杠杆，通过探究得出杠杆的平衡条件，并把所学的知识应用于生活实践，做到学以致用。根据研究专题、我校的教学理念和教学目标，我设计了以下环节。

从跷跷板入手，引导学生以讨论、体验、观察、验证、运用等方式研究杠杆。首先是创设情境：一只小老鼠和一只大象想玩跷跷板，跷跷板是否能保持平衡？学生通过实验找到了解决问题的办法。本节课围绕大象和大象玩跷跷板、小老鼠和小老鼠玩跷跷板、一只小老鼠和一只大象玩跷跷板，使学生掌握了杠杆的三种形式。通过重点实验小老鼠和大象玩跷跷板，组织分析、交流数据并整理，获得结论，从而知道省力杠杆的特点。最后组织学生将杠杆应用到生活中。本课采用倒叙的方法最后揭示课题，是本课的创新之处。此外，为了学生的思维得到充分发展，不受实验器材的限制，教师自制了跷跷板。这样可以使学生找到更多的方法，得到更多的数据，思维能力、实践能力及科学素养也得到了提高。

《卡通牌标志》教学设计

李武杰

教学基本信息			
课题	卡通标志牌		
学科	美　术	年级	五年级
相关领域	造型·表现	教材	北京市义务教育课程改革实验教材

（续表）

指导思想与理论依据

本课教学以美术课程标准为指导，以奥苏贝尔的认知同化理论及迁移理论等为依据。（奥苏贝尔的同化理论中主张学生是否习得新信息，主要取决于他们认知结构中获取的有关观念。）

教学背景分析

教材分析：

《卡通标志牌》一课是北京市课程改革实验教材小学美术第十册的教学内容，属于"造型·表现"学习领域，本课重点是在学生认识、理解标志基本知识的基础上进行创作，强调学生造型、表现能力的培养。

纵览美术教材，共有两次课程涉及学习标志方面的知识，除了本课，另外一次课程是在第六册《生活中的标志》这一课。两课的不同之处是《生活中的标志》被列为"设计·应用"领域的内容，其重点在于对标志的认识，了解生活中标志的功能及标志的特点。而《卡通标志牌》一课属于"造型·表现"学习领域，其教学活动中既注重了标志的功能性，又鼓励学生在绘制标志牌时发挥自己的造型表现力和创造力，在卡通形象的选择与绘制中力争做到与标志主题相呼应，创作出漂亮、生动、具有个性的卡通标志牌作品。

学情分析：

高年级学生的思维特点是"思维的独立性和利用已有的知识、经验在新的情况下解决问题的技能继续得到发展"。我校学生对美术学习有较高的热情和良好的学习习惯，学生已具有运用绘画工具进行造型的基本知识与经验，多数学生能够大胆地进行表现。

教学方式与教学手段：

教学方式。学生的整体情况和教学内容决定了本课将采用以讲授式为主的教学方式。教师的教学方式是根据不同的教学环节来制定的，使学生能更容易地学习新课，掌握要点、难点。

教学手段。以关注学生的学习过程为指导，以信息技术为载体，以教学过程为平台，实现教与学的最优化，强调教师的"导"和学生的"学"，突出体现美术学科审美性和直观性等特点，达到解决教学重点、难点，促进学生发展，增强教学实效性的目的。

技术准备。多媒体设备、视频展台。

前期教学状况、问题、对策等研究说明：

前期状况。对于《卡通标志牌》这一课，我曾对学生完成的作业效果与同行老师交流，回答是：学习内容看起来很简单，但学生完成的作业质量却不高。对此，我选取了一个班学生，对本课学习情况进行数据统计：

统计项目	学生：45人
本课知识点	熟练掌握，39人（87%）；基本掌握，6人（13%）
本课学习难度	认为较难，0人；略难，15人（33%）；不难，30人（67%）
作业完成情况	较好，6人（13%）；一般，18人（40%）；有问题，17人（38%）；问题较大，4人（9%）

问题分析和解决对策。根据以上数据，我们可以看到，学生学习卡通标志牌的知识及制作方法没有困难，然而当进行实践时，优秀作品数量却非常少。为什么学起来并不困难的内容，作业优秀率却不高呢？通过课堂实践，我把以下两方面作为备课的重点工作。

（续表）

第一，本课教学需要大量的卡通图片，充分的学习资料是学生创新实践的保证。学生平时看的动画片大多为视频，有些卡通书上的卡通形象不是很鲜明，且数量有限。教师安排学生根据自己的情况准备资料：有条件的同学可在网上搜集并打印资料；其他同学可搜集卡通简笔画资料书。在学生实践过程中，教师安排学生以小组为单位，将学习资料放在一起，共享资源。

第二，想提高学生作业质量，重要的是让学生学会应用卡通形象，使它与标志牌的文字生动、形象、巧妙地组合在一起，达到漂亮、完美、精致的效果。教师通过大量的实物作品、小组同学的讨论和尝试、教师的直观示范等方法，引导学生观察卡通形象的动态特征，寻找文字与图案之间的联系，研究图文组合的最佳方法。

教学目标(含重、难点)

知识与技能：

学习标志的功能及特点，认识卡通标志的优势，知道卡通标志的绘制方法。训练学生能够把卡通形象与提示主题恰当地结合起来，通过造型、表现绘制出成品。

过程与方法：

通过小组讨论、研究的方法，学习分析如何使卡通形象与标志文字呼应或联系起来，在教师的指导下以小组合作的形式共同设计制作一个卡通标志牌作品。

情感态度价值观：

通过本课的学习活动，增强学生小组合作的意识与能力，培养学生热爱校园环境、共创文明校园的意识，让学生体会到把课堂上学到的知识应用到生活中的快乐。

教学重点：

卡通造型的选择、绘制如何与文字结合得更巧妙。

教学难点：

卡通造型与提示语的巧妙结合。

教学过程

一、组织教学

检查用具，稳定情绪。(0.5分钟)

二、导入新课(3分钟)

1.播放动画片段。(目的：激发学生兴趣，记忆可爱的卡通形象)

2.欣赏范例作品，引出课题。

三、讲授新课(14分钟)

1.复习旧知识引出新内容，教师组织学生通过观察比较的方法学习新知识。

(1)复习标志的功能和特征。(出示图片：学校里常见的标志照片)

提问：标志有什么作用，标志文字有哪些特点？

(设计目的：引导学生回忆与标志有关的知识，复习标志具有指引、提示的作用，标志的文字内容精简概括，通俗易懂，字体清晰醒目。)

（续表）

教学过程

(2)学习卡通标志的特点和优势。(学生欣赏卡通标志的范例作品)

欣赏讨论一：观察卡通标志牌作品，说一说卡通标志牌是由哪几部分组成的？你欣赏的是什么内容、什么卡通图案的标志牌？

欣赏讨论二：比较照片和老师范例两种标志牌，哪一种更吸引人，为什么？

(设计目的：教师把不同内容、不同图案的卡通标志牌作品分给各组学生欣赏讨论，目的有两点，第一通过对作品的抚摸、欣赏、讨论，使学生从触觉和视觉上产生刺激，激发他们的审美情趣和学习欲望。第二，通过比较学生很容易发现卡通标志图案活泼生动、颜色鲜艳亮丽，不仅具有指引、提示的作用，还富有较强的趣味性和装饰美化环境的效果，比单独的文字标志更吸引人。)

2.师生互动，一起研究卡通标志牌的制作方法，学习卡通标志牌的制作过程。

(1)向学生提出邀请，请学生为校园设计生动、有趣的卡通标志牌。

(设计目的：培养学生热爱校园环境、共创文明校园的意识。)

(2)组织学生设计卡通标志牌的提示语。(出示图片：校园中不同角落的照片)

学生观看图片，小组交流：你们想为校园设计一个什么内容的卡通标志？标志的提示语是什么？

小组同学一起商量，确定本节课将要为学校设计的卡通标志牌的提示语。

(3)为提示语选择卡通形象。(出示图片：提示语、不同的卡通形象)

小心地滑　　

学生观察思考：你会为提示语选择哪幅卡通形象？为什么？

(设计目的：利用图片资料帮助学生为提示语选择合适的卡通形象，锻炼学生观察能力及分析问题的能力。)

（续表）

教学过程

(4)学习提示语和卡通图案的组合方法。老师发给每个小组一张附有相同提示语和卡通图案的草稿纸。

提出问题：请同学们思考，如何把文字与图案巧妙地组合起来？

学生活动一：小组同学共同讨论，各抒己见，说一说图文该怎样组合才更巧妙？把不同的组合意见勾画在草稿纸上。

学生活动二：小组评议，从小组同学共同设计的不同组合方案中选出最佳组合，派一名同学为代表，把本组的最佳组合方案画到老师的画纸上。

活动小结：教师对学生的设计方案给予肯定和鼓励，并进行指导、演示。

教师演示：教师在画纸上演示图文组合的方法并归纳总结。要使文字与图案组合得更巧妙，必须让图案与文字产生联系或相互呼应。

引导学生观察同一卡通图案和文字不同组合的多种效果，启发学生理解不同的卡通形象具有不同的动态特征，组合的方法也会有多种多样的变化，希望同学们动脑动手，勇于实践。

学生赏析评述：请学生分析本组卡通标志牌范例作品，说一说这些卡通标志牌的图案与文字是如何组合起来的？

(设计目的：本教学环节是本课的教学重点，也是突破教学难点的关键一步。通过学生小组讨论、组合实践、教师演示和赏析评述，使学生学会将卡通形象和文字巧妙地结合起来，为后面绘制、创作精美的卡通标志牌作品做铺垫。)

3.纠错改正。

（续表）

教学过程

出示两幅学生的卡通标志牌作品，请同学们观察，说一说这两幅作品哪些方面存在问题，应该如何改进？

（设计目的：通过寻找作品中存在的问题，提示学生在绘制和涂色过程中要注意颜色的选择和搭配，涂色既要鲜艳亮丽，又要突出标志的文字，使文字清晰、醒目。）

四、学生实践，教师巡视辅导，播放舒缓音乐(17分钟)

作业要求：请同学们为校园绘制一幅漂亮、生动、有趣的卡通标志牌。

实践方式：以小组同学共同合作的形式进行作业实践。（小组同学分工合作，有承担卡通造型的、有涂色的、有绘制文字的，学生根据自己的特长各尽其能。）

注意事项：不影响他人，保持课堂良好的活动秩序。

辅导方法：个别辅导与小组辅导相结合。

辅导重点：卡通图案与文字的巧妙组合、文字的书写及颜色的选择和搭配。

五、学生作品展示与评价(6分钟)

1.作品展示方法

学生以小组为单位自选代表，将本组共同创作的卡通标志牌作品拿到前面展示，组员给予补充。

2.评价形式及要点

形式：学生自评与教师评价相结合。

要点：文字清晰醒目；图案应用合理，与文字组合巧妙；颜色鲜艳亮丽，绘制精美。

向学生颁发优秀设计奖、优秀组合奖、优秀作品奖。

（设计目的：通过三个奖项，向学生强调评价时要注意的三个要点。）

六、课后延伸(0.5分钟)

请同学们为自己生活的小区或街道设计所需的卡通标志牌作品，把我们课堂上所学的知识应用到生活中，服务于社会。

板书设计

（续表）

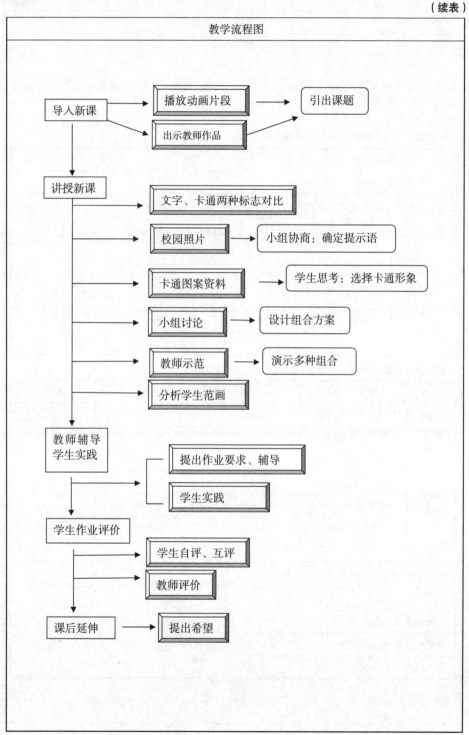

学习效果评价设计

本课学习效果评价主要体现"为促进学生发展而评价"的原则，及时了解教学效果，反馈教学信息，为进一步调整完善教学方案而设计。

评价方法如下：

1.设计课堂测试卡检验学生知识掌握情况

标志的特点及作用	①_____②
卡通标志的特点及优势	

2.通过观察学生作业效果，了解学生对本节课教学目标的达成情况

文字书写	清晰		清晰美观		原因分析及对策
图文组合	巧妙	一般		有问题	
绘制效果	精美	较好		一般	

3.学生参与课堂教学过程自评、互评表

	评价对象	自评	他评	师评
课前准备	用具准备情况	☆☆☆	☆☆☆	☆☆☆
	课前资料收集	☆☆☆	☆☆☆	☆☆☆
学习过程	课堂参与学习	☆☆☆	☆☆☆	☆☆☆
	课上与人合作	☆☆☆	☆☆☆	☆☆☆
	积极参与评价	☆☆☆	☆☆☆	☆☆☆
	学习有兴趣	☆☆☆	☆☆☆	☆☆☆
在本课学习中有什么收获				

4.教师实施课堂教学效果自我反馈表

	好	一般	不好	原因分析及解决对策
教学方案执行情况				
教学信息技术使用效果				
师生互动情况				

（续表）

本教学设计与以往或其他教学设计相比的特点
在上课之前,我一直在思考一些问题,短短40分钟的美术课堂,老师如何设计教学、需要教给学生哪些知识,才能让学生掌握美术技能,作业达到理想的效果。在本课教学设计中,我主要以学生在实践中出现的问题为重点,集中火力突破教学难点。 高年级学生思维更加理性,游戏教学已成为过去,他们最希望自己在遇到困难时得到老师的帮助。因此,我设计了小组共同讨论如何组合文字与图案这一教学环节,直接把学生领入困境,使学生带着问题与老师一起分析研究卡通标志牌图文巧妙组合的方法,以此来保持学生美术学习兴趣的持久性并有效解决了教学难点。 教师运用直观示范、对比分析、分层辅导等手段引导学生观察、思考、练习,强化学习重点,有效解决教学难点,提高作业质量。 小组合作共同绘制一幅卡通标志牌作品。小组同学分工合作各尽其能,既缩短作业完成的时间又分解了学习难度,使学生在小组合作过程中不仅展示出自己擅长的一面也发现了自己的不足之处,在互动互助中扬己之长、补己所短。 作业评价为学生搭建了自我展示的平台。本课学生作业展示占用6分钟的课堂时间,我尽量把宝贵的时间留给学生,请学生展示自己的作品,让大家分享成功的喜悦。由于时间紧张,我没有细致讲评每组的作品,但从学生的作品及评价中我认为这节课圆满完成了教学任务,学生作业质量也显著提高。

《寻源之姓氏文化》教学设计

孟祥玲

教学基本信息			
课题	寻源之姓氏文化		
学段	小学	年级	三年级
学科	综合实践活动		
指导思想与理论依据			
综合实践活动是从学生的真实生活和发展需要出发,在生活中发现问题,转化为活动主题,通过探究、服务、制作、体验等方式,培养学生综合素质的跨学科实践性课程。 本课程面向学生完整的生活世界,引导学生从日常学习生活、社会生活或与大自然的接触中提出具有教育意义的活动主题,使学生获得关于自我、社会、自然的真实体验,建立学习与生活的有机联系。要避免仅从学科知识体系出发进行活动设计。 在主题开发与活动内容选择时,要重视学生自身发展需求,尊重学生的自主选择。教师要善于引导学生围绕活动主题,从特定的角度切入,选择具体的活动内容,并自定活动目标任务,提升自主规划和管理能力。同时,要善于捕捉和利用课程实施过程中生成的有价值的问题,指导学生深化活动主题,不断完善活动内容。			

（续表）

主题活动的背景分析
中华民族具有五千年的文明历史，是个多民族的国家，而姓氏文化是中华民族古老文化的一个重要组成部分。姓，是标志家族系统的称号，是人们进行社会交往的先决条件，涉及千家万户，关系到每一个社会成员。"姓氏文化"是每个中国人都想了解和研究的话题之一，因此，确定了本次综合实践活动的主题"寻源—姓氏"。开展此项活动，不仅为学生营造积极的探索氛围，使学生乐于探索，而且让学生对自己的姓氏有所了解，并了解中华民族五千年来的姓氏起源与演化。

对主题活动(研究课题)的描述
本次主题实践活动的内容是让学生了解我国的姓氏文化，并对自己的姓氏有所了解。姓氏文化是每个中国人都想了解和研究的话题之一，选择它作为研究主题，能够营造积极的探索氛围，使学生乐于探索，并激发出学生强烈的学习热情。主题实践活动的实施对象是五年级学生，通过调查本校学生的姓氏，了解我校学生中的姓氏排名及一些有趣的姓氏，丰富了学生的知识。最后让学生制作"姓氏资料卡"或"家庭树"，增加对自己的姓氏的了解。

主题活动的教学目标
通过多种渠道了解中华民族姓氏的起源和历史，了解我国历史悠久的姓氏文化，并对姓氏文化产生兴趣。 通过调查，收集整理资料，相互交流探讨，从姓氏调查数据中获取相关知识，培养学生收集、处理信息的能力。 通过实践活动使学生对自己的姓氏有所了解，让学生感受探究实践带来的愉悦和价值，激发学生热爱中华文化的情怀，弘扬中华民族文化。

主题活动的教学重、难点
教学重点：了解中华民族姓氏的起源和历史，通过调查，收集整理资料，从姓氏调查数据中获取与姓氏相关的各种有趣知识，培养学生收集、处理信息的能力。 教学难点：通过实践活动使学生对自己的姓氏有所了解，让学生感受探究实践带来的愉悦价值，激发学生热爱中华文化的情怀，弘扬中华民族文化，探求中国姓氏蕴含的文化底蕴。

活动流程示意
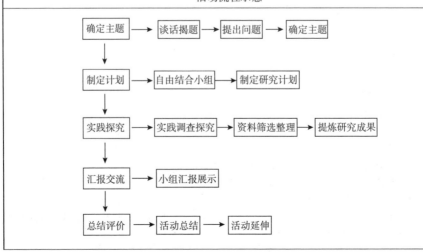

（续表）

<table>
<tr><td colspan="2" align="center">活动过程</td></tr>
</table>

一、活动准备

学生准备：通过查阅图书和网络搜索，收集有关姓氏起源的相关资料。

教师准备：收集有关姓氏的资料，放在教室里供学生查阅；制作课件，设计实践活动计划单等。

二、姓氏大调查——后南仓小学学生姓氏调查

1.前期准备

自由结合小组。根据研究主题，共分六个小组，每组调查一个年级，学生自由结合成小组。

制定研究计划。各小组根据主题制定研究计划，选择调查方法，并填写研究计划单。

调查年级	
小组成员	
调查方法	
展示形式	
可能遇到的困难	
实际遇到的困难	

2.实践探究

学生在教师指导下，分组调查本校各年级各班的学生姓氏，并填写调查表。

班级：　　　　　共（　　）人　　　　（　　）种

姓氏											
人数											

师指导学生在调查时应注意的问题，组员间的分工合作等。

3.前期汇报交流

回顾前期的活动情况。

各组汇报前期的调查结果。分组汇报1~6年级各班姓氏调查情况。

汇报内容：调查过程、班级人数、姓氏种类、

人数最多姓氏排名等。

4.汇报调查结果

汇总调查资料：分组对各年级学生姓氏的

调查结果进行汇总，并计算出各年级的总

人数以及排名前三的姓氏人数；根据总汇

表的情况绘制统计图；教师对各组进行

指导。

学生汇报汇总结果。

学生计算出本校排名前三的姓氏。

查找本校学生中奇特的姓氏。

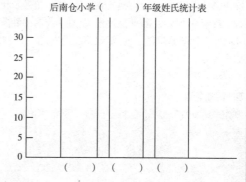

5.发现问题，拓展延伸

根据前期开展的调查活动，你们还能提出哪些问题？

（姓氏起源，姓氏图腾，姓氏始祖等）

（续表）

三、姓氏文化

1.提出问题,确定研究主题

根据前期的调查结果,提出问题,师生对研究问题进行归类,确定研究小主题:姓氏的起源;奇特的姓氏;复姓的那些事儿;我的姓氏起源;等等。

2.制定计划

自由结合小组。根据研究主题,自愿结合小组,填写计划单。

制定研究计划。各小组根据主题制定研究计划,选择调查方法,并填写研究计划单。

研究主题	
调查方法	
活动准备	
时间安排	
预期效果	
预期遇到的困难	

教师重点指导。调查方法的选择,调查时应注意的问题等;调查资料的留存及组员间的分工合作等。

3.实践探究,调查研究

学生在教师或家长的指导下分组调查。

教师运用"筛选—分类—归纳"的策略去指导、帮助学生处理调查到的信息。

小组内对调查的资料进行筛选整理。学生根据研究主题展开调查,了解关于姓氏文化的相关知识。教师指导学生分类、归纳这些调查记录、调查结果,提炼出本组的研究成果。

根据本组的研究成果准备汇报方案。

4.汇报交流(预设)

(1)回顾前期活动引出本活动课内容。

(1)学生汇报交流。

①姓氏起源调查小组:汇报研究过程;展示流程图,介绍姓氏起源的过程。

②奇特姓氏调查小组:汇报研究过程;手抄报展示我国的奇特姓氏;视频介绍。

③复姓调查小组:汇报研究过程;复姓中有名的姓氏;复姓中的名人;字数最多的复姓等。

④我的姓氏起源调查小组:汇报研究过程;展示"我的姓氏资料卡"(姓氏起源,姓氏图腾,姓氏始祖等)。

5.活动总结

四、活动拓展

制作"我的姓氏起源"资料卡;制作"我的家庭树"(中文或英文完成)。

（续表）

板书设计
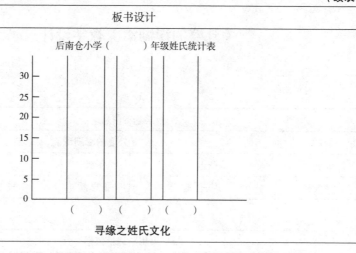 **寻缘之姓氏文化**

活动效果评价设计
学生的学习效果评价体现在活动的每一个环节中,采取互评、教师点评的方式。本次的活动评价旨在促进学生发展,由于综合实践活动的目标、内容、活动方式不同于其他学科课程,它的评价具有其特殊性。此次活动,我们把最终的评价交给了学生。这也体现了活动中学生全程参与的主体地位。在学生自评的基础上,结合其他学生评、老师评等形式来提高评价的科学性、合理性、公正性、客观性。同时,评价过程注重终端评价与过程评价相结合,以过程评价为主;定性评价与定量评价相结合,以定性评价为主。

研修员指导意见汇总
1.学生在调查活动中表现了充分的参与积极性,在遇到困难时能积极想办法解决,培养了学生的能力。 2.在主题适切性方面应该注意,主题在学生的生活中产生,要贴近学生的生活。 3.学生缺少什么能力就要锻炼学生什么能力,在今后的教学中要注意这一点。

教学反思
本次综合实践活动,为学生打开一个开放的时空,由学生自主地、创新性地展开学习活动。中华民族具有五千年的文明历史,是个多民族的国家,而姓氏文化是中华民族古老文化的一个重要组成部分。姓,是标志家族系统的称号,是人们进行社会交往的先决条件,涉及千家万户,关系到每一个社会成员。"姓氏文化"是每个中国人最想了解和研究的话题之一,学生通过调查了解了本校学生的姓氏,以及姓氏排名,学生产生很大的兴趣,但在调查过程中,还是遇到了很多困难,通过学生的努力都解决了这些困难,锻炼学生的能力。综合实践活动体现了学生是教育的主体和自我发展的主体,重视学生的个体生活和社会生活需要。学生的主体性是在实践活动中形成和发展起来的,活动和交往是学生成为个体生活的主体和社会生活的主体的必经途径。

《外婆的澎湖湾》教学设计

王 鹤

教学基本信息			
课题	《外婆的澎湖湾》		
学科	音乐	年级	五年级
相关领域	表现、创造	指导者	杨卫平 张瑾

指导思想与理论依据
本课旨在"从学生兴趣、能力和需要出发,遵循学生的学习心理及审美认知规律,提供感受音乐、表现音乐及学习音乐相关文化知识的机会,最终取得高效的学习效果"。歌曲以歌手潘安邦与外婆的感人的祖孙情为背景,以优美的歌词做铺垫,让学生在美好的氛围中唱会、唱好歌曲。 音乐课程的基本理念是:以音乐审美为核心,以兴趣爱好为动力;强调音乐实践,鼓励音乐创造。在教学中,要积极引导学生参与聆听、演唱、演奏、编创以及综合性艺术表演等实践活动。
教学背景分析
这是一首曲调优美抒情的歌曲,它以充满激情的抒怀笔调表达了对澎湖湾的赞美之情,也传达了对童年美好时光的怀想。歌曲为宫调式,二段体结构。歌曲第一部分从低音区缓缓进入,曲调平稳,第三小节的六度跳进使歌曲富有动感,让人们联想到童年时漫步在熟悉的沙滩上,留下一个个脚印的生动场景。

教学目标及教学重难点
知识与技能:能正确理解歌曲的情绪,并能唱准歌曲中的切分节奏。 **过程与方法**:通过聆听音乐作品,使学生获得愉悦的感受与体验。 **情感态度与价值观**:通过歌曲演唱,感受歌曲对美丽的澎湖湾的赞美之情和对童年美好时光的怀念。 **教学重点**:能完整、流畅,并带有感情地演唱全曲。 **教学难点**:能唱准歌曲中带有切分节奏的旋律,能准确演唱乐段A的歌谱。

（续表）

	教学过程(表格描述)				
教学阶段	教师活动	学生活动	设置意图	技术应用	时间安排
一、创设情境，激趣导入	1.组织教学 2.听辨节奏，表示节奏。 ① 请学生集体拍节奏。 ② 请你听一听，在哪儿(第几拍)发生了变化? 谁到前边来改动一下? 认识切分节奏，集体练习节奏。 单个学生练习切分节奏。 请学生集体拍节奏②。 3.节奏合奏。 4.为《外婆的澎湖湾》的A乐段做伴奏。	师生问好 听辨节奏，表示节奏。 节奏练习。 听辨观察，找出变化的节奏。 切分音节奏练习。 切分音个别生练习。 集体拍节奏，节奏练习。 为歌曲做伴奏，练习巩固切分节奏。	练习学生的小耳朵，使学生集中注意力，进入课堂情境。 听辨节奏的轻微变化，引出难点切分节奏。 通过高低声部的节奏合奏，让学生体会切分节奏的特点，通过合作学习，提升学生们的协作意识。 初听歌曲A乐段的旋律，熟悉了歌曲的曲调，并为引出歌曲题目做铺垫，切分节奏也得到了练习，为歌曲的演唱和学习解决了难点做铺垫	多媒体PowerPoint课件。 运用Overture制作音符节奏。	8分钟

(续表)

教学过程(表格描述)				
教学阶段	教师活动	学生活动	设置意图	技术应用	时间安排
二、新授	1.这段音乐你们熟悉吗?有人知道它的名字吗?有人知道澎湖湾在哪吗? 2.一起聆听歌曲真实的故事。 3.带领学生领略令人神往的澎湖湾。一听:这首歌曲带给你怎样的感受? 4.二听:教师吉他弹唱,请学生分乐段。 5.乐段A (1)聆听旋律单音,熟悉歌曲曲调, (2)分小组找出切分节奏 (3)识读演唱切分节奏的小节,小组展示,学生自评。 (4)集体演唱A段谱子。 (5)钢琴慢速演唱。 (6)钢琴慢速填词。 (7)原速钢琴演唱。 (8)跟随范唱有感情地演唱歌曲。 6.乐段B (1)跟钢琴演唱B乐段。 (2)请学生自评。 (3)情绪处理,完整演唱。 (4)跟钢琴伴奏完整演唱(情绪处理,律动)。 (5)多种形式演唱展示。	欣赏聆听。 一听,体会感受。 二听,分乐段AB。 聆听单音,发现切分节奏。 自主识读乐谱。提出难点。 集体演唱慢速。 跟钢琴演唱。 填入歌词演唱。 演唱。 演唱A乐段。 跟琴演唱B乐段。 自评。 完整演唱。 个人展示。	了解歌曲的故事背景,烘托课堂气氛,奠定歌曲的感情基调,让学生体会歌曲的情绪和旋律 体现分层教学,让有音乐基础的同学带领其他同学进行学习,体现了学生学习的自主性,而且也解放了老师,老师可以为学生弹钢琴了,学习效果显著。 提高课堂自主性,让学生自评,找出演唱中的不足,能更好地提高演唱水平。	运用Moo0录制编辑音乐。 运用Cooleditpro剪切编辑音乐。 运用Photoshop美化谱例及PPT	25分钟
三、拓展训练	介绍歌曲词曲作者叶佳修。 欣赏叶佳修作品《乡间的小路》。	聆听欣赏。	拓展训练,增加音乐知识,烘托课堂气氛。		7分钟

（续表）

| 板书设计 | 《外婆的澎湖湾》  |

学习效果评价设计

课堂采取多种评价方式，避免了枯燥与重复。聆听和歌曲学习部分以教师评价为主；拓展与实践环节以生生互评、学生自评为主。通过评价提高学生学习的积极性、主动性、参与性，逐步提高学生的音乐审美能力。在教学过程中，根据实际情况，灵活运用多种评价方式，体现出"我发现、我实验、我创造"的"三我"课堂模式优越性。

教师关注不同层次学生的学习情况，关注学生在音乐实践活动中的参与态度、参与程度、合作愿望及协调能力，培养学生的模仿能力、创造能力及表现力。

评价量规：

优：能用自然的声音按节奏演唱，并能用动作表现歌曲的情绪。

良：能按节奏演唱歌曲，并能用简单的动作表现歌曲。

达标：能基本演唱歌曲。

设计说明：音乐课堂教学以促进学生发展为主，不能用量规来评价一个学生对音乐的热爱。

教学反思

本课的教学，我首先以听辨节奏的方式导入新课，提高学生们的注意力，自然地引出了本节课的节奏难点——"切分节奏"。在拍节奏为歌曲伴奏时，既练习了节奏又熟悉了歌曲A乐段的旋律，为学生学习演唱A乐段打下基础。这首歌曲的氛围非常温馨，歌手潘安邦和外婆的祖孙情融入歌词中、旋律中，感人至深。所以我创设了一个情境，让学生们先了解歌曲的创作背景，带着情感去聆听歌曲，效果非常好。在歌曲的教唱环节，因为这是一首校园民谣，所以我采用吉他弹唱为学生做翻唱，区别于以往的钢琴弹唱，学生非常喜欢。根据歌曲的特点，乐段A使用视唱法，先唱会、唱好歌谱，再填词；乐段B采用听唱法。我深度挖掘学生们的自主学习能力，他们自己唱，自己评，找出唱得不准确的地方。学生在每一个环节都能参与到教学中来，主动找出重难点，学会分析歌曲，积累了音乐学习方法，享受到了唱歌的乐趣和创作的乐趣。最后，在课堂拓展部分，引导学生认识了作曲家叶佳修并欣赏了《乡间的小路》，使学生们再次感受到音乐之美。

《脚背正面运球》教学设计

徐 朋

一、指导思想和理论依据

本课依据国家基础教育课程改革的精神和《体育与健康课程标准》的基本理念，以"健康第一"为指导思想，依据六年级学生活泼好动，喜欢球类等常用体育项目的特点进行教学设计，通过层层递进的教学方式发展学生身体素质，学习足球运动基本技术，满足学生心理需求。在教学过程中通过自主学习与合作学习相结合的学习方式保持学生参与体育活动的兴趣，亲身体验运动所带来的快乐。

二、教学内容

脚背正面运球；游戏"南征北战"。

教材版本：人教版第三册六年级教学内容。

三、教学背景分析

1.教学内容分析

小足球是本年级小球类限选教学内容之一，本课内容是脚背正面运球，是足球比赛中应用比较广泛的运球方式，是运球快速推进的基础。本课为新授课，在让学生认识体验足球的基础上，运用了游戏、比赛等方式，大大增加了组织形式的多样性，提高学生的兴趣。在教学中，应让学生在练习中探索、尝试动作要点与方法，充分调动学生学习的主动性，使教师的教与学生的学和谐地进行以提高教学质量。小足球运动，不仅能促进学生的成长发育，还能培养学生团结友爱、合作互助等优良品质，以及勇敢顽强、机智果断等精神。

2.学生情况分析

授课对象的身心特点及学习基础分析。我校六年级学生身体素质良好，对足球运动兴趣浓厚，从认知水平和身体素质上看，已经具备了学习脚背正面运球技术的能力。他们在四年级时学习过脚内侧传接球的动作，熟悉球性练习，例如踩球、盘球、拖球等，有一定的足球知识和技术基础，但未接触过脚背正面运球的内容。

教学中预计会出现两个问题：问题一，脚触球的部位不准确；问题二，脚触球时用力的大小。

3.针对教材分析及学情分析设计相应对策

教法：直观演示法，讲解示范法、评价鼓励法。

学法：观察法、模仿法、自主学练法、小组互相评价法。

教学手段：评价。

四、单元课次

课次	教学目标	教学重难点
1	初步学习脚背正面运球的动作，所有学生建立正确的动作概念，90%的学生能够运用正确的触球部位运球，掌握正确的脚背正面运球的动作方法。发展学生下肢力量，提高学生身体灵活性。	重点：运球时触球部位。 难点：用力适宜。
2	复习脚背正面运球的动作方法，90%的学生在慢跑时能够比较稳定地控制住小足球。	重点：触球部位准确。 难点：用力适宜。
3	巩固脚背正面运球的动作方法，90%的学生在走和跑时能够较熟练地控制住小足球。	重点：用力适宜。 难点：动作协调。

五、场地设计

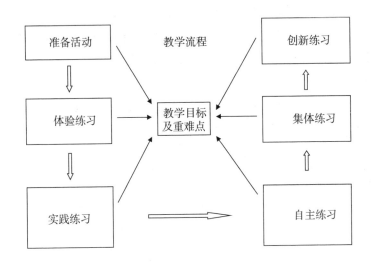

六、课时教学计划

年级：六年级 人数：38人

教学内容	1.小足球：脚背正面运球。2.游戏："南征北战"。
教学目标	知识：初步学习脚背正面运球的动作,建立正确的动作概念。技能：通过学习,使90%的学生能够运用正确的触球部位运球,掌握正确的脚背正面运球的动作方法。发展学生下肢力量,提高身体灵活性。情感：培养学生勇敢顽强的精神,团结合作、互帮互学的优良品质。

结构	教学内容	时间	教师活动	学生活动	教学组织与场地
开始部分	一、课堂常规体委整队报告人数。师生问好。宣布本课的内容。安排见习生。二、队列练习	约3分	教师语言要清晰。教师讲解课堂要求和任务。讲解队列的要求：1.站队快、静、齐。2.注意力集中。	学生站四列横队。学生认真听讲,注意观察。听教师口令进行队列练习。	组织：四列横队。

（续表）

结构	教学内容	时间	教师活动	学生活动	教学组织与场地
准备部分	一、足球热身活动 要求：精神饱满 二、专项准备练习 球性练习：踩球、盘球。	约7分	教师讲解足球操方法。 带领学生一起做行进间操。 教师指导动作，提示学生注意观察动作。 教师带领学生进行球性练习。 要求： 1.动作到位，协调。 2.积极参与，认真模仿。 3.充分活动身体的各个部位和关节。	学生仔细听老师讲解。 学生跟随老师一起做行进间操。 明确提示，认真模仿做准备活动。 动作用力，充分活动身体的各个部位。	组织：学生站成队。
基本部分	一、小足球：脚背正面运球 二、脚背正面运球动作要领： 跑动时，身体自然放松，上体稍前倾，两臂自然摆动，步幅不要过大，运球脚提起时，膝关节弯曲，脚尖下指，在迈步前伸着地前，用脚背正面推拨球向前。	约17分	1.教师组织学生在区域内运球。 2.教师组织学生在区域内玩"抓尾巴"游戏。 3.教师引导学生自己说出脚背正面运球动作。 4.教师组织学生尝试练习脚背正面运球。 5.教师示范、讲解脚背正面运球动作方法，并提示口诀。 6.教师组织学生原地推拉球练习。	1.学生在指定的区域运球。 2.学生认真练习。 3.学生积极回答问题。 4.学生尝试并体会脚背正面运球。 5.学生认真听讲。 6.学生积极参与练习。 7.学生练习。 8.学生展示动作并评价。 9.学生认真练习。 10.与教师一起评价。	组织：学生站成队。

（续表）

结构	教学内容	时间	教师活动	学生活动	教学组织与场地
基本部分	重点：运球时脚触球的部位。 难点：用力适宜。 口诀：正脚背运球并不难,提膝立脚是关键。		7.教师提高要求组织学生行进间推拉球练习。 8.教师组织学生进行脚背正面运球练习。 9.教师组织学生运球传球练习。 10.教师小结。 要求： 1.学生积极思考,参与练习。 2.动作协调连贯。 3.运动中注意安全。		
	三、游戏："南征北战"	约10分	1.教师讲解游戏方法及规则。 2.教师指导学生练习。 3.分组比赛练习。 4.教师小结。 要求： 熟悉游戏方法,遵守规则,互相合作,注意安全。	1.学生认真听讲,观察教师动作。 2.学生按组站好队形。 3.学生按规则进行比赛。 4.与教师一起评价。	组织如图： 
结束部分	整理活动。 集合讲评。 宣布下课。 收拾器材。	约3分	教师带领学生进行牵拉练习。 总结本课情况。 宣布下课。	学生跟教师一起练习。 学生与教师共同总结评价。 下课。	组织：体操队形。 （散点）

（续表）

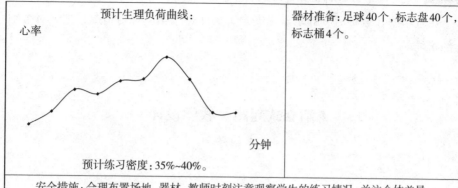预计生理负荷曲线： 心率 分钟 预计练习密度：35%~40%。	器材准备：足球40个，标志盘40个，标志桶4个。

安全措施：合理布置场地、器材，教师时刻注意观察学生的练习情况，关注个体差异。

课后小结：本课中学生学习认真，练习积极，学生有较强的表现欲望，很好地完成了教学目标。课堂上，教师的观察面应再大一些，发现学生的优点与不足。

七、学习效果评价

运动负荷：练习密度预计为35%~40%，预计平均心率为130次/分钟。

思想教育：使学生养成积极动脑、刻苦锻炼的习惯。培养学生团结合作的意识和集体主义精神。

教学过程性评价：

评价内容	评价方式	评价标准
队列：变换图形跑	教师评价	动作整齐、精神饱满、摆臂自然、跑点位置准确到位。
准备活动：行进间操	教师评价	动作规范整齐、协调有节奏、幅度大、力度强。
脚背正面运球	教师评价、自评、互评	提膝立脚要统一、协调连贯是关键。

八、教学设计特色及反思

以丰富多彩的游戏形式培养学生对足球的兴趣，引导学生在游戏中学习，在比赛中学习。围绕教学重点所设计的教学方法与手段，既新颖又实用。

教材处理得当，教师在处理教材时，能以增强学生体育意识和提高体育能力为主要教学目标。在教学过程中，教师既重视引导学生学习知识、技术，又重视能力的提高与运动兴趣的培养由易到难，使学生更好地掌握脚背正面运球的动作方法。

利用多媒体演示、口诀、提示帖、限制线运球的手段使学生更加直观地进行练习，更好地掌握脚背正面运球的技术。

在教学中，教师时刻提示学生安全，关注每个学生练习情况，加强对个别生的指导。

《站立式起跑》教学设计

李钧泽

一、本课指导思想

根据本课教材内容、学生基本情况，围绕站立式起跑 这一目标，通过多种练习方法和策略，让学生掌握正确的站立式起跑动作。

二、教材内容分析

本课以站立式起跑口令和重心的前移为切入口，利用游戏来提高学生的练习热情。教师根据学生的年龄特点，整合本课教学内容，通过本课的教学，让学生能够明白和掌握站立式起跑的基本动作和基本技能，并能在400米跑时运用该动作。

教学重点：听到命令前移重心快速起动。

教学难点：重心前移并保持稳定。

三、学生学情分析

本课教学对象为二年级学生。他们好模仿、易兴奋、乐于展示自我，但自控能力欠缺。据此，教师用游戏激发学生的学习热情，为学生掌握站立式起跑动作打下基础。

四、教学目标

知道站立式起跑的口令及动作要领。

80%的学生能做到起跑时重心前移，反应速度快。

在比赛中反应迅速，有较强的竞争意识。

五、教学重难点

教学重点：降低重心，身体前倾。

教学难点：身体放松，反应迅速。

六、教学计划

年级：二年级　　　　人数：47人

<table>
<tr><td>教学
内容</td><td colspan="5">1.跑：自然立式起跑
2.游戏：丢手绢</td></tr>
<tr><td>课的
任务</td><td colspan="5">知道站立式起跑的口令及动作要领。
80%学生能做到起跑时重心前移，反应速度快。
在比赛中反应迅速，有较强的竞争意识。</td></tr>
<tr><td>结构</td><td>教学内容</td><td>时间</td><td>教师活动</td><td>学生活动</td><td>实施素质
教育意图</td></tr>
<tr><td>开始
部分</td><td>一、课堂常规
体委整队。
师生问好。
宣布内容。
检查服装。
安排见习生。

二、队列练习
稍息立正，向右
看齐。
踏步走，左右转法
练习。</td><td>3分钟</td><td>组织：

　　×　×　×　×　×
　　×　×　×　×　×
　　×　×　×　×　×
　　×　×　×　×　×
　　　　　　Δ
教法：四列横队集合；常规
教育。
要求：集合快、静、齐。
组织：四列横队。
教法：讲解要领；组织练习。
要求：队列整齐，动作正确。</td><td>学生观察。
学生练习。</td><td>精神饱满</td></tr>
</table>

（续表）

结构	教学内容	时间	教师活动	学生活动	实施素质教育意图

准备部分	一、准备活动
	热身运动：头部运动、肩部运动、腰部运动、膝绕环运动、手踝脚踝运动。
	
	二、专项练习
	原地高抬腿跑。
	动作要领：
	身正目视前方，前脚掌着地，脚后跟抬起，大腿抬至水平与小腿成直角。两脚交替原地跑动，手臂自然摆动。
		7分钟	组织：××× × × × ×
			     × × × ×
			     × × × ×
			     △
			口令：成体操队形散开
			教法：讲解要领并示范动作；组织练习并领做；纠正错误重点练习。
			要求：动作协调用力。
			组织：散开队形。
			教法：讲解要领并示范动作；组织练习；师生评价。
				1.学生观察思考。
				2.学生练习。
				3.学生评价。
				
				1.学生观察思考。
				2.学生练习。
				3.学生评价。
					认真守纪
					
					刻苦练习

基本部分	一、站立式起跑
	口令：各就位，预备，跑！
	
	动作方法：
	两脚与肩同宽。有力脚在前，前后开立，前后脚距离约一脚或一脚半，并用前脚掌支撑，两腿弯曲，重心下降，上体前倾，后脚脚跟抬起。起跑时双脚脚掌充分后蹬，双臂积极摆臂，身体前倾而出。
		15分钟	组织：
			××××××→
			××××××→
			××××××→
			××××××→
			
			教法：
			1.教师讲解并示范。
			2.组织练习，教师指导。
			3.分组练习，教师巡视并指导。
			4.分组进行比赛。
			5.师生评价。
			
			口诀：两脚开立前后站，
			     重心下降体前移，
			     异侧手臂放于前，
			     蹬地有力快摆臂，
			     重心慢慢提起来。
				1.学生观察思考。
				2.学生练习。
				3.学生评价。
				4.学生提问。
				5.学生自主练习。
					认真观察
					启迪思维
					刻苦练习

（续表）

结构	教学内容	时间	教师活动	学生活动	实施素质教育意图
基本部分	教材要点： 起跑动作正确； 跑步时有力蹬地，保持重心。 二、游戏：丢手绢 方法：学生围圈坐下。 丢手绢者A随机在被丢手绢者B身后丢下手绢。B若抓到A，则胜利；A若顺时针跑到B的位置坐下，则胜利。	12分钟	要求：认真学习，队列整齐。 组织： 教法： 1.教师讲解游戏方法和要求。 2.学生游戏。 3.教师评价。 要求：积极参与。		
结束部分	集合。 小结。 下课。	3分钟	组织：四列横队。 教法： 1.集合。 2.小结本课情况。 3.宣布下课。 要求：精神集中。	学生观察。 学生思考。	
场地器材	沙包两个	运动负荷		练习密度预计	60%

《基础练习——输入小能手》教学设计

张建明

指导思想与理论依据
关注学生学习的过程，通过创设学习情境、开发实践环节和拓宽学习渠道，帮助学生在学习中体验、感悟、建构并丰富学习经验，实现知识传承、能力发展、积极情感形成的统一。通过多种形式的练习，为学生创设自主、协作学习的环境，从而使学生乐于学习。

（续表）

教学背景分析

教学内容：
《基础练习》是第一册信息技术教材的第九课，同时是本册书中第二单元"输入小能手"中的第二课，对于本课来说，课程比之前一课"认识新的纸和笔"在难度上明显提升，课程容量上也有明显的增大。在以后学生对于信息技术的学习和独立使用计算机上来看，这节课是尤为重要的一节课。

学生情况：
现在的学生虽然家里基本都有计算机，但是在使用上大多停留在简单的游戏层面，通过之前第六课的学习，学生能够认识写字板、了解键盘的分区、学会小键盘区的使用。以及小键盘区中所涉及的基本键的概念。本课要带领学生了解主键盘区，并掌握主键盘区的十指分工，基本学会输入小写字母。

教学手段：
本节课主要采用任务驱动的教学方式，将"演示""授导""实践""交流"等方法有机结合。对不同学生采取"分层"的教学，在教师的引导下自主学习，协作学习，从而完成对知识的建构，掌握操作技能。

技术准备：
实物展台、教师素材、实物键盘。金山打字软件。

教学目标(内容框架)

1.认识主键盘区的八个基本键。
2.掌握十指分工，学会输入26个字母。
3.培养学生良好的打字习惯

问题框架

1.八个基本键分别对应哪个手指
2.十个手指分别管理哪个"班级"，每个"班级"中都包含哪几个成员，每"班"的"班长"是哪个按键。
3.正确的打字姿势是什么样子。

（续表）

教学流程示意

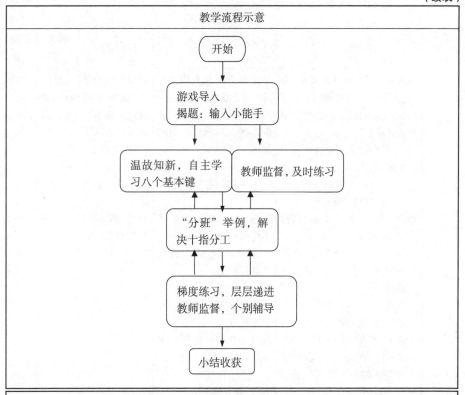

教学过程（文字描述）

第一、游戏引入，激发兴趣：以《太空大战》打字游戏引入本课《输入小能手》；第二、知识衔接，新旧过渡：通过与前一课小键盘基本键的比较，学生自主学习主键盘区八个基本键；第三、化繁为简，例破难点：通过将主键盘区各按键"分班"的例子将本节课重难点解决，使学生掌握十指分工；第四、梯度练习，层层递进：选取不同难度的练习，使学生输入小写字母的能力逐步得以提高，由浅入深，最终完成本节课教学目标；第五、总结归纳，作业拓展：总结本课知识要点，选择学生喜欢的打字游戏作为作业练习。

教学过程（表格描述）				
教学阶段	教师活动	学生活动	设置意图	技术应用	时间安排
游戏导入	导入阶段：展示金山打字游戏《太空大战》 导入语言：同学们想不想也想我一样进行这个游戏，成为一名保卫自己星球的战士呢？ 自然导出揭题：输入小能手	观看大屏幕 参与老师活动，集体回答。	通过游戏激发学生对打字的学习兴趣	多媒体课件	2分钟

（续表）

		教学过程(表格描述)			
教学阶段	教师活动	学生活动	设置意图	技术应用	时间安排
温故知新	温故:出示键盘分区图片、提问小键盘区的基本键。 问1:键盘的四个分区分别叫什么名字? 问2:在小键区中包含几个基本键,分别是哪几个? 问3:小键盘区中数字键1~9中哪个按键很特殊? 知新:让学生在主键盘区内找到两个特殊键。 教师出示八个基本键。 教师对照上台展示的学生进行讲解。 加深练习: 1.学生手按照保准放在八个基本键上,相互检查(教师抽查)。 2.基本键打字练习(金山打字中的基本键打字练习)(教师检查、强调打字姿)。	学生观看键盘图片回答教师提出的问题。 问1:单独学生回答"主键盘区、编辑键区、功能键区、小键盘区" 问2:4.5.6三个按键 问3:集体回答"5"。 学生讨论,找到八个基本键所对应的手指。 学生到讲台,用实物展台进行展示。 学生手放在基本键上,相互检查。 通过金山打字进行打字练习。	巩固键盘的分区,通过小键盘区的基本键为引入本课第一个知识点:主键盘区中的基本键。学生练习的过程中教师适时强调打字姿势,培养打字习惯。	多媒体教学系统:实物展台,实物(键盘)	10分钟
难点突破	十指分工: 1.首先展示十指分工图,让学生直观感受。 2.通过实物展台将键盘直接展示在学生面前,为键盘分班。 分班基本方式:将整个主键盘区分为十个班,班号分别为"1~0"。并告知学生每班"成员"包含哪几个按键(基本上说到4班时,学生就可以自己推测出后面每个班级分别包含哪些"成员"了)。把8个基本键任命为班长,从而再次强调基本键的重要性。最后告诉学生8个基本键所对应的手指就是它们所在班级的班主任。即每个手指应该负责的"班级"。	学生感受老版十指分工图相对复杂。 跟随教师的讲解进行思考。 集体回答老师的提问。	将键盘分区运用"打比方"的教学方法贴近学生生活,使学生能够很快理解而不用去记忆。为学生展示实物键盘,体现了实物教学的直观性。	多媒体教学系统:实物展台,实物(键盘)	10分钟

（续表）

教学阶段	教师活动	学生活动	设置意图	技术应用	时间安排
		教学过程(表格描述)			
难点突破	3.教师提出简单问题,例如"y"属于哪个班? 班长是谁? 谁是班主任。 4.展示改版后十指分工图,并请学生对照自己键盘再次理解十指分工。	参照自己键盘对应新版十指分工图再次熟悉十指分工。相互讨论相互提问。	参照自己的键盘和新版十指分工图,相互提问回答,合作学习能够更好地令学生理解掌握十指分工。		10分钟
多样练习	练习三部曲 第一部:通过金山打字软件中的"指法纠错"练习输入小写字母。 教师在此过程中巡视,对个别学生进行辅导,并适时强调打字时候的坐姿,指法。 第二部:学科整合,用英文卡片对学生进行"听写"打字练习。 教师此时出示简单的英文单词卡片,并读出单词,告诉学生拼写方法。(语速放慢,重复次数此时可以多一些并强调指法与坐姿) 第三部:打字游戏,培养学生打字兴趣。 让学生进行开始讲课时候进行的打字游戏《太空大战》。 此时教师不仅仅要告诉学生游戏的操作规则,同时还要强调指法,与打字的良好习惯。	学生打开金山打字的"指法纠错"练习,要求按照正确的指法进行操作。不追求速度但是追求正确率。 学生在写字板中按照老师所念单词,按照正确的拼写方法,输入小写单词。 需要:听与想,最后落实在操作上面。 进入打字游戏,按照教师所讲的游戏规则,敲击指定的按键,此时需要注意正确的指法。	将书本上"上中下"三部分的练习和三为一,促进学生对整个键盘的认识和掌握。 用三个梯度的练习,层层递进,由浅入深的练习。 在练习当中体现了学科整合,培养学生的多元智能。 最后的游戏前后呼应。	多媒体课件	15分钟
归纳总结	教师总结本课知识点 1.主键盘区中的基本键 2.十指分工 3.输入小写字母练习	学生跟随教师再次熟悉本堂课的知识要点。	最后的复习,让学生整体感知本课。将零散归为整体。	多媒体课件	2分钟

(续表)

教学阶段	教师活动	学生活动	设置意图	技术应用	时间安排
	教学过程(表格描述)				
作业导向	教师布置拓展作业。回家可以采用基本打字方法进行打字练习,当然也可以采用打字游戏的方法。两者都有一个前提就是指法要正确。	仔细听教师布置的作业。	作业不是强制性,并且可以采用学生喜欢的游戏形式,让学生对打字的兴趣持续保持。		1分钟

学习效果评价设计

评价方式:

不仅仅有教师在语言上对学生的评价。同时建立和谐民主开放的学习氛围,将评价的权利教给学生。评价采取多种方式,自评、互评,目的是为了教学目标的达成,给予学生评价的权利。

评价量规

任务一		任务二		任务三	
指法(是否正确)	正确率	指法(是否正确)	正确率	指法(是否正确)	正确率
是否完成:		是否完成:		是否完成:	

板书:

输入小能手——基础练习

1.8个基本键

2.十指分工

3.输入小写字母

本教学设计与以往或其他教学设计相比的特点

在本教学设计中大胆采用游戏引入的方式,由于本年龄段的学生对游戏的兴趣很高,所以能够很快调动起学生学习的积极性。在基本键讲授方面摒弃了原有的教师讲解而采用学生自主讨论学习的方式,这样不仅仅可以提高学生自主学习的能力,由于是自己研究出来的问题,在此目标达成度上也大有提升。对于"十指分工"的处理放弃原有键盘十指分工的示意图,而是用贴近学生生活的比喻来进行讲解,不仅拉近了师生距离,同时也让学生共容易理解与掌握该知识点。在输入练习中,不采取三排输入教学法,大胆创新,通过全键盘的指位纠错练习提高学生对整个键盘的操作能力。并通过卡片教学与英语学科相结合,达到了学科整合。最后通过游戏强化学生对输入小写字母的掌握,同时达到首位呼应的效果。对于习惯的养成教师贯穿始终,在学生操作练习中多次提醒,真正将习惯的养成落实在每一个细节当中。

《小动物唱歌》教学设计

张 瑾

课题名称					
课题课时	小动物唱歌				
学科	音乐	年级	二年级	指导者	潘玉红

指导思想与理论依据

本课在师生互动、生生互动中,建立和谐的师生关系。在学生的创编活动中,充分发挥我校"三我理念",培养学生的创造想象力,萌发创造意识,展示自己的表演能力,激发学生潜能。

音乐课程标准中指出:以音乐审美为核心,以兴趣爱好为动力;强调音乐实践,鼓励音乐创造的基本理念。在教学中,要积极引导学生参与聆听、演唱、演奏、编创以及综合性艺术表演等实践活动。让学生在多种艺术活动中大胆表达、敢于交流,领略合作的愉快,培养学生一起学习的兴趣。

教学背景分析

一、教学内容分析

以《小动物唱歌》演唱为核心内容,有机结合本领域的"识读乐谱""综合性艺术表演"等相关内容,以及其他领域的"音乐表现要素""音乐情绪与情感"等相关内容。

对全册教材的分析。《小动物唱歌》是人民音乐出版社义务教育教科书二年级下册第三课的内容。本册教材中的作品均为孩子们喜欢的作品。既有外国名曲又有民族特色曲目,歌曲风格均以活泼欢快为主,适合二年级学生的年龄及心理特点。

对歌曲的分析。《小动物唱歌》是一首表现小动物们在一起快乐生活、快乐歌唱,充满童趣的儿童歌曲。C大调,4/4拍,有规整的上、下句结构。

对音响结构的分析。歌曲的音响结构效果较好,音质清晰、调式合适,适合学生演唱。

（续表）

二、学生情况分析

本课授课对象是后南仓小学二(4)班的学生。本班学生大部分能掌握一些音乐基础知识和基本技能，会用柯达伊手势辅助视唱音阶，平时做过简单音程do、re、mi、sol、la构唱练习；能够在老师的引导下识读二分音符、四分音符、八分音符组成的节奏练习。本课歌曲情绪欢快、旋律朗朗上口，学生喜欢此类歌曲，因此乐于学习。他们经过一年多的音乐学习，初步建立移调do的概念，能够听辨并模唱出老师所唱旋律，但是音准不是很好，处于五个班中中下水平。有个别女生演唱歌曲时有延长音符时值的现象。

音乐知识：认识二分音符、四分音符、八分音符、十六分音符。

三、教学方式与手段说明

本课主要采用感受、模仿、创编、体验等教学方式。

1. 导入环节采用聆听法，直接感受音乐形象。

2. 旋律学习主要采用了模仿、创编的教学方法，引导学生们自主探索发现旋律进行的规律。

3. 试唱旋律的环节采用自主学习的方式，培养学生独立识谱的能力。

4. 歌曲学唱采取了体验、探究等教学方法，帮助学生理解音乐形象。

四、技术准备

钢琴、多媒体课件、踏钟。

五、前期教学状况、问题与对策

个别学生有跑调现象，但已初步建立移调do的概念。会用柯达伊手势辅助视唱音阶，构唱练习do、re、mi上学期做得多，mi、so、la练习还不够。

歌谱中出现的二分音符、四分音符、八分音符等节奏，学生掌握较好，但在实际演唱中，此节奏的运用处理仍需教师指导。

本课教学内容《小动物唱歌》曲风欢快，舞蹈性很强。学生很喜欢这类歌曲，这为歌曲的学习奠定了较好的基础。

学生对声音的把控能力不强，在演唱时不能熟练地运用强声、弱声的技巧。

对此，教师首先要做好发音示范，引导学生们正确地发声，禁止喊唱。我设计了拍手游戏和猜猜看游戏，锻炼学生对强声、弱声的控制力。其次，时刻关注每一名学生获取知识的过程，及时表扬鼓励，让学生体会到教师的爱，感受到成功的喜悦。

教学目标及教学重难点

情感态度与价值观

学生能够用轻快自然的声音演唱歌曲，体会小动物的可爱之处。

过程与方法

首先，教师模仿小动物的动作和叫声，引发学生的学习兴趣。其次，学生听辨、模仿、体验演唱歌曲，认识力度记号，并能为歌曲创编律动；识读歌曲乐谱，对比两个乐句的不同与相同。最后，为歌曲加入小乐器伴奏，完整演绎作品。

知识与技能

感知和认识力度记号"f""p"，并在歌唱中把握歌曲的力度变化。

教学重点

能用轻快自然的声音演唱《小动物唱歌》，并按照歌曲中的力度标记用强、弱的变化表现动物的叫声，描绘小动物一起唱歌的快乐情景。

教学难点

让学生感知、感受、体验声音的强弱变化，把感性的强弱转化成为抽象的音乐符号的理解与记忆。

（续表）

教学过程

本课教学由"借助事物，感知强弱""聆听范唱，唱会歌曲""编配乐器，体验演奏"三个大环节组成。具体设计如下所示：

一、借助事物，感知强弱

设计意图：借助猫和狗两种动物的叫声和大鼓小鼓击打声，让学生在我校的"三我"理念引领下，充分感受声音力度的强弱。

1.播放三组音频，让学生说出自己的感受。

2.引导学生规范音乐语言，力度记号："f"表示强；"p"表示弱。

3.拍手游戏：幻灯出示一段节奏练习，老师引导学生用拍手的形式表现出来。再体会一遍强、弱不同的拍击节奏。最后由老师分别出示力度记号，学生看力度记号用拍手方式表示强弱。

4.反向游戏再提升：教师拍出一段节奏，学生聆听并模仿下来。在此基础上，学生再用和老师相反的力度模仿节奏。

二、聆听范唱，唱会歌曲

1.聆听歌曲范唱，感受力度记号与歌曲情绪情感

设计意图：三遍聆听都有不同的目的，主要让学生通过歌曲的聆听，感受强弱的变化，也为后面学生的视唱歌谱打下基础，降低识谱难度。前两遍录音只听不看歌谱，培养学生的音乐感受力，第三遍在看歌谱。

初听歌曲范唱，熟悉旋律，引导学生说说听后的感受。

复听歌曲范唱，感受歌曲中小动物唱歌时的演唱特点。听出力度记号所在位置。

再听歌曲，引导学生小声跟随录音演唱歌曲，再次感受力度记号强弱及歌曲情绪情感。

2.识读歌曲节奏

设计意图：识读歌曲节奏，观察分析节奏，分段识读，降低难度。

指出弱起小节，提示学生如何接预备拍。

引导学生识读歌曲节奏。

3.视唱歌词

设计意图：在学生演唱歌曲时，教师及时提醒学生强弱对比演唱能够更好地表现歌曲情绪情感，及时指导学生发声位置、面部表情等，使学生用轻快自然的声音演唱，体会小动物的可爱之处。

学生跟老师钢琴视唱歌词，教师及时纠正、指导不准确的演唱。

学生跟伴奏音乐演唱歌曲。

加入力度记号，完整演唱歌曲，分组演唱，再次体会强弱力度对比，给予表扬鼓励。

4.创编歌曲律动

设计意图：在学生学会歌曲的基础上，创编歌曲律动，让学生进入情境，更好地表现歌曲情绪情感。

播放范唱录音，引导学生创编歌曲律动，展现小动物的可爱之处。

跟伴奏边歌边舞，同学间可互动。

5.视唱乐谱，对比乐句

设计意图：让学生观察、分析、听辨旋律，缓解识谱时产生的胆怯心理、畏难情绪。学生在找不同之后豁然发现：两个乐句相差一个音符。这时，学生识谱速度就会快很多，学习兴趣也随之提高了。

（续表）

引导学生找出do音所在位置,并能唱出开始音。 在此基础上,让学生集体识记歌曲乐谱。 师生互动接龙:前半句,后半句。 找不同并通过演唱体验、感受:考考你的观察力、记忆力,歌曲乐谱前后两个乐句有什么特点? 6.编配乐器,体验演奏 设计意图:因为学生并不是每首歌曲都参与打击乐器伴奏,所以兴趣浓厚,都想演奏。我特意准备了8个踮钟,让每一组学生尽量都尝试一下。 引导学生听音乐,在每小节强拍的位置拍手。 教师出示踮钟,引导学生正确演奏。 听范唱,用踮钟为歌曲伴奏。根据时间,决定由几个小组来进行实物演奏。 7.小结 完整演绎作品,加入伴奏乐器踮钟,怀着欢快的心情演唱全曲。
教学反思
本堂课的教学有优点也有不足,优点体现在以下几个方面。 关注聆听体验,注重参与实践。充分发挥我校"三我"理念,创设宽松的学习氛围,引导学生聆听、辨别歌曲。结合不同的聆听目的,引导学生唱出歌曲的力度变化,表现出歌曲的情绪情感。通过生生互动、师生互动,提高学生对音准的判断能力与控制能力。 鼓励音乐创造,丰富情感表现。结合二年级学生的学习特点及教学内容,我设计了听辨、体验、模唱、律动、对比等教学方式,有的放矢地训练了学生的音乐能力。 注重学生基础知识的培养和训练,通过多种途径解决课堂上的难点问题。 本堂课的不足体现在以下方面:教师语言还不够严谨,教师提要求但没有坚持要学生做到位;资源利用不足,强弱对比不是很明显,建议强弱对比力度再大一些。

第三章

教学案例

第一节　语文篇

古诗教学
——语文课堂因你而精彩

赵红艳

古诗词是我国文学艺术中的瑰宝，是民族文化的重要载体。古诗词教学应让学生在语言的感悟和情感的熏陶中提高欣赏品位和审美情趣，才能引领学生领略民族文化，从而热爱古诗词。随着教改进程的深化，弘扬国学文化的深入，如何使古诗词教学贴近学生，是小学语文教师应重点关注的课题。为此，我对小学古诗词教学中弘扬优秀传统文化的策略进行探究。

一、创设诗境——激兴趣

古诗导课的方式与阅读教学的导课方式类似，通过创设一定的教学情境，提出学生所要学习的课题，并板书课题。也可以采用故事导入法、疑问导入法、预习导入法、背景导入法等。不管哪种导入法都与教学内容有关，是对教学内容的一种铺垫和衬托。例如，《小池》教学中，采取已学过的诗人杨万里的《晓出净慈寺送林子方》来唤醒学生对诗人的记忆，进而在增强孩子的求知欲的前提下进入本课的学习；也可以开门见山地直接明确学习内容，板书课题，提出学习要求，学习新课。

二、背景简介——知诗人

新课程标准指出："要利用语文教学的各个环节有意识地培养学生的听说能力，要在课内外创设各种各样的交际情境，让每个学生无拘无束地进行口语交际。"古诗的创作背景包括时代背景、诗人创作此诗的境遇与心态等。古诗深刻的历史文化背景是传统文化教育的好素材，是小学语文人文性的典型体现。教师在课前让学生通过查询资料了解诗人及其创作背景，可以培养学生搜集和处理信息的能力。因此处理好这部分教学内容，既可以使学生增长历史知识，又可以使教学更加生动。

三、自主探究——悟诗意

《义务教育语文课程标准》指出："语文教学应该激发学生的学习兴趣，注重培养学生自主学习的意识和习惯，为学生创设良好的自主学习情境，尊重学生的个体差异，鼓励学生选择适合自己的学习方式。"这就要求教师创设一个开放的学习环境，营造一种宽松自由的课堂氛围。在这一环节中，教师要采取灵活多样的教学策略，做到"放"和"扶"有机结合，引导学生学习古诗。"放"，学生自由讨论学习古诗的方法，选择适合自己的学习方法去探索新知，理解诗意。对于不能独立解决的问题，鼓励学生与他人合作加以解决。"扶"，在对古诗有了整体感知后，通过集体交流了解到了学情，根据学情，来决定是否"扶"，哪些地方该"扶"，又该怎么"扶"。通过"扶"，让学生初步体会在感知时可能出现的偏差，进一步深化对全诗的理解，为体味诗情、进入诗境做好了准备。引导学生利用书上的图画、注释或其他工具书等帮助理解诗词的意思。理解诗词的意思还应引导学生从以下几方面入手。

1.悟诗题

有些诗，从它的题目，就可以知道整首诗到底写的什么内容。例如贺知章的《咏柳》，从题目就知道这是一首咏物诗，通过描写柳树、赞美柳树，表达了诗人对春天的无限热爱。又例如《晓出净慈寺送林子方》这首诗，如果不看题目，一读而知写的是夏日荷花。可要是结合诗题细读全诗，就会发现诗人是借物抒情，写下了对林子方上京为官的无限祝福。

2.悟诗眼

例如杜甫的《春雨》中"好雨知时节，当春乃发生"。只要抓住诗眼一个"好"字，就更能理解诗人对春雨的喜爱感情了。首先请学生说什么样的雨是好雨，这个问题引发了学生对生活经历的思考和回忆。学生回答：能浇灌花草树木的、庄稼需要下的雨等。接着问文中的好雨有什么特点？从哪儿看出来的？学生从文本中悟出了答案，对古诗大意进行了启发式的理解，帮助学生理解了诗人喜爱春雨、赞美春雨的思想感情，感受诗中的意境，引起感情上的共鸣，从而激发学生反复诵读，直到熟读成诵。

3.悟诗词

例如执教《回乡偶书》，我先教给学生学法，自读自悟。因为这首诗在经典诵读里面有，所以学生比较熟悉，理解起来并不难。我没有牵着学生的鼻子走，而是在布置自学要求时，要学生借助老师刚刚教给他们的扩词和换词的方法，想想每句诗大致讲了什么。学生经过充分自学，在自读自悟的基础上进行交流。我根据学生交流的结果进行讲评、纠正、小结。这样一来，学生初步读懂了整首诗的意思。"鬓"一词的教学给我留下了较深刻的印象。由于这个字是首次出现，字形复杂，字义不易理解，我首先跟学生强调这个字的读音是前鼻音，利用形声字的构字方法认识，又让学生观察三撇，提醒他们三撇代表毛发，接着问学生："你们知道'鬓'是指哪里的毛发吗？"学生继而了解到"鬓毛"指的是耳朵两边的头发。我让学生们亲自用手摸摸自己的鬓毛，观察同桌的鬓毛是什么颜色，为后文理解"鬓毛衰"打下基础。同时，我创设出一个情境，以身示范，用家乡话介绍自己，让学生明白什么叫作"乡音"。

4.悟诗句

一首诗，总会有两句是重点句，有些甚至成为千古流传的名句。《忆江南》教学中，我就抓住诗中的名句，从"江南好"入手，充分描绘江南美景的"日出江花红胜火，春来江水绿如蓝"，指导学生读出江南风光的柔美、热情，读出这两个短短的句子所蕴含的对江南风光的深刻理解与感触，与作者的情感产生共鸣——"江南好"。然后，让学生简单了解诗人在江南时的作为及回到洛阳后的生活，将"忆江南景"过渡到"忆江南人"，提升诗歌情感，厚重"忆"的意义！

四、诵诗想象——诵诗情

语文课程标准指出，阅读是学生个性化的行为，不应以教师的分析代替学生的阅读实践。应让学生在主动积极的思维和情感活动中，加深理解和体验，有所感悟和思考，受到情感熏陶，获得思想启迪，享受审美乐趣。古诗是中华民族的文化瑰宝，博大精深，凝练含蓄，有着音乐、建筑、绘画、意境等在内的巨大美学价值。诗的情感要让学生通过朗读欣赏来体会。因此，在学生理解了全诗的意思，有了初步的情感体验后要趁热打铁，通过现代教学媒体的辅助，让学生点读、评读、范读、诵读、演读，读出诗的重音和节奏，加深对诗人情感的理解，体味出诗人赋予诗的思想感情。同时，注意引导学生依诗句的意思展开想象，理解了诗歌的意境后，感情朗读就要相应地变为创造性地朗诵。

五、创设情境——入诗境

读诗的最高境界是进入诗歌意境。进入诗境就是引导学生真切地体验诗人创造出景象和情感，为之动情。怎样让学生进入这种水乳交融的艺术境界呢？教师不要孤立地指导朗读或单纯地创设情境，而是将创设情境与感情朗读有机地结合起来，把创设情境作为学生感情朗读的基础和铺垫。在教学《小池》这首古诗时，我除了让学生在教师配乐诵读中想象看到的画面外，还通过多媒体让学生从画面上去感受诗的意境，并配以我的语言引导，"泉眼很爱惜它的细细的泉水，不让它们多流一点儿似的，泉水就慢慢地、无声无息地流出来……这样的泉水，我们应该怎样读""在夏日的日光下，池塘里这一片柔柔的池水你喜欢吗？是啊，连树荫都喜欢得投进了池塘的怀抱了。你们瞧，它照在这片波光上呢！这句我们应该读出什么样的心情"……诗中的画面和诗人的感情在学生脑海中"活"起来，进而唤起学生的生活体验，激发其情感，开启其心智，教学收到事半功倍的效果。用语言来引导学生读出诗的意境，并让学生自己去体会哪里应该停顿，指导学生朗诵。而诗的后两行，我让学生边做动作边朗诵，从孩子们的一言一行一读中，我已充分感受到孩子们已被诗人描绘的，由一个泉眼、一道细流、一池树荫、几支小小的荷叶、一只小小的蜻蜓构成的一幅生动的小池风物图，深深吸引。孩子们领略到了小池塘的自然风情，接受美的熏陶，足矣！

六、拓展阅读——积累诗

"常读唐诗三百首，不会作诗也能吟。"为扩大学生古诗记诵数量，每一周老师至少为学生推荐三首古诗，早读背诵，课前吟诵。这样反复学习，学生积累篇目多，而且记得牢。这些都是以课堂上所学古诗为起点，再进行拓展。这种拓展不能只停留在量的积累上，应该围绕一定的主题进行比较阅读，进一步提高学生对古诗的阅读与鉴赏能力。教师引导学生按照主题整合古诗：

把握同一主题的作品。很多古诗虽然作者、背景不同，但表达的情感主题却是相同或相近的。

整合同一题材的作品。带领学生对比体会，加深理解。例如送别诗、边塞诗、田园诗、儿童诗，等等。

拓展同一诗人的作品，增加学生对不同语言风格的感受力，加深学生对古诗内容的理解和对该诗人写作风格的把握。

作为一名语文教师，只要重视古诗的教学，不断充实自己，正确把握作品的情感，采取科学有效的手段激发学生学习的兴趣，激发学生的情感共鸣，在教学中处处关注着人的存在、人的发展，引导学生去发现、欣赏古诗的美，将经典诗词巧妙地融入教学，小语课堂必将无比精彩！让灿烂悠久的中华文明世代相传，为走向振兴的中华民族积蓄源源不断的智慧和持久的发展动力。

以教学《白杨》为例，培养读写能力

刘小利

《白杨》是一篇借物喻人的课文，文章通过一位边疆建设者在旅途中向子女介绍茫茫戈壁滩上的白杨树这件事，赞扬了边疆建设者扎根边疆，建设边疆的远大志向和无私奉献的精神。课文以白杨为明线，表面上写白杨，实际上写人，借白杨的特点来比喻边疆建设者的高尚品格。因此，借物喻人就成为本课教学之重点所在。而如何指导学生通过语言文字理解体会文章中的思想感情，懂得借物喻人这一写法是本课教学目标之一。文中爸爸的话及最后一节的含义，要求学生能结合课文内容和联系生活实际发表自己的见解。这是本课的难点，也是本单元的教学目标。

一、复习反馈，走近白杨

由于时代间隔及写作背景的差别，当今学生很难设身处地地体会文中"爸爸的心愿"。所以，课前我引导学生搜集大量资料，了解新疆生产建设兵团响应国家号召开发大西北的时代背景，拉进学生与课文的距离。

导语：同学们，这节课我们继续学习第26课，齐读课题——白杨。

回顾白杨的外在特点。

师：上节课，我们用文中的一个词归纳出白杨的什么特点？

生：高大挺秀。

二、品读文本，走进白杨

导语：这属于白杨的外在特点。文中除了介绍白杨的外在特点，还介绍了白杨其他什么特点呢？请默读第1至第13自然段，把描写白杨其他特点的语句画下来，并用简单的词语在旁边概括出白杨的其他特点。

指名回答。根据学生的回答引入对第13段内容的学习。

出示第12自然段。指名朗读，引导学生说出自己的批注；订正学生的批注，使学生的批注训练落到实处。

抓住"哪儿……哪儿……"一句，启发学生体会。

提示：本文是说哪里需要白杨树？还有哪里需要白杨？引导学生说明理由。体会白杨适应性强的特点。

引读：将"哪儿……哪儿……"替换成"干旱的地方""贫瘠的地方""没有人烟的地方"。

抓住"不管……不管……总是……"一句，启发学生谈谈坚强不屈的特点。

小结：在风沙面前，白杨树像城墙一样巍然屹立；在雨雪面前，白杨像青松一样挺拔高洁；在干旱面前，白杨像骆驼一样耐旱耐渴；在洪水面前，白杨像中流砥柱一样牢固坚定。这就是白杨坚强不屈的品格。

用朗读、教师引导读等多种方式读第13自然段，激发学生的情感。

三、联系白杨，走近父亲

1.导语：同学们的朗读引导我们看到了高大挺秀的白杨树，感受到了适应力强，坚强不屈的白杨树。作者介绍白杨树的外在特点、内在特点后，为了让我们更深入地了解白杨这种树，下面应该介绍一下白杨的种类、用途，可是作者在这里笔锋一转，却写了这样的一段话——

（1）出示：父亲只是在向孩子们介绍白杨树吗？不是的。……

（2）提示：自读这段话，说说你的理解，想想你能提出什么问题。

（3）指名朗读，谈理解，并提出自己的疑问。

学生质疑：表白怎样的心？不理解？

2.导语：大家提出的问题都很有价值，我们要解决这样的问题，就要先了解父亲是个怎样的人。

出示边疆建设者图片资料。

3.引导学生理解第14自然段，了解父亲要表白的心。

（1）出示第14自然段。

（2）指名读这段话，引导学生说说从中得到哪些信息。

（3）根据文本信息拓展填空——为解疑做铺垫。

导语：有"只晓得"的内容，可能还会有"不晓得"的，他们都不晓得什么？同学们结合刚才的资料和文本内容能推测出他们不晓得什么吗？

出示填空一：只晓得_____不晓得_____；只晓得_____不晓得_____；只晓得_____不晓得_____。

引导学生独立口头填空后交流。

（4）结合填空一，再次进行拓展填空，并解疑。

导语：孩子们不晓得爸爸到底想表白怎样的心，我相信孩子们不晓得的内容，你们一定晓得。

出示填空二：他们却不晓得_____而我们晓得_____；他们却不晓得_____而我们晓得_____；他们却不晓得_____而我们晓得_____。

学生三人一组口头填空。（先讨论我们晓得什么，然后三人分工读一读。教师巡视。）

指名两组汇报：

他们"只晓得爸爸在新疆工作，妈妈也在新疆工作"，可他们却不晓得爸爸妈妈为什么来新疆工作，而我们晓得爸爸妈妈是想把新疆建设的繁荣昌盛；他们"只晓得爸爸这回到奶奶家来接他们，到新疆去念小学，将来再念中学"，可他们却不晓得爸爸妈妈为什么接他们去那里上学，而我们晓得爸爸妈妈是为了让他们适应新疆的环境，将来成为建设边疆的接班人；他们"只晓得新疆是个很远的地方"，可他们却不晓得新疆是个偏远、艰苦的地方，而我们晓得需要付出几代人艰辛的劳动，才能建设成为现代化的城市和乡村……这样，由表层到深层，既使学生理解了语言本身包含的一般意义，又理解了它的特定含义，更挖掘了语言包含的底蕴，加之激起的情感共鸣，使语言教学与思想教育融为一体。同时，训练了学生想象和表达能力，文道达到完美统一，一举多得。

4.回顾刚才学生的质疑。（父亲要表白什么心？为什么孩子们还不了解？）同学们只是父亲的知音，父亲的心声大家听懂了。他们虽然一时还不能理解父亲的心声，但听了父亲的叙说也多了解了一些知识。

5.引导学生理解第16自然段，了解边疆建设者的情怀。

出示第15自然段，指名朗读、理解这段话。

导语：孩子们听了爸爸的叙说，多了一点关于白杨树的知识，我们听了爸爸的述说又知道了哪些知识呢？

出示填空三：_____有许许多多的_____这儿需要_____，_____就在这儿生根了。而_____不管在哪里，总是那么_____，那么_____。

指名填空。（指板书"人"，强调有许许多多像父亲一样的人。）

小结：通过大家的发言，可见同学们已经非常理解边疆建设者了。他们为了响应国家的号召，离开了繁华热闹的大都市，告别了朝夕相处的亲人，毅然来到最恶劣、艰苦，同时也是祖国最需要他们的地方。为了建设边疆，他们"献完青春献终身，献完终身献儿孙"有的甚至牺牲了生命，长眠在那里。边疆建设者们不愧是最可敬的人，让我们带着敬爱之情朗读这段。

四、注重训练，读思结合

语文课要上成语言文字训练课，首先须突出"读"的训练。在本堂课，我根据课文内容精心安排学生自由读、指名读、分角色读、齐读、有感情朗读等多种形式，特别是重点段落的反复朗读，大大增加学生感受语言的机会，促进理解，促使感情共鸣，使语言文字中蕴含着的思想感情，达到深化理解的目的。其次要进行思维训练。理解中心思想的过程，实质上也是学生由浅入深、由表及里的思维过程，学生对课文的理解层层深入，思维也渐渐深入，对问题的认识就会逐渐深化。尤其是通过本课所设计的根据三个"只晓得"，推想出"三个不晓得""我们晓得"的训练，可提高学生的逻辑思维能力，强化对思想内涵的理解深度，提高了学生的表达写作能力。

五、回顾全文，练习写法

看14自然段：爸爸只是向孩子们介绍白杨树吗？不是的，他也在表白着自己的心。而这，孩子们现在还不能理解。

这是一个（设问）句。"表白"的意思是（解释说明）。一个"也"字，说明爸爸（说树又说人）。爸爸看到戈壁滩上高大的白杨树，触景生情，以（白杨）自勉，在（借物喻人）。勉励自己要像白杨一样（扎根边疆），（建设边疆），不软弱，也不动摇。

学习课文最后一个自然段，默读课文，想想还有哪些不明白的地方。

质疑。小组讨论提出的问题：

·父亲又陷入了沉思此时此刻父亲看到了什么，他想些什么？为什么嘴角会浮起一丝微笑？

·为什么爸爸看到在一棵高大的白杨树身边，几棵小树正迎着风沙成长起来，嘴角会浮起一丝微笑？

·一棵高大的白杨树指谁？几棵小树指谁？

小结：引导学生体会爸爸的心愿：相信自己的孩子在父母的影响教育下，一定能够像白杨那样扎根边疆，建设边疆。

学完课文，引导学生，把学到的"借物喻人"的表现手法，学以致用。

小练笔：（任选一题）

·竹子全身都是宝……这使我想起了……

·蜡烛燃烧了自己照亮了别人，这使我想起了……

·看到小草，我想起了……

·看到青松，我想起了……

学生们把学到的知识加以创造，进一步提升了写作能力。

反思与分析：

通过学习课文，学生明白了父亲的话是托物言志，借物喻人。作者表面上是在写物，实际上是在喻人，是通过对白杨树的赞美来歌颂扎根边疆、建设边疆的建设者，歌颂他们无论在什么艰苦的条件下都能像白杨那样坚强，不软弱，也不动摇。为了加深这个认识，在学生理解的基础上，让学生充分读，充分体验感悟，让学生发表个人独特的感受。对于课文最后一句话的理解，我没有机械地照书后要求让学生说句子含义，而是巧妙地承接上文"父亲又陷入了沉思"一句，提出问题"此时此刻父亲看到了什么，他想些什么"，从而唤起学生丰富的联想，理解"几棵小树正迎着风沙成长起来"这句话的深刻含义。通过解词析句，不仅使学生掌握了本课托物言志、借物喻人的写法，也使学生掌握了抓住重点词句理解内容和思想的方法。同时，我还建议学生们联系生活实际发表自己的见解。通过课后的小练笔，夸夸像课文中的爸爸那样的祖国建设者或保卫者，做到读写结合，学以致用。

教师不再是课堂的主导者，而是倾听者、参与者、引导者，引导学生的思维向纵深发展。为学生创设语言实践的课堂，引领孩子自主参与，合作探究，适时适度地捕捉学生思维火花，并把读写相结合，进行语言训练。

"三我"课堂中的美育
——在语文课堂中让美开在学生心中

陈永香

语文课堂教学要使学生感受美，语文教师要在教学中创造情境，充满激情地激发学生美的感受。由于文学作品所描写的对象是客观事物，学生能直接耳听、眼看、口读，所以教师可以精心设计恰当的教学情境，使学生感受美。这对于语文教学中的美育渗透具有重要作用。

一、教师的语言美

语言是完成教学任务的主要工具，教师的语言美在很大程度上决定着学生学习的效率。如果教师的语言生动形象、幽默风趣、亲切自然而充满热情，学生听了便如临其境、如见其人、如闻其声，得到美的享受。可见，教师要善于运用自己的声音，准确生动地表达出自己的思想和感情，让学生在潜移默化中受到陶冶和激励；教师要善于将教学语言的科学性和教育性，用艺术化的优美形式和方法诉诸学生的感官，使之入耳、入脑、入心，特别是教学语言要精当，思路要清晰。抽象的知识用生动的事例、直观形象的语言，让学生在语言产生的视觉效应下唤起表象或产生联想和想象；点拨时语言要富有启发性和思考性，给学生一种似隐似现、若明若暗之感，使其有所思、有所想、有所悟；读题、谈话、讲解时语言要运用得体、快慢适度、突出知识的逻辑重音，字字清晰，声声入耳。教师要有幽默感，讲话时或开宗明义，或含蓄婉转，或说理比喻；讲解叙述时思路须正确清晰，辩驳论证时语言要简洁严密。让老师优美的语言在学生心中花开朵朵。

二、由读引情，由情引美

朱自清先生说过："对于写在纸上死的语言可以从声音里得其意味，变成活的语气。"可见，诵读能把作者的言语变成动人的话语，具有移情的作用，能激发美感。诵读者进行诵读和听别人诵读都是一种高尚的精神享受。动听的声音、生动的语气，配合抑扬顿挫、轻重徐疾、长短升降的节律，把作者的感情思绪诉诸学生的听觉，加之伴随的旋律，能激荡人心。以《荷叶圆圆》为例，露珠躺在荷叶上，滚来滚去，就像一个胖胖的婴儿躺在摇篮中，情景好美呀！我在备课时想到，如果给这段文字用《摇篮曲》配乐，教学时加以哼唱再配上肢体动作，一定能激发学生们内心中对母亲的孺慕之情，那将是一幅多美的画面。我把这个想法付诸行动，果然没有让我失望。同学们争先恐后地读，没有羞涩，没有隐藏，有的只是灿烂的笑脸，从他们的脸上我看到了他们内心的美！

三、运用多媒体教学体会意境美

多媒体能展现光、色、声、形的丰富变化与组合，对于创设教学情境有着无可比拟的优势。如教学《江南》时，我先让学生有感情、有节奏地朗诵，再播放视频。"江南可采莲，莲叶何田田。"江南风景秀丽，那一片片又青又圆的莲叶，多么美丽！在多媒体的帮助下，孩子们有了美的感受。这时，再让学生想象画面读出感情，就会有一种水到渠成的感觉。视频画面使学生深刻体会到文章的意境美。

四、认识美，追求美

人类在不断认识、追求美的过程中，使美的内涵更加丰富。语文教学要使学生体会心灵美和外表美的统一才是真正的美。在《美丽的公鸡》这篇课文中，同学们认识了一只外表美丽，但言语刻薄、整天无所事事的公鸡。整篇课文都是通过公鸡和啄木鸟、蜜蜂、青蛙的对话来表现公鸡的性格缺陷。为了让同学们更清楚地认识这只公鸡，我组织大家大胆地进行课本剧表演。孩子们走进公鸡的内心世界，明白了课文要告诉我们的道理："美不美不能光看外表，还要看能不能为人们做事情。"学生由此认识到，外表美与心灵美的统一才是真正的美。

五、让美外化为行动

现实中，我们经常会发现：漂亮的花被爱美的学生摘去独自欣赏、洁白的墙壁被学生图上色彩……这些破坏美的现象时有发生，概因个别学生尚未理解美也表现在行动中。小学课本里有这样一个看图写话，图上画着一丛美丽的菊花，一个小男孩伸手去摘，一名少先队员边摇手边说着什么。还有一个比较传统的看图写话，灯光下老师在批改作业，外面下起了大雨，一个男同学拿着雨伞等在老师的窗外。公园里的花是给大家看的，不能随便摘。老师辛苦一天了，我们要懂得感恩。这些都是行动之美，学生通过学习深刻体会到，仅有美的外表是不够的，美需要行动去创造、去守护，我们要共同维护美好的地球家园，美在行动中。

六、美好的评价浇灌美的心灵

好学生是表扬出来的，好的书写、朗读、阅读也是表扬出来的。特别是刚刚入学的学生，对于老师的肯定和表扬更是尤为重视。每个学生都是独立的个体，有差异性，所以老师的表扬不能太过单一，不要千篇一律地用同一句话表扬。记得在一次课上，我表扬同学"你真棒"，这个同学像喝了蜜汁，心里美滋滋的，他面带笑容，手舞足蹈。可是，当我表扬每个学生"你真棒"时，学生们的激情就逐渐消失了，这种表扬也没有激励作用了。可见，作为小学教师，要根据不同的对象、不同的情景，使用不同的表扬方式。例如，"你真能干""多聪明的孩子""说得太好了""声音多么响亮""你还真与众不同""读得真棒啊"。每一句表扬词都针对学生的具体表现，没有重复，传达了老师最真诚的赞许。看到孩子们自信的表情，我知道，美已经在他们心中绽放！

七、美观的板书美的享受

板书是教师在备课中构思的艺术结晶，是学生感知信息的视觉渠道，是学生发展智力的桥梁和工具。好的板书不仅在内容上概括剖析，恰到好处，自成一体，浑然天成，而且在形式上因内容和重点不同，各具特色，结构精巧，妙趣横生。它以确切的科学性，指导学生学习，又以独特的艺术魅力，给学生以美的熏陶、美的享受、美的启迪，堪称教学艺术的再创造。

好的板书要求教师必须根据教材特点，讲究艺术构思，做到形式多样，让学生有自由支配的时间，达到"此时无声胜有声"的功效。板书艺术要做到：内容美——用字遣词准确无误，内容精炼，整体上线索分明，重点突出；形式美——布局合理，排列有序，条理清楚，具有立体美、对称美、奇异美、多样美、和谐美、造型美；书法美——字迹工整，一丝不苟，合乎规范，美观大方，使学生受到美的熏陶。

语文课堂教学使学生认识美、感受美、追求美，培养美的高尚情操更是素质教育对语文教师的要求。

语文高效课堂教学中的美育渗透，是时代的呼唤，是语文教师义不容辞的职责！

互动评价对学生的意义

杨玉兰

《义务教育语文课程标准》指出：实施评价时，应注意教师的评价、学生的自我评价与学生间互相评价相结合。在新理念的指导下，如今的语文教学应该更加注重学生的感受，教师在强化阅读教学的同时，还要注重对学生的评价，及时调动学生学习的积极性。以激励为主，让学生感受到教师和同伴心诚意切、实事求是的评价，激励学生积极思维，营造一种热烈而又轻松和谐的学习氛围，把学生引导到评价中去，调动所有的学生关注评价、参与评价，使学生在评价中交流，在交流中学习，并且在评价中得到进步，共同提高，全面发展，从而使课堂评价有效地促进学生的发展。我在教学中逐步实施师生之间互动评价，通过丰富的课堂阅读教学形式，引导学生在学习过程中正确地关注自我，认识自我，经过一段时间的实践，收到了一定的效果。

一、案例描述

我在教学《铺满金色巴掌的水泥道》一课时，有这样一个片段。

师：说说自己眼中的秋风。

生：我觉得秋风是凉飕飕的。

师：你的声音真优美、真好听，你能说说你为什么就感觉到凉飕飕了吗？

生：今早下完了秋雨，我穿的衣服多了。

师：谢谢你能联系实际说出自己的感受。

师：说说自己了解的秋雨。

生：打在脸上冷。

师：你今早上怎样来的学校？

生：坐自行车。

师：看来你在路上也在享受着秋雨的滋润。

师：请你欣赏一下秋风、秋雨的片段，欣赏阅读。

秋天来了，天气变得越来越冷了，树叶开始变黄了，风一吹，大片大片的叶子从树上飘落下来，满地都是干枯的叶子，走在上面，发出"嘎嘎"的声音。

秋天的雨水特别多，总是滴滴答答下不完，害得我哪也去不了。不过空气变得清新了，不再干燥了，雨一停，秋高气爽，很美丽。

教师指导学生读课文第二部分（第2~9自然段）

师：作者在上学的路上看到了什么？

生：①多么明朗的天空。

②地面还是潮湿的，不时还能看见一个亮晶晶的水洼，映着一角小小的蓝天。

③道路两旁的法国梧桐树，掉下了一片片金黄金黄的叶子。这一片片闪着雨珠的叶子，一掉下来，便紧紧地粘在湿漉漉的水泥道上了。

④水泥道像铺上了一块彩色的地毯。这是一块印着落叶图案的、闪闪发光的地毯，从脚下一直铺到很远很远的地方，一直到路的尽头……

⑤每一片法国梧桐树的落叶，都像一个金色的小巴掌，熨帖地、平展地粘在水泥道上。它们排列得并不规则，甚至有些凌乱，然而，这更增添了水泥道的美。

师：同学们，你们说得真好，能从不同的角度体会事物的美。刚才×××读得特别好，那么谁再来读一读，用语气语调读出这条秋天水泥道之美呢？

众生：鼓掌，你真棒！

师：你们俩读得真好，仿佛让老师也看到了一条美丽的铺满金色巴掌的水泥道！

生1：老师，我也想读一读，和他们比一比。

生2：你的朗读水平进步了许多，把句子中的几个重点词语读出不同语气了。

师：同学们不但读得好，而且评得也很到位，你们都很了不起！那同学们再看看其他段落有没有你觉得美的句子？

（学生争先恐后想要帮忙）……

师：你们的小脑瓜真灵活……

（就这样你来我往地，在师生互动评价过程中愉快地结束了此课的教学。）

二、分析与反思

新课程强调：要充分调动学生的积极性，给学生以更多的发展和表达的机会，教学要发扬民主，提倡"群言堂"，倡导多向信息交流。在《铺满金色巴掌的水泥道》这一教学片段中，师生之间、学生之间充分地展开了交互式的评价方法。教师给予学生鼓励的眼神，富有激励的话语，如"你的声音真优美、你评得很到位、你们都很了不起，你们的小脑瓜真灵活"等话语，受到老师真诚的赞赏，学生的积极性大大提高了，学习的空间更加广阔了，学生的主体地位也随之提高，学生真正把自己当成了学习的主人。

赞赏是一种由衷的真情表扬。面对学生的精彩回答，教师应发自内心地赞赏，这可能对学生是一次终生难忘的鼓励。学生互评在这一片段中运用得非常频繁，小学生喜欢模仿老师去评价别人，这种互评方式有利于学生互相学习优点，改正不足，也可以锻炼自己的判断能力和口语表达能力，不断地发展和完善自己。例如，在朗读时，学生听到老师赞赏评价，自主地发出挑战，也想读一读，比一比。在评价中，学生学会了朗读，学会了竞争，锻炼了自己各方面的能力，促进自己全面发展。

在整个教学片段中，我非常注重每个学生的感受，以激励为主，敏锐地捕捉其中的闪光点，并及时给予肯定和表扬。让学生感受到教师和同伴心诚意切、实事求是的评价，激励学生积极思维，营造一种热烈而又轻松和谐的学习氛围，把学生引导到评价中去，调动所有的学生关注评价、参与评价，使学生在评价中交流，在交流中学习，并且在评价中得到进步，共同提高，全面发展，从而使课堂评价有效地促进学生的发展。教师的一句表扬，一句赞美很有可能会成就很多像爱迪生、牛顿、爱因斯坦这样的天才。所以，请不要吝啬你的赞美和鼓励！

教学中巧用比较，提升学生语言智能
——《观潮》教学案例

黄淑芳

《义务教育语文课程标准》对阅读要求有这样的概括：在通读课文的基础上，理清思路，理解主要内容，品味和推敲重要词句在语言环境中的意义和作用。

语言智能即有效地运用口头语言或书写文字的能力，能用语言精确地表达自己的意思。

我在具体的教学中，创设联想情境，让学生揣摩语言的情韵，培养学生感知语言、品读文章的能力。学生们注意关键词句，在比较中品味语言，嚼出语言文字的味道，发现文本的内涵，从而提升了的语言智能。

一、"三我"课堂中运用比较巧辨词义

《观潮》潮来时的这一部分。

师：午后一点左右，从远处传来隆隆的响声，好像闷雷在滚动。这句话是从哪方面描写大潮的呢？

生：声音。

师：闷雷与响雷有什么不同呢？

生：闷雷是声音低沉的雷，离得远；响雷是声音响的雷，离得很近。

师：我们一起听一听，潮来时的声音。（师放录音）

生1：潮来的声音像闷雷。

生2：像闷雷在滚动的声音。

师：谁来夸夸作者？

生：作者用的词真准确！

师：我们也要像作者一样认真观察生活，争取今后用词和他一样准确，好不好？

生：好！

师：在这一自然段中，有很多词语作者都是反复推敲的。一会儿自学，看谁能发现。

学生自学后，指出"城墙""战马"等词语。

生：我见过城墙，很高，比我们校园的墙要高很多。

师：他说得很好，普通的墙只有两三米高，城墙要比普通的墙高很多。

生1："六米多高的白色城墙"就将潮头很高的特点写了出来，作者用词真的很生动。

生2："战马"写出了大潮的宏伟气势。

师：你真会读书，通过认真品读体会到了作者写作的特点。

学生在比较中活跃了思维，使认识更加深刻，更进一步提高了鉴赏力，也为日后自己写作打下基础。辨字句于毫发之间，才能析义理于精微之处。语文学科的本位就是对文本语言的品析与体味。语言品析到位了，才能让学生感知到语言文字背后的价值取向和人文精神，引发学生对语文的兴趣，语言智能才能得以提升。

二、"三我"教学中运用比较巧理解

为了让学生直观地理解"一道六米多高的白色城墙"这句话，我在备课时试图找到与之形似的观潮图片。但是近景图片只能看到白色的浪花，远景图片又只有一条白线。怎样才能让学生理解潮头的特点是又高又长呢？我想到一个办法。课上，我出示了潮头近景图片。

师：这是一道白色的城墙吗？

生：是！

师：是吗？

思考了一会儿后，几个同学小声说：是一段城墙。

师：为什么不是一道而是一段呢？一段与一道有什么区别呢？

生：上节课我们知道了江面很宽，在盐官镇附近一段也有3000米左右。您出示的图片只是其中的一段。

师：那么横贯江面的潮头到底是一道多长的城墙呢？

生：3000米左右，太壮观了。

在这里，学生比较了一道和一段，结合上节课补充了江面宽度的资料，学生很容易想到，潮来时横贯江面的壮观场面。通过对比，学生的语言智能得到了发展。

著名教育家乌申斯基认为："比较是一切理解和思维的基础，我们正是通过比较来了解世界上的一切的。"比较是语言品味中最常用的办法。正是通过对语言的比较和揣摩，学生才感知到语言的精妙，领悟到某些精彩文本在用语用词上"无可移易"的道理，从而滋养准确精妙地运用语言的能力。

作为一个语文老师，在加强指导学生大量阅读文章的基础上，还必须指导学生通过阅读学会品味和运用语言，体会文章中语言所具有的表现力，获得关于自然、社会、人生的有益启示。学生在品味和运用语言的同时，提高了语文阅读、理解和写作水平，语言智能得以提升。

以"三我"理念为指导，
构建自主阅读的语文课堂

金忠臣

部编版小学语文第十册第四单元《军神》一课，主要记叙了刘伯承在重庆治疗受伤的眼睛时，拒绝用麻药的事，表现出刘伯承意志如钢的英雄气概。本单元的语文要素是"通过课文中动作、语言、神态体会人物内心"。回顾整个教学过程，我的成功之处就在于能够以"三我"理念为指导，以倾听者、参与者、引导者的身份，构建以学生为主体的自主阅读的语文课堂。

一、案例描述

在课伊始，首先引导学生质疑："看到课题，你有什么疑问？"

学生纷纷提问："军神什么意思？军神指谁？为什么以'军神'作为课题？"

我顺着学生思路，提问："你们了解刘伯承吗？你眼中的刘伯承是怎样的？"

学生们踊跃回答："刘伯承是川东支队的将领。刘伯承是十大元帅之一。刘伯承曾与邓小平千里挺进大别山……"

接着引导学生从整体入手，默读全文，边读边想：本文主要写什么？在学生汇报时，再提示学生概括主要内容时一定要抓住主要人物的主要事件。

为了引导学生品读文本，进行语言实践，感悟刘伯承元帅坚强的意志和非凡的毅力，我再次引导学生从整体入手，找出沃克医生称赞刘伯承是军神的句子，抓住重点，自主读书、再次质疑问难。

学生自主发现，纷纷提问："为什么说刘伯承是一个真正的男子汉？为什么说他是一块会说话的钢板？为什么说他是军神？"

学生带着自己的疑问，与文本深度对话，凭借自己已有的知识、能力和阅读经验，自我解疑。在交流自学成果时，学生先在小组内交流，然后全班交流。教师则站在一旁，倾听学生发言，及时捕捉学生思维的火花，为学而教，顺学而导，培养语文核心素养。

学生汇报第14自然段的学习成果，先读："沃克医生，眼睛离脑子太近，我担心施行麻醉会影响脑神经。而我，今后需要一个清醒的大脑。"然后接着说："从这段话中我读懂了病人拒绝麻醉。"

针对这个学生的品读感悟，其他学生质疑："病人为什么拒绝使用麻醉剂？"

汇报学生回答："因为他需要清醒的大脑。"

有的学生进一步追问："他用清醒的大脑干什么？"

有的说"指挥战斗"，有的说"躲避敌人的追捕"，有的说"制定战略战术"……

师生合作朗读第14段，作为这一阶段学习的结束。

学生汇报第15至16自然段的学习成果，先读："你，你能忍受吗？你的右眼需要摘除坏死的眼球，把烂肉和新生的息肉一刀刀割掉！"然后说出自己的感受："我从中体会到这个手术非常疼，所以沃克医生担心刘伯承元帅受不了。"

根据学生的体会，我追问："假如你是沃克医生，你能读出担心吗？"

于是学生再读："你，你能忍受吗？你的右眼需要摘除坏死的眼球，把烂肉和新生的息肉一刀刀割掉！"

老师适时引读："刘伯承的回答没有什么豪言壮语，只有简单的四个字。"

学生读："试试看吧！"

老师接着追问："透过这简单的四个字，什么不简单？"

有的学生说"胆量不简单"，有的学生说"勇气不简单"，有的学生说"精神不简单"……

学生汇报第18自然段的学习成果，先读："病人一声不吭，他的双手紧紧抓住身下的白垫单，手背青筋暴起，汗如雨下。他越来越使劲，崭新的白垫单居然被抓破了。"接着说，"我心里感受到刘伯承元帅忍受了极大疼痛，我是从'一声不吭''青筋暴起''汗如雨下''居然'等词语体会到的……"

我再找其他学生品读感悟，充分讨论后，我启发学生换位思考："你们有过被割伤的经历吗？有什么感受？"

学生们纷纷谈起自己的经历，说如何疼痛，说如何难受。讨论至此，大部分学生已经完全被刘伯承元帅钢铁般的意志和非凡的毅力所折服。为了把文本语言转化为自己的语言，我及时改变原有的继续品读感悟的安排，设计下列练笔，鼓励学生自主创造："摘除眼球和息肉比平时疼千倍、万倍，更何况是在不使用麻药的情况下。假如你就站在手术台旁，你仿佛看到了手术台上的哪些情景？听到哪些声音？有什么感受？把它写下来。"

经过刚才的品读感悟，讨论交流，学生纷纷写下自己内心的感受。

一个学生写道："我仿佛看到病人一声不吭，青筋暴起，双手紧紧抓住白垫单，咬紧牙关，脸上露出痛苦的表情。我仿佛听到器械碰撞的声音，沃克医生的汗滴下来的声音，病人牙齿咬得咯吱咯吱响的声音，白垫单被抓破的声音，我感受刘伯承元帅钢铁般的意志和非凡的毅力。"

最后播放撼动人心的电影片断，让学生目睹手术全过程，直观感受刘伯承元帅钢铁般的意志和非凡的毅力，再让学生修改自己的片段，规范自己的语言，使学生由文字到画面，再由画面到文字，有效地训练了学生思维和表达能力。学生通过品读，读出形象、读出画面，通过练笔，深刻领悟文本语言，逐渐把文本语言内化为自己的语言。

在本课教学中，我还运用多种朗读形式，引导学生深入理解课文，感受作者写作的意图，激发情感，陶冶情操。课文14段到23段是全文的重点段，先让学生分角色朗读，然后老师参与其中。

老师导读："七十二刀，每一刀都是钻心的疼痛，每一刀都让人难以忍受，但病人一声不吭，难怪沃克医生惊呆了，大声嚷道——"

学生读："你是一个真正的男子汉，一块会说话的钢板！你堪称军神！"

老师接着导读："第一刀，第二刀，第三刀，七十一刀，七十二刀，病人一声不吭，难怪沃克医生惊呆了，大声嚷道——"

学生再读："你是一个真正的男子汉，一块会说话的钢板！你堪称军神！"

通过师生合作朗读，把刘伯承元帅的高大形象和对他的敬佩之情淋漓尽致地表达出来。

二、反思和分析

回顾这节课的教学过程，我感受到，教师以"三我"理念为指导，就会给学生更多读书、思考、感悟、练笔的时间，真正把课堂还给学生。教师不再是课堂的主导者，而是倾听者、参与者、引导者，引领孩子自主发现、自主实践、自主创造，把读写结合起来，发展学生的语文核心素养。

在"三我"课堂中感受美

李淑云

一、指导思想与理论依据

小学语文课程标准指出，阅读是学生的个性化行为，应让学生在主动积极的思维和情感活动中，加深理解和体验，有所感悟和思考，受到情感熏陶，获得思想启迪，享受审美乐趣。课堂上，教师引导学生感悟课文的语言文字，充分挖掘课文中蕴含的思想感情，创设轻松、和谐、主动参与的教学氛围，使学生在学习中能领悟和抒发自己的情感。在教学中渗透我校的"三我"教学理念，打造"我发现、我实验、我创造"智慧课堂，在"三我"课堂中感悟美。

二、教学内容简析

《小蝴蝶花》是一篇童话故事，讲的是小蝴蝶花经历了从骄傲到自馁的感情变化，最后找到了心理平衡，能正确地看待自己了。说明每个人都拥有一份独特的美。有了自知之明，才能做到既不以自己的长处而骄傲，又不因自己的短处而失去自信。

三、教学片段

1.初读课文，整体感悟

指名读课文，想想故事中的小蝴蝶花是怎样的？（骄傲的，自馁的，心情舒畅的）你们真棒，抓住了描写小蝴蝶花情感变化的词语。

师：快快找一找哪几个自然段是描写小蝴蝶花骄傲的，哪些是描写小蝴蝶花自馁的，哪些是描写小蝴蝶花心情舒畅的。

学生汇报。

教师板书小蝴蝶花情感的变化的词语：骄傲——自馁——舒畅

师：刚才我们初读了课文，了解了小蝴蝶花开始是骄傲的，后来变得自馁了，最后又心情舒畅了。

2.深入理解课文，扎实训练

（1）骄傲的

师：你是从哪看出小蝴蝶花是骄傲的，自己默读课文，把相应的句子画出来。

出示课件：看来我是百花中最了不起的了，可惜被埋没在这里，跟这些小草小花在一起，什么时候才有出头之日呀！

指名再读这段话，说说你是从哪看出小蝴蝶花是骄傲的？

学生汇报。

将课件上的重点词用红色显示。

师：假如你就是一朵骄傲的小蝴蝶花，看看怎样读这段话。骄傲的小蝴蝶花为什么骄傲了呢？

出示课件：第一二自然段的其余部分。

指名读这两段话，说说你为什么骄傲？

学生汇报。

师：现在我们把这两段中的小蝴蝶花都改成"我"，第一段老师带着改，第二学生自己改。

多种形式读这两段。指名读，男女生对读，师生读。

（2）自馁的

师：骄傲的小蝴蝶花怎么又自馁了呢？自己读第三自然段。

学生读课文，汇报。

出示课件：百花园里有雍容华贵的牡丹、怒放的碧桃。

师：看看百花园还有些什么花？

学生指名说。

师：你能用书中的方法说说你喜欢的花盛开时是什么样子的吗？

学生说话练习：那（　　　　）的（　　　　），开得（　　　　）。

师：这么漂亮的百花园，赶快读读这段话吧。

学生读描写百花园的句子。

师：多美的百花园，当你发现数不尽的名花奇葩争芳斗艳、沁人心脾的芳香迂回流荡，是什么心情呢？

学生汇报。

出示课件：小蝴蝶花一下子变得自馁了。它想："看来我是百花中最寒碜的花了，谁也不会理睬我！"

师：请你读一下这句话，用第一人称的形式。

学生读句子，教师适当评价。

（3）心情舒畅

师：就在你伤心难过时，你听到了什么，又看到了什么呢？

学生分角色读4~6自然段。

师：说说你看到了什么，听到了什么？

学生汇报。

师：就在你伤心难过的时候也有人欣赏你，你这时会是什么心情？

学生汇报。

出示课件：听了孩子们的话，小蝴蝶花心情舒畅极了。

师：赶快读读吧。

找多人读，再齐读。

3.课文延伸

师：小蝴蝶花们，刚刚经历了骄傲、自馁、心情舒畅这一系列情感变化后，现在有人要问你们，名花奇葩、小花、小草和你比究竟谁美？

学生汇报。

师：对，每个人都是独特的，你们都很美。请你对小草、小花，或你周围的同伴说句话。

学生汇报。

师：听了你们的话我非常高兴，你们比以前更香了，更好看了。

出示课件：小蝴蝶花。

师：小蝴蝶花们再见了。

四、教学反思

《义务教育语文课程标准》中指出："能联系上下文，理解词句的意思，体会课文中关键词句在表达情意方面的作用；能初步把握文章的主要内容，体会文章表达的思想感情。"我认为语文课程应致力于学生语文素养的形成，重视学生的阅读能力、情感体验的培养，在课堂中感受美。为了完成本课的教学目标，在教学过程中，我注重以下几个方面：

1.利用"角色转换"，引导学生在阅读中感悟美

本课教学重点是体会小蝴蝶花的情感变化，而引导学生深切地感受语言描述的情境，是领悟语言内涵、感受语言情感的重要基础。要使学生深切感悟课文情境，很重要的一点就是要让学生体验角色，进入课文所描述的情境之中，设身处地地去感受，去经历，去观察，去欣赏。这样，学生才会身临其境，感受语境。要达到这个目的，朗读无疑是一种重要的方法。为此，在教学过程中，我努力为学生创设情境，引导学生始终以小蝴蝶花的身份来学习课文，体会和感受小蝴蝶花情感的变化。学生在阅读中感受语言，在阅读中体验感情，在阅读中品味语言，进而形成了独特的感受，受到情感的熏陶。比如，在体会生长在草丛里的小蝴蝶花很骄傲时，我就让学生置换角色，把自己当成是生长在草丛里的骄傲的小蝴蝶花来朗读小蝴蝶花说的话，还可以加上自己的动作、表情来朗读。学生很快就进入角色，读出了小蝴蝶花说话时那种骄傲、谁也瞧不起

的语气，体会到了小蝴蝶花骄傲的情感。通过扮演小蝴蝶花，学生不但阅读时更有感情，而且深刻地体会到小蝴蝶花的情感变化。

2.创设情境，让学生在读中感受美

著名语言学家、北京大学教授陆俭明认为，语文教育一是给学生真、善、美的熏陶和教育，二是培养学生的文学素养，三是让学生掌握恰到好处的语文能力和知识。其中强调了人文素养的提高主要靠熏陶感染、潜移默化。通过朗读、诵读、背诵等丰富多彩的语文实践活动，通过整体感知、感悟、积累和熏陶，培养良好的语感，丰富语言的材料，增加文化的底蕴。在这节课中，我充分创设情境，让学生在阅读中感受美。例如，讲到百花园中的花时，我利用课件显示出百花争艳的画面，让学生感受美；再让学生以不同的形式阅读，读出自己的感受。学生们不仅在欣赏百花时受到美的熏陶，还学会用恰当的词表达对美的感受，通过阅读来体会美，感受美，表达美。

借助微信　解决困惑

时文侠

读书百遍，其义自见。熟读课文，在语文教学中是非常重要的。教书多年，作为一名语文老师，如何让学生充分熟读课文一直困惑着我。听低年级语文课时，孩子们积极参与并且读书声音洪亮，课堂气氛活跃。然而到了高年级，我发现孩子们普遍读书声音小了，不爱发言的人也越来越多，甚至在讲课时有个别后进生课文还没有读熟，常常是课堂气氛沉闷、教学目标完成不够顺畅。日常教学中，我们总是留下家庭作业，要求学生预习课文：读准字音、读通句子、读顺课文和画出不理解的词语和问题，等等。有时候还要求学生读、课文家长签字。但是，有的学生没读，家长为了应付拗不过的孩子也给签字；有的家长根本没时间听孩子读书，匆忙签字。这导致上课时，很多学生读课文磕磕绊绊，影响课堂实效。一直以来，为了能让学生课前熟读课文，我不断探索方式方法：课前范读，晨读时领读，课余时间组内互读。这些方法起到了一定作用，但我对实际效果并不是非常满意，直到我利用微信群这个平台发布任务，才彻底实现了学生课前熟读课文这个目标。

一、案例描述

《开国大典》是六年级上学期的第一课，课文记叙了1949年10月1日首都北京举行开国大典的盛况，表达了中国人民对新中国诞生的无比自豪、激动的心情，展现了中华人民共和国的缔造者们，特别是毛泽东主席的领袖风采。课文比较长，学习课文之前，我布置家庭预习作业：熟读课文，家长签字。我以为这是开学的第一篇课文，学生们一定有个新鲜劲会把课文读熟。当我满怀信心地开始讲课、全班齐读课题后，我问课题的哪个字是题眼？学生们不约而同地说是"大"。接着我出示PPT：默读课文，找出可以体现"大"的相关的语句，谈谈你的体会。这时教室里举手的人寥寥无几了。我请学生举手读课文后回答问题，却发现学生们朗读时存在加字、少字、读错字、读破词、不流利等现象。虽然家长签了读书的字，可是学生们课文读得很糟糕。这篇课文要通过朗读体现新中国成立时广大人民群众兴奋、激动、自豪的感情。磕磕绊绊、结结巴巴的课堂读书，是无论如何也体现不出人们当时的感情的。无奈之下，我只好停下讲课，给孩子们时间熟读课文，纠正错音，指导朗读。回到办公室后，我抱怨孩子们的预习读书情况。有的老师也帮腔道："不是你一个班，每班都这样。家长签字也流于形式，好像这孩子读课文就是咱们老师的事！"我一边说着话一边打开手机，一条微信语音消息映入我的眼帘。一个念头从我的脑海中闪过——让学生们以发微信语音消息的形式完成读书作业，我不就能检查他们的作业完成情况了吗？对，就这样，班级微信群中，孩子们的家长都在呢。

为了迅速实践我的"奇思妙想"，下午放学时我留作业：《开国大典》，①写词语，②熟读课文并上传班级微信群。并且说，我挨个听你们的读书情况，只要认真读，读得熟练、流利，老师给你们点赞，家长也可以参与。对于这种新颖的作业形式，学生们十分好奇，而且热情很高。

晚上下班我刚到家，手机里的班级微信群便不停地弹出消息。因为新鲜，所以孩子们很积极。我一边做饭一边听着孩子们的语音，尽管课上给了时间读书，还指名逐段读了，个别学生还是存在着加字、少字、读错字、读破词、不流利的现象。我根据语音情况评价指导，读得流畅的、有进步的点赞、献花，读错字、读破词的做记录，也有家长参与进来鼓励。第二天，对于学生们读课文的情况又及时评价反馈，表现出来的共性问题及时纠正。我暗地里询问几个平时读书很差的孩子，是读了几遍才上传的，有的说是两遍，有的说是三遍，个别学生说读了五六遍。在熟读课文的基础上，我还是从《开国大典》课题中的"大"字入手，这次课堂气氛立刻活跃了，从会场的布置到参加人数之多，从群众队伍入场的壮观到阅兵式人民军队整齐雄壮，再到游行队伍宏大的气势、壮观的场面，孩子们读得流利、有感情，体会深刻。这节课充分体现了学生的主体地位。

第二课《枣核》，我布置家庭预习作业：①写生字一遍，理解词语；②读书上传，对课文简单批注理解；③每个人要听全小组人的语音。吃完晚饭后，我细心地听着每一个学生的语音，认真地记录学生们的问题。第二天，学生们到校就相互纠正语音里听到的错误。语文课上，我不但完成了既定教学任务，还纠正了学生们语音里的错误，我觉得收获很大。于是，学新课之前读书上传，成了我的常规作业。有时小组听、查错、互评；有时男同学读，女同学听、查错、评价读书情况；有时前一天让朗读能力强的学生先读，起到引领作用，朗读弱的听后再读。

这样读了几篇课文后。我明显感觉到学生们的读书能力普遍提高了。后来，我就不用再听全部了，偶尔听听也是为了了解情况。学生们互听中就发现了问题，而且问题也越来越少。在熟读课文的基础上，学生学习课文轻松了，思维活跃了，课堂发言积极了，理解课文的困难就变小了。为了激发学生们的学习兴趣，我还创造性地开展了"朗读之星""最佳听众评价之星"活动。学生们学会读书，愿意读书，也在评价中提高了读书能力。一学期下来，学生的读书兴趣提高了，学习成绩也明显提高了。学期末参与区里语文抽测，在选择读音方面，全班竟然没有失分，我想这不能不归功于这一读课文方式。

二、反思与分析

第一，利用微信这一平台促使学生熟读课文，方便老师课前了解学生朗读的情况，以及学生读课文时出现的问题，有利于在课堂教学时及时纠正学生的错误读法。

第二，弥补了以往家长签字流于形式的不足，还便于家长了解自己孩子的读书情况。对朗读能力强的学生是展示、是鼓励，对那些读书能力较差的学生是学习的机会，更是强有力的督促。这真是一举多得的好方法。

小孩子都愿意展示自己，这种方式给他们开辟了新的平台。当我一次次夸赞：你的声音真美、你的声音像播音员、你的朗读进步真大、你读得真好时，学生怎能不喜悦、满足呢？我想这也会促使他们下一次朗读时更努力。

第三，通过检查学生们的语音作业，使我更加直观地认识到，每个学生的学习能力是有差异的。课本上的生字表仅仅是教学既定内容，好的学生也许早就学会了，而差的学生则会有比生字表上更多的生字需要认识。因此，我要有针对性地教学，以帮助学困生提高学习能力、朗读能力。

第四，熟读课文也是学生个性的展示。在熟读课文的过程中，学生的语感上升到一个新的层次。熟读课文后，不同的学生会有不同的理解。同一个句子，有的学生读得慷慨激昂，有的学生读得深沉厚重。这样一来，即使学生不在课堂上说出自己的与众不同的想法，在写作时也会创新思维，而这正是熟读课文的魅力所在。

借助微信，解除了我的困惑——促使学生熟读课文。

当"稀客"撞击课堂时

苏德娟

学校正常的上课时间历经春夏秋冬，随着万物复苏，伴着气候的变化，老师和学生都会有丰富的经历，产生不同的情感。

记得夏天的一个下午，刚上课没几分钟，天一下子忽然黑了。接着下起大雨，噼里啪啦的雨点还打进教室里来。坐在窗边的学生纷纷起身关窗，移动桌子，擦书本上的水，教室里一下子乱了起来。其他学生也无心上课，有的赏雨，有的围观那几个忙乱的学生。我一看，课实在是无法继续了，干脆让学生们赏雨吧。几十个学生把脑袋贴在窗户玻璃上，尽情地观察着这场阵雨，一边看一边叽叽喳喳地议论。

暴雨来得急去得快，没几分钟就停了。

我故作委屈地说："看够啦？你们霸占着有利地形，老师都没看到呢。谁来给我讲讲雨，让我也享受一下。"

孩子们助人为乐的热情永远那么高涨，他们争先恐后地举手发言。

我先引导学生谈一谈，在阵雨来临前后的所见、所闻、所感，以及同学们的反应。（记录真实的情况）

随后展开想象：老天爷这是怎么了？谁招惹它了？（进行童话式想象）

结合自身回忆：你遇到什么事的时候心情像刚才的天气？（失望、委屈、后悔等）具体到考试砸了；被父母、老师或好朋友误解；做错事以后担心惩罚的"暴风雨"……

于是那天的作业就临时变成：利用刚才的场景自命题完成一篇作文。

自然，不同水平的学生就选择了不同的内容去写。有的从环保角度去写老天爷在警告人类要注意大自然的保护；有的写被好朋友误解时心情像下雨；有的结合同学们观雨时的神情、语言、动作纪实性描写……看看学生们的大作，我忽地觉得：老天是如此眷顾我们，让我享受一场饕餮的作文盛宴。

王浩楠写道："我一看，啊，那三道题全错了，当时，我险些晕了过去，窗外的天虽然是蔚蓝蔚蓝的，身旁的同学们都兴高采烈地在玩耍嬉戏。但是对我来说这些好像都不存在似的，我的世界中似乎只有阴沉阴沉的天空，还下着失望的雨。"

记得大马蜂光顾过两次教室：第一次时，我静静地站在讲台上微笑着看着他们，随时控制局面，防止行为过激。他们看到我的微笑，胆子就大了起来，肆无忌惮地与大马蜂追逐、厮杀。

上课后，我给了学生充足说的时间，由于是刚发生的事，学生记忆犹新，说得很激动，很充分。我又引导学生说说当时是怎样的心情。看到老师想什么了？女生和男生有什么不同的想法？互相怎么看？于是具有代表性的文章诞生了。

韩宇辰写道："班里像一锅沸腾的开水，同学们有的尖叫，有的欢呼，还有的又蹦又跳……而马蜂呢，听到了大家的叫声，好像更加激动。它飞得更高了，最后居然落在电灯上，丝毫没有走的意思。看见了女生就飞下去吓唬，几个女生叫作一团，马蜂似乎很得意，飞得更低、更疯狂了。只见一男生逮找机会，一抡抹布把马蜂打了个头朝下，看着马蜂翻躺地下，胡乱蹬着腿，早没了刚刚的威风，大家都笑翻了天。"学生传神地写出女生叫、男生疯，那近乎狂欢的情景。

没想到，没过多久，这位"稀客"的同族——大马蜂再次光顾我们的教室。如果再写片段就没意思了，看学生又要激动，我忙趁着马蜂飞到窗边的一瞬间打开窗户，没想到马蜂"听话"地飞了出去。"哇。"学生们惊呼。我得意地说："这就叫——老将出马，一个顶俩。"

看马蜂这么快就出去了，有一部分学生好像很失望，无精打采地趴在课桌上，这状态怎么能上好课？于是，我故作神秘地告诉他们："有一个大作家，也和马蜂发生了很精彩的故事，他用生动形象的语言，引人入胜的笔调，跌宕起伏的情感变化，为我们描述了儿时的一段难忘的回忆。下节课我们就学习《捅马蜂窝》（冯骥才）好不好？"（义务教育版第八册语文书中正好有这课，真可谓无巧不成书）

那节课虽是临时决定要讲的，学生也没提前预习，但课间几乎所有学生都在读课文预习！课，上得痛快，学得有激情。

反思和分析：

一、抓住"意外"情境，服务课堂教学

巧妙利用课堂上的意外，学生会给我们一个惊喜。这需要老师要有舍得精神，如果思想上存在怕完不成教学任务的负担，想控制学生的思想，有时就会适得其反。有舍才能有得。这就是语文老师的优势。

二、不吝啬赞美之词，调动写作潜能

我常常用"青出于蓝而胜于蓝"来夸学生，他们听了美滋滋的，就更加喜欢写东西让我看了。

对于出色的作文，我毫不吝惜夸奖，"哇，精品""你的文章带给我美的享受"……学生听了喜出望外，写作热情愈发高涨。

他们在不知不觉中得到教育，这不正是我们课堂追求的目标吗？

百变"学"不停　习作"定"能行

——《春天来了》习作教学案例

徐　焱

"微雨众卉新，一雷惊蛰始。"现在正值万物生长的美好春光，更是齐心抗疫的关键时期。作为一线语文教师，我积极响应国家"停课不停学"的号召，采用录课、希望谷平台、分组教学评价、音频、腾讯会议等多种教学方式进行授课，为疫情防控期间的"停课不停学"贡献自己的力量，守护学生的特别生长时刻。习作是源于生活而又高于生活的，生活是写作的源泉。《新课程标准》明确指出："小学生习作就是练习把自己看到的、听到的、想到的内容或亲身经历的事情，用恰当的语言文字表达出来。"在足不出户的居家学习期间，我引导学生通过多种途径进行习作练习。以《春天来了》习作为例，我设计了一个赏春、赞春、写春的习作环节。在线上教学过程中，我转变教学方式，智慧地运用多种信息技术，唤起学生的习作热情。

一、凭"新"助教学

在开启本次习作之前，有同学疑惑道："虽然春天如期而至，但是我足不出户，怎么感知、书写春天呢？"

此时，我以喜马拉雅音频形式在班级群中推送描写春天习作的小技巧，并且录制了《如何写好写景习作》的微课，在希望谷平台与学生们交流。在希望谷公告中，能及时地关注学生的签到率、参与率，适时互动，做好课后数据分析，尤其关注学困生。

 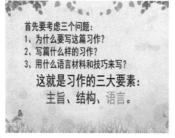

在学生们迫不及待地发言之际，我使用希望谷公告中的"回执"功能，请同学们留言，一同分享，互相评价、点赞。并适时使用微信群功能，请同学们诵读自己眼中的春天，展开一场有趣的视频秀。通过延学组里推荐，评比出"最有感而发奖""最有感情朗诵奖"等，配合使用希望谷平台，加分，开学兑换奖品。

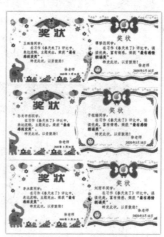

此外，在班级微信公众号"水娃之声"上发表学生们的习作，极大地提高了学生书写习作的积极性与主动性。

整个授课过程结合了翻转课堂与线上教学模式，学生相对自由，激发了写作积极性和创新性。通过学生提出疑问—老师在线答疑—学生自评反馈的过程，学生们懂得了如何写好习作，老师也能够及时地了解学情，促进了习作教学的

有效开展。

二、用"辛"备课堂

"江南无所有,聊赠一枝春。"线上授课,更需要教师精选讲授内容、集中关注训练点、提炼成学生易于接受的教学过程。

在赏春环节,我注重引导学生回忆春天景色的特点,先用自主查阅有关春天的诗句、知识、传说等形式打开思路。他们通过阅读书籍、朗诵美文、书法绘画、歌曲分享等形式,线上分享春天在他们脑海中的第一印象。

进入赞春环节后,让学生利用网络查找身边的春日美景,在经典书籍中体验春天景色的美,培养他们的观察能力和领悟能力,让学生练笔写片段,从中学会独立表达,写出发自内心的话语,再在微信群中集体评议,在交流中,找到别人的优点与自己的不足,并能学会取长补短。

最后,在写春环节,我引导学生把看到的、想到的和自己的感受结合起来表述,来描写春天。春天是四季之首,春暖花开、草长莺飞,春天可以引发我

们联想到：充满生机与活力，是生命的象征；拥有美好的前景，是青春与希望的象征；拥有温暖的阳光，是关爱的象征；拥有绵绵的春雨，是思念的象征。本次习作中可以描写春景，可以描述春天的故事，可以抒发对春天的感想，还可以结合这段时间的新冠疫情来谈一谈。学生们经历了这样完整的学习过程，在欣赏中深入理解、感悟春天的含义，在书写中表述对春天的赞颂。

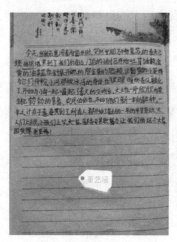

三、案例反思

疫情来袭，我们需要一份守望、一份察觉、一份理智：坚定必胜信心，做好防护，坚持学习，积极生活。线上教学，我由教师转变为主播，其实传授知识的角色没有变，钻研的态度没有变，心念学生的情感没有变。无论身处何处，我的职业自豪感源于每一堂精彩的课，在这场突如其来的教学方式变革中，因着教育，学生和我都成就了更好的自己。

"上下同欲者胜，风雨同舟者兴。"让我们共同战"疫"，期盼花枝春来！

阅读教学中培养小学低年级学生的表达能力
——以《青蛙写诗》为例

曹海红

低年级是学习规范化语言的开始，语文教师应该尽快培养学生敢于发言、敢于发表自己意见和看法的能力，提高其表达能力。多数低年级学生不善于表达，尤其是一年级学生，他们普遍胆子小、声音轻、怕说错话。他们经常有很多想法，但表达时容易说话不连贯，不具体或不能完整地表达自己的意思，有时候他们一紧张甚至连一个字都说不出来。因此，我在日常教学中，不仅培养学生的学习习惯，还重点培养学生的语言表达能力。除了识字教学和口语交际等手段，阅读教学同样是培养学生语言表达能力的良好途径。

一、在提问中渗透语言表达的训练

对于一年级的孩子来说，阅读教学最重要的不是他们对文本内容有多么深刻的理解，而是他们通过学习课文来提高运用语言的能力，我在阅读教学中经常渗透语言表达的训练，比如，我经常会提问类似你有什么感受、你有什么疑问、你想到了什么、你明白了什么之类的问题。通过点名说，同桌互说等方式，不但可以提高他们的表达能力，同时还有利于学生发散思维的培养。

二、在发挥想象中激发学生的表达欲望

接下来，结合《青蛙写诗》一课，谈谈我是如何在阅读教学中，激发学生们的想象力、培养学生们的表达能力的。

《青蛙写诗》轻快、活泼、极富情趣、朗朗上口。作家极富想象力地将池塘中的蝌蚪、水泡泡、水珠拟人化，巧妙地将逗号、句号、省略号嵌入课文，从而组合成一首语言优美、富于情趣的小诗。

《义务教育语文课程标准》对低年级阅读教学提出要求："诵读儿歌、儿童诗和浅近的古诗，要展开想象，获得初步的情感体验，感受语言的优美。"《青蛙写诗》富于想象，无论是将三种事物拟人化，还是青蛙最后写的诗，都能充分激发学生的想象。学生借助具体事物，认识、了解并尝试运用标点符号写作是本节课的教学目标。我希望通过本课的教学，帮助学生更好地表达自己的情感。

对于刚入学的一年级孩子来说，将具体的事物和抽象的标点建立起联系是非常困难的，何况还要让他们尝试着运用标点。因此我打算由易到难，由浅入深，先让孩子对具体事物有一个直观的了解，再学习抽象的标点，最后用表达的方式检查学习效果。

在之前的朗读中，学生们知道小蝌蚪、水泡泡和一串水珠来帮助青蛙写诗了。我出示小蝌蚪的图片，让学生观察，引导学生说出小蝌蚪的特点。学生很容易就说出小蝌蚪的头圆圆的、尾巴又细又长。考虑到爱动是孩子的天性，我请一个孩子拿出水泡泡图片，其他孩子的目光一下子就被吸引过来，孩子们专注了、课堂也活跃了起来。他们积极思考水泡泡的特点，表达的欲望更强烈了。他们争先恐后地说，水泡泡很圆、水泡泡是透明的，等等。我引导学生发现，水泡泡是空心的，并把水泡泡的图片贴在黑板上，之后让学生动手贴水珠，学生贴了一串水珠。现在孩子们知道了标点符号的特点，能一下子说出小蝌蚪能当逗号、水泡泡能当句号、一串水珠能当省略号。

我提出问题：为什么小蝌蚪能当逗号？水泡泡能当句号？一串水珠能当省略号？学生们纷纷说，它们的样子很像，也对应地贴出逗号、句号和省略号。到此，我运用图片，引导学生结合课文内容，借助具体事物，认识了标点。学生在想象与表达中，能将具体的事物与抽象的标点建立起联系。现在学生的想象和思维空间已被打开，我为了进一步培养学生的表达能力，就让学生思考：为什么它们要来帮忙？学生们说："逗号代表一句话没有说完，句号代表一句话说完了。"

听了学生们的发言，我感到特别欣喜。他们不仅知道逗号、句号的写法及它们是怎样帮助青蛙忙的，还能用语言清晰地表达出自己的想法。

三、在合作学习中提高学生的表达能力

在本课中，我给学生们准备了逗号和句号的卡片，让同桌互相拼一拼、读一读，再讲一讲为什么这样摆。这样不但使学生巩固了逗号和句号的用法，还培养了学生与人沟通表达的能力。在摆的过程中，我发现有个学生把句号当成的省略号，我赶紧让他观察黑板上的图片，他发现了水珠是实心的，还发现省略号是六个实心点。通过生生交流，师生交流，学生内心的想法得以表达。

四、在拓展练习中巩固学生的表达能力

《青蛙写诗》一课，最后一处是可以拓展学习空间的内容。我让学生们充分想象，体会青蛙的想法，并帮助小青蛙表达出来。我创设了"青蛙大作已完成，还要请你猜"的情境。学生们乐于想象的天性和表达的欲望又一次被激发出来

了。有的学生说："呱呱呱，我饿啦！"有的同学说："呱呱呱，雨点落在池塘里多美啊！"还有的同学说："呱呱呱，谢谢你，小标点，来帮我的忙。"

在这一环节中，学生们通过给小青蛙当小翻译，丰富了想象力，拓展了思维空间，并发展了语言能力。在理解标点作用的同时，学生们认识到逗号、句号也适用于口语表达，适当的停顿能让别人听明白。

总之，在《青蛙写诗》整节课的学习中，学生们不但认识并尝试使用了逗号、句号，还能在阅读课文时，更勇敢、更清晰、更完整地表达自己的想法。

运用"换位思考"引导学生正确认识自身问题

赵雨新

由于当今社会发展迅速，家长们工作越来越忙，家庭教育就成了容易被忽视的一环节，导致一些孩子在性格和心理上存在着诸多问题。个别学生自私霸道、不会与他人沟通、不知道如何与人相处，在学校集体生活中出现了阻碍。运用换位思考，能够引导学生正确认识自身的问题、适应集体生活、学会与他人和睦相处，能够帮助学生在校园里快乐地学习、健康地成长！

一、案例描述

一年级开学时，我们班有一个小男孩名叫徐树宝。他活泼开朗、调皮好动、帅气可爱。可是经过一段时间相处后，班里的同学都不喜欢和他一起玩了，没有人愿意和他做朋友，就连和他邻桌的小朋友都向我反映不想和他的座位离得太近。随着同学们反映的情况越来越多，我也悄悄地把目光聚焦在徐树宝的身上，他的问题慢慢浮现出来。

首先，他反映出自私又霸道。每次上实践活动课时，小组合作做实验都得听他的，操作起来也是他亲手上阵，不允许其他同学插手，组员们只有在一旁干看着的份儿。而且每次实验结束后，实验器材都归他，从来没有分给其他同学过，组员们不同意，他就硬抢，搞得同学们都不愿意和他一组上课。

其次，他不会与他人相处。课间休息时，同学们聚在一起做游戏，他不问青红皂白，也不事先得到别人的许可，上去就推人打人，想立即加入游戏当中，结果总是适得其反，同学们都不带他玩。有时候为了引起同学的注意，他还向同学脸上吐口水。老师问他为什么，他理直气壮地说想和同学一起玩。徐树宝这样的相处方法，导致了同学们对他退避三舍。

第三，他不会和他人沟通交流，没有形成正确的是非观。每次和同学发生矛盾，他总是强调别人什么地方做得不对，从来不反思自己出了什么问题，也不承认自己犯的错误。比如，同学们有了新玩具，他很喜欢，就非要拿过来玩一玩，人家不给，他就批评人家小气；更有甚时，他还会强迫人家送给他。他忘带了学习用具，需要向同学借用，借不成就抢，还强词夺理地说："同学之间就应该相互帮助！"

徐树宝的种种劣行数不胜数，导致班里的同学们怨声载道，都离他远远的。

二、案例分析

经过分析，我觉得徐树宝患的是严重的"独生子女病"。我联系他的父母了解情况，把孩子在学校的表现和父母做了沟通。他父母得知后大吃一惊，没想到自己的儿子成了班里的小霸王。反思这种情况，他们知道是家庭教育出了问题。平时孩子在家为所欲为，全家人对他有求必应。每次出现问题都有爷爷奶奶庇护，总是护着这个宝贝疙瘩，指责别人的不是，导致这个孩子形成了错误的是非观念。即使他和小伙伴发生矛盾，出现了问题，家长也只是浮于表面地批评一下，告诉他这是不对的，从来没有多花些时间和孩子好好聊聊心事、讲讲道理，没有教会孩子如何与他人沟通交流，如何与他人和睦相处。针对这种情况，我和家长协商，征得他们的支持与配合，决定采用"换位思考"的方法来引导孩子深入思考、发现问题、改正错误。争取通过家校共同合作，帮助孩子改掉身上的坏毛病。

所谓换位思考，是指设身处地为他人着想，即想人所想、理解至上的一种处理人际关系的思考方式。在徐树宝的问题上，我和家长都努力尝试，一旦出现情况，就引导他站在别人的立场上、从另外一个角度去思考问题，这样能让他设身处地地理解他人的想法和感受，从而正确地面对自身的问题。

在后来很长的一段时间里，每当徐树宝在学校和同学发生矛盾，我都会这样去引导他。第一步：我要求他先把别人的问题放在一边，暂不去争辩他人的对错，而是先把事情追根究源地说清楚；第二步：想一想别人做错事之前，你是怎么做的？第三步：面对你的所作所为，假如你是那位同学，你会怎么办？你能接受自己的行为吗？第四步：如果时间倒退，事情重新来过，你会和同学怎么说、怎么做？如何能够处理得更好？

一个学期慢慢过去了，经过老师和家长的帮助，徐树宝有了很大的进步。虽然还是会和同学发生矛盾，但是次数明显减少了。即使有了问题，他现在也能做到自我反省、自我批评，积极正确地面对问题，改正错误。

记得在一次活动课上，我看见他在和同学争抢一卷双面胶，你争我夺地互不相让。于是我悄悄地把徐树宝叫了过来，轻声问他："怎么了？哪儿又出了问题？"徐树宝看着我，想了想对我说："老师，是我错了！我想和同学借双面胶用一下，结果他们没有用完，我就急着拿走，态度还很不客气。结果那个同学就不借给我了，如果我是他，我也不会借给这样不讲道理的人的，我这就去向他们道歉。"听了他说的话，我明白了事情的经过，于是我接着问他："光道歉是不行的，那个双面胶还用不用了？你想怎么跟人家说？"徐树宝想了一会儿，对我说："老师您放心吧！我先去道歉，刚才是我做得不对。我再问问他们，能不能等他们先用完了，再借给我用一用。"听了徐树宝的话，我鼓励他说："去吧，老师相信同学们肯定会原谅你的，你也会借到双面胶的，不行的话就去找别的同学试一试，这次一定要好好和同学说啊！"徐树宝笑了笑回到教室。

我觉得"换位思考"已经在这个孩子身上产生了效果，希望今后他能够和同学和睦相处，在校园里快乐地学习、健康地成长。让老师、同学和家长都忘掉以前那个"小霸王"吧，伸出双手来迎接一个崭新的徐树宝！

魅力课堂因评价而精彩

周景月

新理念下的小学语文课堂教学评价方式，既有教师对学生的评价，也有学生对教师的评价、学生之间的互相评价和学生的自我评价。具体到课堂教学的细节中，既有针对学习内容的评价，也有针对学习习惯、学习方法、情感态度和合作学习等方面的评价。在课堂评价中，要注重每个学生的独特感受，以激励为主，敏锐地捕捉其中的闪光点，并及时给予肯定和表扬，通过每一个教学环节的细微之处让学生感受到教师和同伴心诚意切、实事求是的评价，激励学生积极思维，营造一种热烈而又轻松和谐的学习氛围，从而使课堂评价有效地促进学生的发展。

《义务教育语文课程标准》指出：实施评价，应注意教师的评价、学生的自我评价与学生间互相评价相结合。在新理念的指导下，新的课堂评价方式日趋丰富起来，能针对学生学习的具体状况全方位地做出评价，及时调动起学生学习的积极性。下面结合我在语文课堂教学中的实际来谈一谈自己在评价方式方面的探索与体会。

一、教师对学生的评价

教学《老树的故事》一课，因为不少字都是以前生活中常见的，学生听读、自读之后，我就说："有的同学已经认识了本课的生字，能不能当小老师教教大家？"大部分学生跃跃欲试。有位同学在教大家"礼服"两个字时，边比划边说："大家看嘛，礼这半边把'电视'的'视'那一半换成这样，好像一个人在行礼呢。服是月字旁跟人的身体有关系，这半边（指着右边）就像衣服挂在挂钩上。"真是匪夷所思！我马上表扬他："你的想象力真丰富啊！这样的好方法，老师还没想到呢！"其他孩子听了也都笑了，接下来跟小老师起劲地读着，远比教师领读时认真多了。在小老师的启发下，各种各样的识字方法也随之蜂拥而出，花样繁多，形式新颖活泼，充满童趣，学生的识字兴趣大增。学生学习的空间更加广阔了，学生的主体地位也随之得到体现，学生真正把自己当成了学习的主人。

我引导学生有感情朗读课文后，给予了一个小女孩这样的评价："你读得好极了！真的把老树当成了自己的朋友，那样关心它的生活。你的声音真响亮，看，树上的小鸟喳喳叫着，多开心啊！"有了教师的引导和激励，学生朗读的积极性大增，每个同学都绘声绘色地读着，比着，看看谁最关心老树。

教学《燕子妈妈笑了》一课，在识字方法的交流中，有个孩子说："把'借'的单人旁换成金字旁，就成了'错'，错误的错。"我评价说："你用换偏旁的方法记住了这个字，这真是一个记字的好方法。"有的孩子说："菜园是方的，所以'园'这个字用大口框围起来。"我又马上评价说："你也是个有心人，能联系生活实际记生字，小朋友们都佩服你。"这样在对学生的学习方法的评价中也渗透了对学法的指导。

教师不一定样样先于学生，学生在许多方面可能已经超过了老师。赞赏是一种由衷的、真情的表扬。在语文课堂中许多教师碍于脸面，吝惜赞扬之词，即使学生回答得完全正确，也只是用"说得还是不错的""对"等话语稍做肯定。须知，学生与教师原有的知识基础差异较大，在小学阶段更是如此。所以，对待学生到位的回答、精彩的朗读、独到的想法，教师应该及时加以赞扬，这对学生来说可能是一次终生难忘的鼓励。

二、学生之间的互相评价

教学《老树的故事》一课，学生分别展示自己朗读的成果时，我指导学生也像老师刚才那样评一评同学读书的情况。经过一番指导，学生也不再用模糊性的语言"很好、不太好，声音有点低"等对同学进行概括性评价了，变得具体、贴切起来。有的同学说："王嘉琪同学，你读得不错，真像和老树在说悄悄话呀！穆献文，你就差一点，你和老树感情不够深，声音有点哑。"慢慢地，我觉得学生由拿着放大镜给同学找缺点逐步地向客观的评价甚至是欣赏同学方面努力了。

学生互评在课堂教学中运用非常频繁，小学生喜欢模仿老师去评价别人，而这种互评的方式有利于学生互相学习优点，改正不足，也可以锻炼自己的判断是非能力和口语表达能力，不断地发展和完善自己。学生的评价语言要适当、合理、明确、有针对性，而不要过于系统。在这一点上，需要教师耐心指导，逐步培养学生的是非判断能力和评价水平，而不能急于求成，要求学生一步到位。还应该注意的是，学生评价时不是面对着老师，而是应对着被评价的同学，用第二人称"你"而不用"他（她）"，因为学生彼此之间是平等的、互动的主体，而不能把同学作为学习的第三者（旁观者），只对着教师谈自己的感受。被评的同学在评价之后也有所表示（道谢或坚持自己的看法），教师再从孩子的参与度给孩子一个评价（先肯定，再提不足，有建议更好）。这样的评价才真正体现出学生是学习的主体，关注了每个孩子的个体差异，爱护了每个孩子的好奇心、求知欲，符合新课标积极提倡的评价理念。

三、学生对教师的评价

教学《老树的故事》一课，教师读课文前。我用征求的目光看向全班同学，诚恳地说："老师要读课文了，你们对老师有什么建议和要求吗？"孩子们稍加思索，大胆地说道："我希望老师的声音要洪亮。老师读的时候要有感情……"我读完后，学生纷纷举起了小手说："老师读得很好，很有感情。老师的声音有的地方不够洪亮，这些身穿礼服的音乐家，是从哪儿来的？我就没有听清楚。"我对学生点点头，微笑着说："谢谢同学们，我再读的时候一定注意。"接着，我又充满感情地读了一遍，学生高兴极了，他们有的露出会心的笑容，有的竖起大拇指！因为老师真的听取了他们的意见和建议，和他一起读书、一起学习了。

平等是增进情感、融洽关系的柔和剂。小学生渴望同学之间的平等，也希望师生之间的平等。老师与学生互换角色，教师处在学生的地位上听学生评价，学生在欣喜、受宠若惊之余，更多的是快乐。他们一定会抓住机会，好好地表现一番。

四、学生的自我评价

学生小组合作观察茄子和西红柿的异同，分工合作完成观察记录。在活动中，我发现了一个小组活动开展得特别顺利，观察记录很快就完成了。我就请这个小组的组长向大家介绍一下经验。他想了一想，说："我们小组，有的负责说，有的负责写，还有的专门帮助查字典，分工合作，很快完成了任务。我们都觉得这样的方法特别好。"另一个组员补充道："你看我们组的同学，现在都在欣赏我们共同劳动的成果，我们很高兴！可是其他小组的同学每次都自己顾自己，谁也不听谁的，这样根本就合作不好。"听了他们对自己学习情况的评价，我及时地给予了鼓励，并号召其他组的同学向他们学习。

学会自评有利于学生对自己形成一个正确的认识，这也是最难以培养的一种能力。正所谓："当局者迷，旁观者清。"在教学中，学生在朗读、讲故事、做小老师和合作学习等过程中，教师要引导他们对自己的表现做出判断，逐步由概括性评价向具体、客观的评价发展，提高学生的自我监控能力。平时鼓励学生多做自我反思，自我比较，找出自己的进步和不足。

在课堂教学中，不管采用哪种评价方式，不管是针对学习内容的评价，还是针对学习习惯、学习方法、情感态度和合作学习等方面的评价，都要注重每个学生的感受，以激励为主，敏锐地捕捉其中的闪光点，并及时给予肯定和表扬，每一次评价都要让学生感受到教师和同伴心诚意切、实事求是的评价，激励学生积极思维，营造一种热烈而又轻松和谐的学习氛围，把学生引导到评价中去，调动所有的学生关注评价、参与评价，使学生在评价中交流，在交流中学习，从而运用巧妙的评价使语文课堂插上腾飞的翅膀！

浅谈小学语文信息化教学

朱 艳

随着现代信息技术的飞速发展，一场全球性的教育革命，正在教育的各个领域全方位迅猛地展开。"网络""上网"正成为流行话题，影响到生活的方方面面。我们的生活因此而改变，并越来越精彩。

的确，网络给我们提供了数也数不清的便利。网络的发展与普及，使人类步入了信息时代。这一代青少年学生亲身经历，并将直接参与这场人类学习方式的伟大历史性变革。以多媒体和网络为核心的现代信息技术与阅读教学整合，在当前语文教学中应用最为广泛，取得的教学成效也最为显著。各地探索出了许多阅读整合模式，如"主题探索式阅读模式""支架法教学模式""互动拓展阅读模式"等。这些模式依托多媒体、网络为教学提供了丰富的资源，学生们主动获取信息、筛选信息，从而提高了信息加工、应用能力，以及表达能力。

实践表明，这些手段是行之有效的。现代信息技术为语文教学搭建了两个平台：多媒体运作平台、网络信息的平台。语文教师不仅仅要善于制作多媒体课件，还要利用多媒体技术改变传统语文教学中的弊病。

课堂教学模式再也不能局限于教师的讲解，而要倡导学生与教师、学生与学生之间的交互式活动，诸如资料查寻、问题讨论、课题研究、论文答辩，等等，构建学生自主、合作、探究式的学习模式。语文学习的价值不仅是知识与文化的传承，还要体现出学生在学习过程中的创新与分享。

一、利用信息技术，创设乐学氛围

苏联心理学家赞可夫主张在教学过程中，要充分调动学生的学习积极性，重视学生的"情绪生活"，设法营造出愉快、生动、活泼的学习气氛。语文教学要激发学生的学习兴趣，就必须创设教学情境，营造良好的教学气氛，在教学中化难为易、化抽象为具体。信息技术媒体集声、色、画、乐于一体，十分有利于创设特定的情境。因而，利用信息技术媒体的有利条件开展语文教学，便能创设一种轻松而活泼的教学氛围，使学生"爱学""乐学"，有效地提高了学生的学习效率。

一支粉笔、一块黑板、一本教本——这是对以前许多小学上课模式的生动写照。然而，随着知识经济时代的到来，这种传统的教学模式也随之被打破，课堂教学不再以课本、老师为中心，教与学的外延不断扩大、加深，学科与学科之间的整合、教学方式的革新使得如今的课堂教学异彩纷呈，灵动而富有生气，变过去单向传递为多向传递。这为语文教学改革，同时也为学生学习结构的深刻变化，提供了一个广阔平台。

1.课前激趣

好的开始对于一堂课成功与否具有非常重要的作用。正所谓："好之者不如乐之者。"若能在课堂教学伊始便充分调动起学生的学习兴趣，这堂课便有了一个良好的开端。教学时，我们可以利用多媒体课件创设情境，导入新课。

如《小镇的早晨》一文，文字优美、格调清新，通过生动优美的句子，给我们展现出一幅江南水乡美丽的晨景图。教学前，我以视频的形式向学生出示江南水乡的画面，配以课文录音，柔美的画面与课文朗读的同步效果，把学生带入了"迷人的旅行"中，极大地诱发了学生的学习兴趣。这时，我问学生："刚才小镇的晨景给你留下怎样的印象？"学生活跃起来，抢着说出自己的感觉："太美了！""美得让我陶醉了。"学生的心中深深地印下了水乡的晨景烙印，为接下来的课堂学习打下良好的基础。

2.学中持趣

传统语文教学局限性较强，课堂教学以"教"为主。实施素质教育则要求我们要变教师的"教为主"为学生的"学为主"，要充分体现学生的主体地位，让学生在课堂上真正充分地动脑、动口、动手，主动快乐地学习。将信息技术引入语文课堂教学后，学生通过电脑手段，观其境、闻其声、触景生情，充分调动了积极性、主动性，轻松愉快地投入到语文学习活动中，无形之中促进了这一目标的实现。

3.课外延趣

《义务教育语文课程标准》中明确指出："构建灵活开放的语文教材体系，沟通课本内外、课堂内外、学校内外。"既要注重课堂教学，也不能忽视课外学习的作用，"乐学"应由课内延伸到课外。如在教学《昨天，这儿是一座村庄》后，我根据课文的内容，让学生上网查询资料，深化对"改革开放带来中国大地巨大变化"这一主题的认识。学生根据自己的兴趣在网上寻找相关的信息。有的学生找来了深圳改革开放前与改革开放后的对比照片；有的学生收集了改革开放后中国人生活上发生的各种变化的数据资料……孩子们将学习的乐趣延伸到课堂之外，在查阅资料的过程中，深化了对课文内容的理解、认识，又扩大了自身视野，真正做到了沟通课本内外、课堂内外、学校内外。

二、巧用信息技术，扩大课堂容量

特级教师洪宗礼老师说："四十五分钟的一堂课，时间是有限的；五十平方米的课堂，空间是有限的。教师，只要有广博的知识，有扎实的基本功，有高超的教学艺术，就可以在有限的时空里，发挥学生无限的思考力和创造力。"而如今这些想法都可以借助现代化的信息技术手段得以实现。信息技术的运用，将文字、图像、声音等信息有机地组合在了一起，丰富了传统的教学内容，使课堂信息容量、知识容量加大，且能通过各种媒介手段充分调动起学生的多种感官，加强学生对知识的理解、记忆，在愉快的气氛中轻松地完成教学任务。可以说，信息技术使教材"活"起来，真正让语文教学实现"小课本，大课堂"。那怎样发挥信息技术的优势，在有限的时空里，扩大语文课堂的容量呢。

1.补充资料，拓宽视野

网上丰富翔实的声像图文资料，是语文教学取之不竭的源泉。教学时，我们可以通过电脑课件引入一些补充材料，加大课堂的信息容量，拓宽学生的知识视野，提高学生探究问题，创造性解决问题的能力。如在学习《小镇的早晨》一课后，学生被江南水乡的美丽风光深深地吸引住了，恨不能亲自去游览一番。我见学生心神向往之，便适时从网上调出相关资料，做知识拓展。让学生一边欣赏苏杭等地的秀美景色边聆听《蝶恋花》《忆江南》等赞美江南的诗歌的朗诵，让学生对江南美景有更深入的了解，从而激发他们对祖国山山水水的热爱之情。

2.配合练习，读写结合

课堂上，我们可以针对教材的重点、难点、疑点进行听说读写的课堂练习，让学生加深对知识的理解。使用计算机制作课件，通过多媒体展示，能使学生很快进入学习状态，加快了课堂教学进程，增加了练习容量。同时，也能够因材施教，针对不同层次的学生选择不同难度的练习，使不同层次的学生都有自我表现的机会，从中体会到成功的喜悦。他们体会到学习兴趣，保持了良好的学习心态，有利于未来发展。

三、普用信息技术，发展学生能力

叶圣陶先生说："教师主要在于引导学生求得知识，也就是引导学生自己去发现问题，自己去解决问题。"利用信息技术进行语文教学能很好地实现这一点。在引导学生发现问题、解决问题的过程中，学生的能力也能逐渐提高。

1.发展学生自主学习的能力

自主学习，便是让学生自己去读，自己去理解。信息技术交互性强，方便为学生开辟自主学习的空间。学生可以在这样的交互环境中，按照自己的学习兴趣来选择学习的内容。如《雪地里的小画家》一课的拼音教学，我就利用多媒体课件让学生进入"拼音乐园"自主学习。屏幕上那美妙的画面、动听的声音深深地吸引了学生。他们不自觉地跟读、模仿，兴致勃勃地为生字编儿歌、扩词，在实践中扩大了他们的识字量，培养了了他们的自主学习能力，实现了课堂教学的有效性。

2.提高学生的审美能力

语文教材中佳作连篇，文质兼美的文章为我们描绘出了一个又一个优美的意境。而限于小学生的年龄心理特点，他们对语文教材的品读首先是感性而较表面的。教学中，我们有必要引导他们进一步体会教材的美。运用信息技术手段，可使文章所要表达的美更直观、形象，将教材所描绘的优美意境呈现于学生跟前，从而激起学生强烈的审美欲，提高他们审美能力。具体做法有两种。

一是将与教材有关的内容通过静态的或动态的画面展示给学生，引导学生感受文章的意境美。如对于没有见过草原的学生来说，《草原》一课所描绘的情景离他们太远太远了，他们无法在头脑里形成相关画面，无法激发美感并与作者产生情感上的共鸣。不如适时播放一段草原风景视频，让他们眼见为实，将无声的语言描写变成动态的美景，"一碧千里""翠色欲流"等词句一下子变得形象可感起来，学生深深地为大自然的美丽所折服。可见，信息技术手段的合理使用，把真切的画面展现在他们面前，可以使他们产生身临其境之感，激发了学生的审美情趣，在这过程中，学生的情感得到升华，认知更加真切从而培养了学生的理解能力及欣赏美、创造美的能力。

二是利用音乐，渲染气氛。音乐是有声的语言，它能给人带来美的享受。语文课上适当播放适合课文内容的乐曲，能把学生带入课文所描绘的情境中，调动其感觉、知觉，对课文中的优美语句悉心品味，悟出其美妙之外，从而达到提高审美素养的目的。《月光曲》是一篇经典作品。为了让学生悟出文中所描绘的那种随乐曲起伏而产生的不同意境美，我让学生闭目欣赏贝多芬的钢琴曲《月光曲》。随着音符的流动，我慢慢提示，"微波粼粼的海面上""穿过一缕缕轻纱似的微云""刮起了大风，卷起了巨浪"……在美妙的音乐中，学生很快便进入文章语言所描绘的意境之中。

3.培养学生的创新能力

培养学生的创新能力，是课程整合的目的之一。在语文教学活动中，根据学生特点，我们可以发挥信息技术的优势，创造宽松、和谐的学习氛围，让学生主动地建构知识，去提高创新能力及解决问题的能力。如在教学《草原》最后一句话"蒙汉情深何忍别，天涯碧草话斜阳"时，我配以音乐，播放了一些穿着蒙汉两族服装的人或抱或握手，流泪深情交谈的画面，学生一下子进入情境，沉浸在画面当中。见此情景，我鼓励他们展开想象："你能把这幅情景说得比作者还要好吗？"学生插上了想象的翅膀，思维更活跃了，课堂气氛达到了新的高潮。

语文教学是一门充满智慧的艺术。信息技术手段与语文教学的结合，则让这门艺术焕发出勃勃生机。它的运用，为语文教学增添了无穷魅力，真正优化了语文课堂教学，为提高教学效率提供了广阔的空间。简而言之，信息化教学与传统课堂教学相比有着更大的优越性。

第二节　数学篇

"0"的再认识

张俊兰

几年前的一个教学小插曲一直让我记忆犹新。那是一次课的引入阶段，我在黑板上写了几个数字：4、3、2、1、0。我问学生们："一共有几个数字？"学生们说："一共有5个数字。"却有一个学生大声反驳："只有4个数字。"理由阐述很充分，因为0表示什么都没有的意思，不能够算作一个数，所以黑板上应该有4个数字。学生的想法各种各样，通过倾听学生的发言，也让我有了更加坚定的信心，深入研究教材，精心进行教学设计，再次上好"0"这节课。

认数的教学，往往被教师认为是简单而枯燥的。但是随着课堂的实践，我对"认数"教学有了更深的认识。许多小的教学环节，经过深钻教材，大胆尝试，竟也取得了意想不到的教学效果，使认数教学体现出其独特的魅力。下面就认数"0"的教学谈谈我的做法。

《义务教育数学课程标准（2011版）》指出："人人学有价值的数学。"有利于调动学生的生活经验，密切书本知识与现实生活的联系。有利于引导学生收集信息和资料，主动探索，合作交流，使教学具有开放性。在教学中，如何深刻领会这些教学思想并运用到自己的教学实践中，是摆在每一位教师面前严峻的课题。我一直无法找到很好的教学方法，时常感到迷茫，不知道该怎样做。通过不断深入研究教材，参加市区对教材的培训，我对认数教学有了新的认识，并以区研究课为契机进行大胆尝试，受益匪浅。

很多人会认为，教学认数0需要一节课，真是不可思议。虽然学生在入学前，已经对数有了一定的认识，会写0，认识0，但是0所表示的多种含义，以及0与生活的密切联系，小学生是没有体会的。在教学中，我结合低年级学生的年龄特点，注重学生的观察与操作，使学生在活动中，体验0所表示的多种含义，发展学生的数感，体会数学与生活的紧密联系。针对0所表示多种含义，这一教学环节，我进行了如下的教学设计：

1．"0"表示一个都没有的含义

（1）出示课件：小兔子采蘑菇图。

导入语：兔妈妈带着可爱的兔宝宝也来和我们一起上课了，今天他们要去大森林里采蘑菇，我们来看一看：

兔1：我采了3个蘑菇，用数字3表示。

兔2：我采了2个蘑菇，用数字2表示。

兔3：我采了1个蘑菇，用数字1表示。

兔4：我一个蘑菇也没采到，用数字几表示呢？

生：用数字0表示。

（2）出示课件：小鸟图。

提问：树上原来有几只小鸟？发生了什么呢？你能把这两幅图的意思完整的表达出来吗？（5只小鸟全部飞走了）笼子里没有小鸟了，用几表示呢？

生：笼子里没有小鸟了，用数字0表示。

（3）出示课件：金鱼图。

提问：你观察到了什么？能给同学们说一说吗？

生：第一个鱼缸里有4条金鱼，用数字4表示；第二个鱼缸里一条金鱼也没有，用数字0表示。

（4）摆一摆。

提问：摆出5根小棒，摆出3根小棒，摆出0根小棒？为什么不摆呢？

生：0表示什么都没有，0根小棒就不用摆了。

师小节：你知道0表示什么意思吗？

生：0表示什么都没有的意思。

师：0除了表示什么都没有的含义以外，还表示什么意思呢？让我们继续来学习。

2．"0"表示起点的含义

提问：赶快拿出你的尺子，在上面可以找到谁呢？

生1：可以找到数。

生2：可以找到0。

提问：0排在哪儿？指一指。

生1：0排在第1个。

生2：0排在最前面。

提问：几的前面是0？0比1怎么样？

生：1的前面是0，0比1小。

提问：0除了比1小，还比谁小呢？

生：0比任何数都要小。

（预设：如果有的学生提到小数，教师强调以后还要学习小数，小数和0的关系怎么样，到时再来学习。）

提问：在直尺上的这些数中，谁最小？

生：0最小。

师小结：直尺上都是从0开始的。因此，我们还可以说0表示起点。

3.“0”表示分界

出示课件：温度计。

提问：你能在温度计上找出0摄氏度吗？0度是不是没有温度呢？我们听一听企鹅博士是怎么样说的？

画外音：同学们好，你们真聪明，我现在正在南极，这里的天气可真冷，每天都在0摄氏度以下，成天冰天雪地的。同学们肯定都知道，冷到了一定程度，水就会结成冰，水结冰的这个温度就是0摄氏度。0在这里表示水结冰的温度。同学们，等你们学了很多知识，长大了，欢迎你们到南极考察！

师小结：0度不是没有温度，生活中有比0度高的温度，也有比0度低的温度。

今天我们认识了数字0，0和1、2、3一样，也是一个十分重要的数字，可以说我们生活中，处处离不开它。

4.“0”的占位作用

教师：刚才同学们提到10中有0，这里的0不要行不行？

板书：10。

然后教师将0擦掉。对比10与1，说明0除了表示没有、起点、分界以外，还有其他作用。

5.在生活中寻找“0”，体验“0”的作用

出示课件：张老师的手机号码——1312000 1001；某位学生的出生日期

2011.1.21。

　　提问：你能说说，你在哪里见过0吗？

　　我巧妙地利用学生身边的素材，根据低年级儿童的身心特点，从"小白兔采蘑菇"的故事情节引入，使学生一开始就获得良好的情感体验，同时体会到"没有"用0来表示，并通过观察直尺上的数，倾听企鹅博士的发言等的活动，体会0的多种含义。整个活动层次分明，注意提供给学生思维的空间。例如，让学生想一想在哪里见到、用过数字0。通过交流，学生体会到0的丰富的含义，并对数学有亲切感，从而最大限度地调动主体意识、创新精神和实践能力。

　　正是这些教学尝试，使我的教育观念逐渐改变。数字0的教学环节很小，却像星星之火指明教学方向，给了我深入开展教学研究的勇气和信心。

"折不出"的圆心

常卫东

　　在一次"圆的认识"的课堂教学活动中，出现了一件令我意想不到的事情。

　　上课时，我设计先认识圆，再认识圆心、半径、直径及其各自作用几个教学层次。

　　教学过程中，学生在自主画圆时学习了圆心和圆心的作用，充分理解了半径和半径的作用。练习中，学生通过画半径，比一比看谁画得多，很快掌握了方法，从而总结出：圆有无数条半径、同圆或等圆的半径相等。接下来教学"认识直径"，学生用同样方法自主探究有关直径的知识，很快知道了直径与半径之间的关系，得出结论：同圆或等圆的直径相等。

　　我发现，学生们全部是使用"画一画"的方法得出的结论。我反复引导学生试一试其他方法。结果出乎我的预料，全班没有一个学生用我期待的"折一折"这种方法，任凭我怎么引导，学生就是不上钩。我的头上开始冒汗了……最后只能带着遗憾草草结束教学。下课后我开始反思，这节课失败的原因是什么？同时产生一个困惑：半径与直径为同一性质的概念教学，其表达方式也基本相同，为什么半径会了之后，直径就不能用"折"的方法探究出有关的知识呢？

课下我和老师们交流，在学生学习完半径后直接就用原来的方法来完成直径的学习，这是毋庸置疑的。因为我没有在原有基础上创设新的有难度的问题，我给学生准备的圆形纸片全是带有圆心的，学生能不顺利完成吗？如果教师在教学设计时想到"不带圆心"中存在"无法准确确定圆心"这样一个思维障碍，将教学的着力点放在"想办法准确确定圆心"之上，就可以激发学生学习的兴趣，同时渗透"多元智能"的理论思想。接下来我们又开始探讨，在直径教学后，如果给学生的学具纸片上不带圆心，学生会怎么办？最关键是要思考出"找到圆心"的办法，这对学生来说显然是很困难的。用画一画半径、直径的方法，思考此类问题的过程大致可以分为以下两个步骤：

画半径，找到圆心，画出连接圆心到圆上任意一点的线段；画直径，找到圆心，画出通过圆心并且两端在圆上的线段。

把两个步骤中必须思考的内容分别列举出来，进行比较。画一画时，很多条线段可能相交于一点，仅画几条线段或许就出现几个不同的交点，这样学生就遇到学习障碍了，也是教师所期待的。唯有如此，学生才会开动脑筋以解决问题。学生学习出现障碍，通常具有两个特征：第一，思考过程过于复杂；第二，与已有的知识和经验没有联系。

我们设计的"不带圆心"问题，正好具备了这两个特征。学生只能以简单、直接的"对折"方法找到圆心。

至此，我们应当认识到，这两个概念的教学确有很多相同之处。但这一案例说明，不同的问题出示方法，导致思考过程存在很大差异，而且这种差异从表面上难以发现。为了找出这一差异，我们可以采用"要素分解"的方法。所谓"要素分解"，就是把构成一个整体必不可少的因素分离出来，通过对这些要素之间异同的对比，找出两个整体之间的异同。如果将两个步骤中的思考内容叫作一个"思考点"，那么半径有两个思考点，而直径也有两个思考点。不仅如此，直径的两个思考点与半径基本相同，都是学生学习半径时了解过的内容。这些自然成为学生学习的助力。

教师的一个重要职能就是"授业"，授业的前提是全面整改"业"。但在教学中，我们对"业"设计、整改尚有很大提升空间。衷心希望这个案例可以引起老师们对"业"的精心研究。

"数"海无涯"疑"作舟

王艳茹

一、案例描述

1.单位"1"的理解

充分利用学具表示½。

师：如果老师叫你们用不同的事物表示½，相信大家都有不同的表示方法。下面请你们小组合作，用老师提供给你们的正方形纸片、玻璃丝、6个苹果的图片、10根小棒表示出½。

学生动手操作，教师巡视指导。

反馈内容：

师：谁愿意说一说，你是怎样表示½的？

生：我把一张正方形纸片对折，每份用分数½表示。

师：你为什么要对折？

生：因为必须要平均分才能表示分数。

师：还有其他的表示方法吗？

生：将玻璃丝剪成2段，每段是½。

生及时补充：将玻璃丝剪成一样长的2段，每段是½。

师：你们觉得他补充得对吗？他为什么要补充？

生1：他前面没有平均分。

生2：我把6个苹果中的3个圈起来，也表示½。

生3：我拿出10根小棒，把它们平均分成2份，每份是½。

生4：我拿出10根小棒，也平均分成2份，每份5根，也是½。

生5：如果我拿出12根小棒，每份6根，也是½。

师：请大家想想，在表示分数½的过程中有什么相同的地方？

生：都是平均分。

师：有什么不同的地方呢？

生1：平均分的对象不同。

生2：有的分的是一个图片、一个物体，有的是好多个物体组成的。

师：一个图片、一个物体，平均分后表示其中的几份可以写成分数。那么像6个苹果中的3个、10根小棒中的5根等，都可以用自然数来表示，为什么也要用分数½来表示呢？

2.引导出单位"1"

师：小组讨论一下。

学生讨论，教师巡视指导。

反馈内容：

生1：把好多个物体看成一个整体。

生2：3个苹果、5根小棒都表示是整体的½。

师：我们把这些都看成一个整体，请你观察一下我们身边有这样的整体吗？

生1：我们班的全班同学。

生2：教室里的4个电风扇。

生3：教室里所有课桌。

师：像这些整体或可以看成一个整体的，我们都可以把它们看作单位"1"。

（板书：单位1）

师：你觉得这个"1"与自然数的1有什么不同？

生1：它可以表示许多的物体。

生2：它可以表示一个整体。

师：这样的话要把这个"1"与自然数的1要区别，你们觉得我们最好怎么处理？

生：给它加个引号。

师：我们把刚才的那些都看成一个整体，请你说说它们中的一个或一份可以表示出哪一个分数？

生：……

二、案例反思

"分数的意义"是北京市义务教育课程改革实验教材小学数学课本第十册的

内容。学生在初步认识分数的基础上，通过学习，从感性认识上升到理性认识，理解单位"1"，概括出分数的意义。教师在这节课的设计上突破了传统教学模式，思路独特新颖，体现出"思而疑，疑而问，问而寻"的理念。"疑"是学生学习数学知识中启动思维的起点。在数学教学中，教师要善于提出具有引发学生思考的问题，使学生见疑生趣，产生有趣解疑的求知欲和求成心。

在数学课中如何体现"观念更新，基础要实，思维要活，疑中探究"，我有较深的感触。

1.突破传统教学模式，思路独特新颖

传统教学的种种封闭压抑了学生个性的发展，学生迫切需要一种展现自我，发展个性的体验式学习。学生如果对数学知识充满好奇心，对学会知识有自信心，那么就会主动积极、心情愉快地学习。因此，在数学课堂教学中，我们要时刻注意发掘教材蕴含的智力因素，审时度势、把握时机、因势利导地为学生创造良好的教学情境，激发学生的兴趣，让学生数学的海洋中愉快地探索。以前的教学改革，大多停留在数学学科层面上，往往比较注重将教科书上的知识教给学生。在教学中，教师清楚要教什么、为什么这样教和怎样教，学生却不知道自己要学什么、为什么学和怎样学。学生的学习缺少方向、缺少动力、缺少方法，他们学习的主动性、创造性很难得到发挥。因此，教师要把整个学习过程留给学生，让学生小组合作、全员参与、共同探究，由感性认识上升到理性认识，参与知识获得的全过程。

2.让概念学习具有一定的开放度，疑中探究

概念学习并不是枯燥的，用概念自身的魅力及教材的内在智力因素让概念学习也有一定的开放度。在案例中，教师注重教材的开放性和思考性，让学生有自主选择的权利和广阔的思维空间。例如，教师提供一些具有代表性的材料，让学生通过选一选、分一分、折一折等一系列操作，在相互交流的过程中理解½表示的意义；再通过比较一个图片、一个物体、一个计量单位等，认识和理解单位"1"。学生们将单位"1"与自然数1区别开来，从而突破理解了单位"1"这一难点。教学中，教师重点教授单位"1"的动态变化、分数与所对应的量之间的联系、平均分的概念、分数的基本性质等知识点。例如，"我们身边有这样的整体吗""可以表示哪一个分数"等问题，既渗透了数形结合的思想，有助于学生空间观念的建立，也让学生看到了分数与生活的联系，感悟了生活中的

数学，为理解分数的意义奠定基础，同时也培养了实践能力和合作精神。同时，教师善于提出具有引发学生思考的问题，使学生见疑生趣，产生有趣解疑的求知欲和求成心，在"思而疑，疑而问，问而寻"的环境中掌握了知识，提高了学习能力。

3.建立新型民主的师生关系

教师充分考虑儿童的发展水平，创造性地处理教材，建立新型民主的师生关系。以一张正方形图片、一根1分米长的玻璃丝为切入点，让学生动手折一折来表示½，再过渡用整体来表示½。本节课体现出学生的主体地位，学生自主探索、探讨、质疑、创造，逐步完成对知识的理解和深化；教师从旁引导，是学习的组织者、引导者、合作者。学生深刻理解了本课内容，敢于探索、勇于创新、亲历探究、发现的过程。

由此可见，教师只有创造性地教，学生才能创造性地学。学生学习方式的转变关键在于教师。教师要不断更新教学观念，真正树立以学生为主体的教学理念，相信学生，给学生充分的探究思维的空间，才能激发学生学习的自主性、创造性。

帮"他"找自信

刘 戈

作为一个青年教师，回首上学期的教学工作，除了欣慰自己能完成一学期的教学任务外，那些天真活泼的孩子们的影子还时时萦绕在我的脑海里。特别是一年级的一位学生给我留下了深刻的印象。他从刚开学时的不敢动笔写字，常常拖欠作业到能尝试举手发言并认真完成作业，短短的一个学期里他有了很大的变化。

初识这位同学，是在刚入学的第一节数学课上，我让全班同学在田格本上写1至10这几个数字。几乎所有学生都拿起铅笔，展示自己的写字功底，唯独他静静地坐在椅子上，不动笔。我问他为什么不动笔，他只是摇摇头说不会。弄清缘由，我告诉他："数学很有趣，只要你大胆，即使是出现了错误，也会从中发现美的东西。"我让他用点、圈和线试着乱涂几下，然后让他在其中找图形，并涂上颜色。课上，我利用其他同学写数字的空余时间，在他身边，握住他的手，手把手地教他写字。我轻声告诉他："你要大胆地动笔，肯定能写得很漂亮。"

在我的鼓励和帮助下，他勉强进行了第一张作业的练习。接下来的几节课，我又发现他经常不敢尝试去动笔，上课从不举手发言，作业时有拖欠。我知道这是不自信的表现！想要彻底改变他，必须帮他树立自信心。

我经常在课后找他聊天，问问他的爱好、平时喜欢做什么、自己比较喜欢的活动，尽量帮他找到信心。我非常关注他，只要他有些许进步就鼓励他，表扬他。虽说他胆子小，但是写起作业十分认真。每次他写作业时，我都会走到他的身旁，说一句"真棒"。日子久了，他自己写完作业，就会昂首挺胸地坐直了。

经过一段时间的观察，我偶尔会看到他的脸上露出一丝羞涩的笑容，我仿佛看到了一缕阳光。教师的语言可以如春风化细雨般滋润学生的心田，也可能像万把利剑刺入学生的心田。每个学生都十分渴望得到老师的关注、尊重、信任和喜爱，重视老师对自己的评价。

开学两个多月后，他变化很大。他已经可以慢慢跟着我讲授的知识开始动笔写数字，时不时也会低声对我说："老师，我写的这个可以吗？"我感到很惊喜，他终于不再沉默，主动找老师说话了，这是多么可喜的一步！我问他："你喜欢上数学课吗？"他点点头。我鼓励他："只要你有兴趣，就肯定能学得很好。"希望在新的学期看到他有更大的进步。兴趣是学习数学的基本动力之一，这种兴趣转化成持久的情感，将帮助学生终身受益。以真诚的师爱作为施教的基础，即使对他的点滴进步，我都给予鼓励、肯定，决不吝啬，使他感受到老师对他的重视与喜爱。这种欣赏和激励的共情手段，加深了师生之间的感情，收到了很好的教育效果。

这位同学的行动已证明了他能行，从他的变化中我看到了希望。我坚信每个学生都是小天使，他们都具有学习数学的潜在能力，都能获得不同程度的进步。苏霍姆林斯基曾经说过："让每一个学生在学校里抬起头来走路。"即让学生都能成为充满自信的人。自信是一根柱子，能撑起精神广漠的天空；自信是一片阳光，能驱散迷失者眼前的阴影。欣赏学生可以发现学生的优点和长处，激发学生的内在动力，帮助学生扬长避短，树立自信心。因此，我们要学会欣赏班级上的学生，给学生更多的鼓励，让他们在"我是好孩子"的心态中成长，让他们拨云见日，成为星空中那颗自信耀眼的小星星。

反思：作为一名教师，要能欣赏和评价学生，让他们获得成功的内在动力。一个人没有成功的体验，就不会有自信心；没有自信心就不可能获得成功。学生的自信心必然是在成功的喜悦中产生的。作为一名教师，全面地欣赏学生，是帮助他们树立自信的必要保障。

"门"引发的争论

吴　静

课上，学生观察、分类老师演示的平移和旋转现象后，就要尝试列举自己日常生活中的平移与旋转现象。有的学生说："教室前面的黑板就能平移。"我立刻请他到前面动手演示一下。学生们似乎受到启发，各个跃跃欲试。

一个学生说："门打开时的运动是旋转。""不是，那是平移。"出现了不同的答案，争论由此展开。

"老师，门有很多种。我认为教室的门打开时是旋转。我可以演示一下吗？"我示意他可以。只见他走到教室的门边，边打开边说："看我走到哪里去了？如果没有墙壁的阻挡，我就会转一圈的。你们明白了吗？"通过这个学生的现场演示，大家都明白了教室的门在打开时做的是旋转运动。一个学生又把手举得高高的，边比划边说："我还知道有的饭店的门就是自己旋转的，我们顺着它的转动走，就可以进到里边了。""可是，有些饭店的门在打开时是平移的。我们一走到门边，它就这样打开了（手演示着）。""我家卫生间的门虽然不是自动的，但是在打开时也是平移的。"我适时追问："门打开时是在旋转，这句话到底对不对啊？"学生们答道："不对。有些门打开是平移，有些是旋转的。""同学们，我们判断一个物体的运动是平移还是旋转的方法到底是什么？"学生说（手比划着）："平移是横着，或者竖着，还可以斜着直线运动。旋转沿着中间一个点或者一个轴转圈。"在这样的交流中，学生们感受到数学就在我们的身边，对知识的理解也更加透彻了。

这节课是二年级上册《平移与旋转》的内容，教学目标是学生能够结合实例，初步感受生活中的平移、旋转现象，直观认识物体的平移与旋转，并能对生活中的平移和旋转现象进行正确判断。

《义务教育数学课程标准（2011版）》指出：了解数学可以描述生活中的一些现象，感受数学与生活有密切联系。初步养成乐于思考、勇于质疑、言必有据等良好品质。当学生分析生活中的一些现象时，往往会与自己的知识面相冲突，从而引起争论，在争论中引发的相关问题会更多。这不仅增加了课堂的生动性、学生学习的主动性，合作性得到了充分的发挥，学生对知识点的理解更全面。

这次"争论"是动态生成的过程，效果让我惊喜。同时也让我静下心来，回顾每个环节及细节的处理，使我有了更深入的思考。

一、课堂提问要精心设计，赋予启发性

课堂提问需要教师在备课时精心设计，构思巧妙的问题才能激活学生的思维，启发学生去探索，去发现，从而获得知识。当问题的正确答案不止一个时，学生就会从不同角度，不同侧面，用不同方法去思考、解决问题，从而引起心理兴奋，有利于发展创造性思维。当学生认识到平移与旋转现象后，我就问："你们能列举出生活中的平移与旋转吗？可以先从教室里找一找？"学生因为身在教室中，仔细观察后很容易发现可以平移与旋转的物体，然后举例说明。当学生们的兴趣点被激活后，思维得以拓宽，举出的例子也会更多更生动。

二、课堂生成要及时抓住，意外变成精彩

充满活力的课堂需要精心预设，但是预设并不等于封闭。在课堂上，常常会出现出乎教师预料的问题情境与偶发事件，这就需要教师敏锐地发现、捕捉、利用这些资源。我在讲课前，让学生们观察教室内的物品，列举出哪些生活中的平移与旋转现象，可能出现的答案有了预设，做到心中有数。其中教室的门就在学生眼前，学生说它是平移或旋转的可能性极大。而根据以往的教学经验，学生总认为门在打开时的运动是平移。如果学生说出来，我将会走到门边去演示打开的情境让学生观察，或者拿个学具演示，帮助学生理解。

课上，果然有学生认为门在打开时的运动是平移，但是另外一个学生反驳了他这个说法，并亲自演示，证明教师的门打开时是旋转运动，这是意外的惊

喜。更加意外的是，此问题引发了全班的争论。从教室的门打开时是在旋转，引出了家里能平移的门、饭店能自动旋转的门，学生理解了由于门的种类不同、打开方式不同，所以运动方式也会不同，使意外变成了精彩。

三、课堂争论要善于引导，提高实效性

争论就是"各执己见，互相辩论"，教师要有意识地引导学生就疑问进行争论，并在争论中集思广益，互相启迪。知识越辩越清，更为深入。当学生为了门开始争论时，我注意倾听每个学生的观点并适时追问。例如，"门在打开时的运动是旋转，这句话到底对不对""我们判断一个物体的运动是平移还是旋转的方法到底是什么"。学生们积极表达自己的观点，把平移与旋转现象理解得非常透彻。

整个争论过程中，教师尽可能站在学生的角度，注意倾听，纠正补充，引导学生摆事实、讲道理，想好自己要阐述的观点，使争论更具实效性。

让数学课充满数学味儿
——《路程、时间与速度》教学案例

张 帆

"数学味儿"是一句俗语，在教师进行评课的时候有时会说，这个老师上的课数学味儿挺浓的。在我看来，一节好的数学课应该是层次清晰、语言简练，注重数学思想与数学表达，这就是我心中的"数学味儿"。

《路程、时间与速度》是北京版教材四年级上册第五单元的内容。

学生在课前已经对时间和路程有了比较明确的认识，但是对于速度，仅仅停留在比快慢的程度上。因此，本节课的第一个教学目标就是认识速度。在引入部分以"先听到雷声，还是先看到闪电"这个问题，唤醒学生对速度的初步认识。然后分析刘翔比赛的成绩单，比快慢，学生能够说出项目相同，都是110米，但是刘翔用的时间短。此时，我有意识地让学生用数学语言来表达自己的观点，时间相同比路程。在这里强化之后，接下来的环节学生自然就会根据美

羊羊和懒羊羊比赛的时间相同、路程不同,说出"时间相同比路程"。通过这样的处理,学生既能够了解比较快慢的两种方法,又能锻炼自己的语言表达能力。

当路程和时间都不同时,如何比较快慢呢?"比速度"实际上就是比1小时走的路程。那么很显然在求速度的过程中,要将路程时间不同的转化成相同——用单位时间来比路程,统一标准。转化的数学思想对于人们是很重要的,在数学中更是有着举足轻重的作用。学生在计算除法的时候,将不能直接写出商的多位数除法转化为两位数除以两位数或三位数除以两位数来解决,将不能口算的算式利用简便算法转化为可以口算的算式,将新的知识转化为旧知识来解决问题,等等。在这里,学生虽然能够通过生活经验以及已学过的知识解决问题,但是缺乏对速度的理解。我并不着急向学生介绍速度,而是先让学生说一说60千米和70千米各自代表什么,学生自然会说出1小时行的路程;接下来,引导学生将这两个量与前两个环节联系起来,向学生介绍转化思想。

数形结合是常用的数学解题方法,它使某些抽象的数学问题直观化、生动化,变抽象思维为形象思维,有助于学生把握数学问题的本质;另外,由于使用了数形结合的方法,很多问题便迎刃而解,且解法简捷。那么如何在本节课中渗透数形结合的思想呢?

四年级的学生正处在由形象思维向抽象思维过渡的关键时期。在这一时期,学生应该具有一定的识图能力,因此我在情境中加入了线段图。当学生初步了解了速度之后,我让学生指一指60千米、70千米在图中如何体现,引导学生将路程即总份数、时间即段数、速度即一份数,与线段图一一对应,并且培养学生用简练、完整的语言来表述自己的观点。这样既能锻炼学生的识图能力,又能让学生体验数形结合的数学思想。

事物是普遍联系的,生活如此,数学亦然。数学与生活有着密不可分的联系,美国著名教育家杜威也曾经发表过"教育即生活"的著名观点。那么在数学课堂上如何将数据与生活的体验建立联系呢?在本节课前,学生已经了解了如何求速度,但是对速度的概念还是比较模糊。于是,我设计了让学生求飞机的速度和自行车的速度的问题。学生发现,所求结果都是200米。但是根据生活经验,飞机的速度应该比自行车快很多。再让学生说这两个200米的意义,学生对于速度的概念又有了新的认识——速度不仅与路程有关,也与时间有关。然后在这个意义的基础上,将速度的单位由米改正为米/秒和米/时。与此同时,学生能够说出速度的求法——路程÷时间，速度的单位既有长度单位，也有时间单位。

设计这个环节是出于三个目的：第一，强化求速度，学生正确地找出路程和时间，并做除法计算，也为以后学习三量关系打下基础；第二，将速度的单位规范化；第三，将数学与生活建立联系，用生活经验来解释数学问题。这样的教学充分体现出数学与生活的关系是双向的，既能够用数学知识解决生活中的问题，又能够利用生活中的经验来对数学问题进行质疑和思考。

一节好的数学课，给予学生的不是一个点，而是一个面或是一个立体的图形。上完这节数学课，我们给学生画上的不是一个句号，而是逗号或省略号。在今后的日子里，当学生回想起这节数学课，在学生的脑海中应该是无限的感叹号！本节课的最后一个环节，我向学生简单介绍了今后要学习的与路程、时间、速度有关的内容，比如位移、往返时间、加速度等，为对此有兴趣的学生课后继续学习指引了方向。

上完这节课后，我感觉基本达到了预设的教学目标，学生了解了速度的概念，以及路程、时间、速度的求法。更重要的是，学生能够在探索的过程中体验到具有数学味儿的课堂——言简意赅的表达、条理分明的思考、灵机一动的顿悟，等等。

抓课堂生成，为学生自主学习制造空间
——谈课堂教学中的小智慧

张 艳

我们知道，自主学习是指学生主动参与学习，并且能在学习过程中自我计划、自我监督、自我调控的一种学习方式。它是学生积极、主动、自觉地从事和管理自己的学习活动，在学习的各方面都由自己做出计划和控制，从而独立地开展学习活动。作为一名教师，需要思考怎样做才能充分调动学生的积极性与能动性，达到最佳的教育效果。我认为，抓课堂生成，为学生自主学习制造空间，就是一个很好的切入点。切入点插入的时机适当，自然地创设一个能自主学习的情境，就可以激发孩子的好奇心，使其产生学习需求和学习动力，从而主动学习。

在"计量单位"教学中，我设计了这样的内容，称一称班里最胖和最瘦的同学的体重，为这事，我还带来了家里的电子秤。

前面半节课进展还算顺利，一切都按照预设进行。通过给生活中的物品称重，学生感知了"克"的知识，经历了猜测、验证、交流，学生对"克"的认识越来越清晰。有的学生亲自动手掂一掂，有的学生在交流中提出质疑：当数字很大的情况下怎么办？有没有其他解决办法？他们自主推导出1000克可以用一个更大的单位"千克"来表示。

我拿出事先准备好的1千克装的柔顺剂、大瓶饮料、4块约重1千克的香皂，让学生们掂一掂，初步感受1千克的质量。

到了"拓展延伸"环节，我很自信。因为每个环节，同学们都能顺利掌握。我有些神秘地问他们："最近一周，有谁称过自己的体重？"四十多双眼睛愣愣地看着我，只有两个同学举起手来。我愕然地发现，教学出现了卡点……

教学是一个动态过程，教师的教学机智应该表现在善于抓住一切可利用的契机，充分调动学生的积极性与能动性，达到最佳的教育效果。

我定了定神，大声说："我们做一个猜体重的游戏吧！"同学们个个摩拳擦掌，跃跃欲试。我先叫最瘦的小旭站起来，让大家猜一猜他的体重。每当一位同学说出一个数字时，小旭就做出相应的反应：轻了或重了，直到大家猜出他的体重是31千克为止。同学们兴趣盎然地表示还想继续做游戏。于是，我又请出班里的重量级人物——小迪。我的话音刚落，教室里就骚动起来。

"他那么胖，起码有50千克。"还没等我做出反应，另一位同学就抢着说："他应该有两个小旭那么重，得有70多千克吧！"这时，我突然看到小迪面红耳赤，大口大口地喘着粗气，愤怒地嚷道："我就是胖，怎么着？"同学们哄堂大笑。此时，学生们的兴趣转到了小迪的"胖"上，场面失控了。我的头一下子大了，我该怎么收场呢？

青少年的心理特点是渴望得到大家的理解和尊重，而我忽略了有些同学经常嘲笑小迪很胖，"肥胖"已成为他的痛。我的无意助涨了他们的"有意"。如果我考虑得足够全面、稳妥，怎么会拿他做例子？作为教师，应善于捕捉课堂教学中生成和变动着的各种有价值的信息，作为活的教育资源，努力创造条件去扶植它，栽培它，让擦出的火花熊熊地燃烧起来。事已至此，我想：既然他们兴趣已转移，何不顺水推舟……

我故意深沉地说："是呀，一个人太胖会招来别人异样的目光，甚至是嘲笑。我感同身受。"我示意小迪坐下（我的弦外之音是告诉大家：我也是胖人。他们的注意力自然被吸引到我这里来）。同学们不知所措、怔怔地望着我。

"现在老师有个问题需要大家帮帮忙！"我趁热打铁，紧追一句。

这时，同学们满脸疑惑：老师竟然要我们帮忙？

我顺势抛出这样一个问题：怎么才能知道一个人的体重是否标准？爱美之心，人皆有之。每位学生都迫不及待地想知道自己是否是标准体重，七嘴八舌地讨论起来。我马上将U盘打开，迅速在收藏夹中搜索关键字"标准体重"，并将结果用多媒体设备播放出来——标准体重（kg）=身高（cm）-105。全班同学的目光齐刷刷地投向大屏幕。看着同学们专注的表情，我卖了个关子：我161cm、体重58kg，是不是超重了？

"哈哈，老师超了4千克！"

"老师，您可要瘦身了！"课堂气氛立刻活跃起来。

看着同学们那一张张童真的笑脸，我不好意思地笑了。

"哦，对了！那你们是不是也超重了？"

一石激起千层浪，同学们的兴奋点瞬间被点燃，立即动笔算起来。有的独立计算，有的同桌在一起商量，还有为计算结果与想象不符争得面红耳赤的……

"我差2千克！"

"我怎么超3千克？"

同学们你一句我一句地说着，交流研讨的氛围自然而成。

自我探索往往基于好奇心，好奇心是人的天性，既能产生学习需求，又是一种学习动力。自我探索就是学习主体基于好奇心所引发的，对事物、环境、事件等的自我求知、索知的过程，它不仅表现在学习主体对事物、事件的认识上，而且也表现在对"文本"知识的学习上。

突然，一直闷闷不乐的小迪蹦了起来："老师，我的体重正好符合标准体重！"

"啊？"同学们有些惊讶。

"青少年生长发育有快有慢，小迪同学属于快进型，身高、体重均衡发展，刚才我们只看到他的体重而忽视了身高，所以大家觉得他很胖！"我不慌不忙地解释。

"哎！原来是这样！"同学们恍然大悟。

"但是！"我把话锋一转，"由于人的体重与许多因素有关，不同人体之间有差异，一天不同的时间内也会有一定变化，加之所处地理位置（如地心引力的原因）、季节、气候、自身情况的不同，对体重也有一定影响，因而很难完全符合标准体重。也就是说，难以用一个恒定值来表示，而应当是一个数值范围，我们把这个数值范围称之为正常值，一般在标准体重 ±10% 以内都是正常的。所以刚才有同学说自己超了或不够标准，也没关系！你们正处在生长发育期，身高、体重还会变化。况且这个公式更适合成年人，大家只要认识克和千克计量单位就行了！"

"知——道——了！"同学们昂着小脸，一字一顿地齐声回答。

这一教学案例中，我通过"怎么才能知道一个人的体重是否标准"这个问题，自然地创设了一个教学情境，使学生产生了主动学习的兴趣。这个教学情境是随机生成的，我遵循青少年身心发展特点，抓住时机适时而教，取得了良好的教学效果。

我认为，教师要有强烈的资源意识，去努力开发，积极利用，要善于抓住课堂上的每一个契机，为课堂生成制造空间，让学生的自主学习越来越有成效。

第三节　科任篇

一堂信技课　培养爱乡情

高　健

信息技术学科和其他学科不同，教师往往在上课时更重视操作技术，忽略了与学生实际生活接轨及渗透德育教育。如何做到课上所学与学生实际生活接轨，并能渗透德育教育，是值得每一位信息技术教师思考的问题。我以三年级《绘制简单图形》一课为例，对此进行简要分析。

按照教学分析，发现问题如下：学生在使用画图软件作画时，如果只使用画笔工具，那么绘制固定形状或者规则造型的图案时效果会很不理想。学完本课之后，学生能够掌握简单图形的绘制方法；学会选中对象并移动和删除；使用基本形状组合完成简单绘画。

但是仅仅按照教学分析去上课的话，只会让学生学到技术而忽略了道德情感的培养，所以任务选题是关键的一环。教师需要从学生实际生活出发，找到本课能够用到的、学生关心的问题。

考虑到通州是首都城市副中心，也是京杭大运河的北起点，所以我将任务选题确定为——绘制《京杭一景》，素材包括运河及运河上的桥、燃灯佛舍利塔。这样的设计，不仅能使学生学习到知识和技能，还能激发出他们对家乡的热爱之情。

本节课包括以下几项任务。

任务一：美化桥梁。这是一个半开放式任务。学生动脑思考，如何将四个点以直线形式连接，从而形成一个新的形状。由点到线、由线到图案，学生自由绘制，体会图画的行程过程。

任务二：双日争辉。学生尝试分析素材中哪里不符合现实生活规律。他们会发现空中有两个太阳，需要将其中一个移到水中。这个任务普及了一个生活常识，只有清晨和傍晚才能够在足够宽的水面上出现太阳的倒影。同时，也让学生们掌握了移动对象和选择透明的技巧。

任务三：古塔修缮。学生们为古塔添加塔门，并涂上自己喜欢的颜色。这里所说的塔就是著名的燃灯佛舍利塔，此时可以简要地介绍一下。

任务四：绘制《京杭一景》。学生们将自己生活中常见的情景绘制到素材上。这样可以提高学生的信息意识，真正实现课上所学与学生日常生活相接轨。

我认为不能为了德育教育而开展德育教育，真正的德育教育应该渗透在日常教学中，让学生从一开始就身处在这样一个情景里，他们做的每一个步骤里都有热爱家乡的情感存在，一堂课上下来不用教师过多地说什么，学生就能够感受到家乡的美好，为这样的家乡感到骄傲。以上仅仅是我个人的一些浅显理解，还有很多不到位的地方，但是我相信只要我继续努力，一定会做得越来越好。

发现课堂上的科学美

韩婷婷

小学科学教材中蕴含着众多的美育素材。科学教师应充分利用这些素材培养学生的审美能力，从而形成美育思维。用科学知识的形式美来感染、熏陶学生；用科学的内在美来感化、激励学生。培养他们发现科学美、探究科学美、感受科学美、追求科学美、创造科学美的能力，提高学生的美育素养，让他们学会在思考中领悟。在科学教学中实施美育渗透，更能使科学教学生机勃勃，充满活力。

《义务教育小学科学课程标准》中明确指出："要关注提高学生的科学探究能力，在科学探索活动中让学生体验科学的人文精神之美"，"不断地使学生振奋精神，以一种登山者的姿态投身科学探究活动，也使学生越来越乐观自信，朝气蓬勃，进而形成性情之美，升华为一种人文精神"。因此，在科学课中渗透美育思维就显得十分重要，下面谈几点自己的体会。

一、观察生活中的科学现象，发现科学美

著名雕塑家罗丹说："生活中并不缺少美，缺少的是发现美的眼睛。"这充分说明了美育的作用和价值在于培养一双善于观察美，发现美的眼睛。美的事物都是鲜明的、形象的、生动的，具有较强的可感性。科学源于生活，生活中到处有科学，到处存在着科学思维。在日常生活中，吹泡泡是孩子们特别喜欢的一项活动，这是每个孩子都玩过的一项游戏。在科学课上，我们可以一起动手探究泡泡液是怎样调制的，怎样才能吹出更大更多更不容易破的泡泡。让学生用生活中常见的洗涤剂如洗发水、洗洁精、沐浴露和肥皂等不断调整比例调制成不同的泡泡液。在调制的过程中，让学生发现生活中的科学现象，激发学生爱科学、用科学的热情，最后在吹泡泡的表演活动中感受生活中的科学美。

二、钻研科学教材内容，探究科学之美

科学教材中所蕴含的美育因素，可以让学生受到美的熏陶！首先科学教材

本身的美，即外显美。科学教材是经过无数专家、学者像艺术家创作作品那样经过"精雕细刻"而成的，其精美的装帧，漂亮的封面，有序的编排，图文并茂的内容等，可以说是一件融多种艺术于一体的艺术作品。其次是教学内容中蕴含着的美，即内在美。科学内在美是以和谐、对称、简单、奇异等为主要表现形态，是审美者通过理解、想象、逻辑思维所能体验到的美。在科学中，美主要表现于实验、理论、规律上。简单、统一、精确、巧妙、对称、和谐、奇异等特征，使得它具有如诗如画般的意境和神韵。研究科学中的美，不仅能够陶冶心灵，领悟科学之美，而其奥妙无穷的自然法则，更能启迪和推动人类永不休止地去探索物质运动的规律，在科学中进行美育教育，其目的在于使学生在学习中感受科学美的魅力，接受科学美的熏陶，提高对科学美鉴赏的能力，促进身心和智力的发展，达到"以美求真，以美向善"的教育功效。

三、参与科学实验，感受科学之美

科学美在实验方面的表现也十分突出。在科学教学中，实验是最直观也是最有效的验证科学的方法。科学是一门以实验为基础的学科，《义务教育小学科学课程标准》指出：小学科学课程是以培养科学素养为宗旨的科学启蒙课程，科学学习要以探究为核心，而实验教学是培养学生学习兴趣及动手操作能力、观察能力、思维能力、表达能力的重要途径，所以说探究既是科学学习的目的，又是科学学习的方法，亲身经历以探究为主的学习活动是学生学习科学的主要途径。例如，在教学《它溶解了吗？》一课时，我将食盐、沙子分别放入两杯水中，让学生用眼睛观察搅拌前后的现象。为了让学生实验更流畅，我反复调试食盐和沙子的克数，保证实验的有效性，使得效果更加明显。在实验前，我让学生大胆地想象：将食盐和沙子分别放入水中会产生什么变化？引导学生猜想，激发学生的探究兴趣。有的同学说食盐会消失不见，有的同学说沙子和食盐都会变少……那么实验现象和同学们的设想一样吗？我们一起来验证。学生们迫不及待地想要参与实验，统一时间倒入同等克数的沙子和食盐，经过静置—观察—搅拌—再观察，学生描述自己观察到的搅拌前后的现象。最后总结：食盐水一直无色透明，食盐颗粒由大变小，最后看不见了。再与沙子对比，沙子还在水中，而盐粒却消失不见了，引出问题：盐"藏"到哪儿去了？进而组织学生依据生活经验猜想，再次实验。经过这一系列的过程，学生自主地建构了溶解理念，有效地发展了动手合作、观察比较、类比推理、表达交流的能力，也提高了科学思维能力。这些都能使学生从中领会实验的科学思想，形成实验意识，感受实验之美。

苏霍姆林斯基说过："在人的大脑里有一些特殊的、最积极的、最富创造性的区域，依靠抽象思维与双手精细的、灵巧的动作结合起来，就能激起这些区域积极活跃起来。如果没有这种结合，那么大脑的这些区域就处于沉睡状态。"实验操作是一种手、脑、眼等多种感官协调参与下的活动，经过动手操作之后，学生对科学之美会有独到的领悟。

四、发散想象思维，追求科学之美

《义务教育小学科学课程标准》指出：通过科学课程的学习，保持和发展学生对周围世界的好奇心与求知欲，形成大胆想象、尊重证据、敢于创新的科学态度。猜想是在观察、操作或根据已有知识经验的基础上，对问题的发展趋势或本质规律进行归纳、判断的思维过程。大胆猜想并不是凭空捏造，它更注重以丰富的实践经验和宽厚的知识积累为基础，它的结果是否合理需要靠进一步实验来验证。因此，在科学课的教学中，教师要为学生创设情境、营造氛围，激发学生的创新意识，培养学生的探究能力，鼓励学生大胆猜想，引导学生主动探究。教师应把握适当的时机，启迪学生思维，引导学生展开审美想象，领悟想象的美！

在教学《空气占据空间吗》这一课时，我将气球套在塑料瓶口，让学生比赛吹气球，看谁能将气球吹大。学生们兴致勃勃、争先恐后地去挑战，都觉得自己可以把气球吹到最大，结果费尽力气气球还是吹不了多大。这时候，学生心中疑惑，这是为什么呢？为什么气球怎么吹都吹不大呢？他们自然而然地要找原因了，套在瓶口的气球为什么吹不大？是气球的原因？是瓶子的原因？还是其他什么原因？于是学生大胆猜想，主动设计实验，寻找问题的根源。学起于思、思起于疑，遇疑而思，才会引发大胆的猜想，发散思维，才会产生追求科学结果的动力。

五、领悟创新体验，创造科学之美

创造美是美育的最终目的。创造性思维具有新颖独特的特点，它是反映学生智力水平的重要标志，也是对美的追求的一个重要动机。在科学教学过程中，应创造科学的审美意境，以启迪学生科学美的直觉，以便做出科学规律的再发现，从而培养学生的创造发明能力。正如美国科学家哈尔斯所说："科学是创造性的艺术，因为科学家创造了美好的新概念；科学是创造性的艺术，因为科学家像艺术家一样地生活，一样地工作，一样地思索。"

在科学教学中，让学生自我设计课内演示实验、课外兴趣实验、家庭小实验、趣味小实验等；组织学生参加"自制教具"及"全国青少年科技创新大赛"等创新活动，训练学生的创造力，强化创新意识，丰富创新体验；有计划地开展社会实践活动，如组织学生调查安全用电情况，列举人们违反安全用电的事例，并提出解决问题的有效措施；等等。学生在亲身实践过程中，通过一定的操作、制作和创作活动，不仅可以养成良好的习惯，掌握一定的技能，还可以从中品味出"劳动创造了美"的深刻意蕴。

总之，科学本身处处充满美的韵律，科学的课堂时时闪烁着灵动的美感。将美育渗透在小学科学教学中，让学生认真体会小学科学中美的内涵，引导学生去发现、探究、感受、追求、创造科学美，从而培养学生的美感和情操，促进学生素质的不断提高，让科学课堂因美育的渗透而更丰富！

秉承"三我"教学理念，构建动态开放的美术课堂

胡　颖

后南仓小学是一所百年老校，教师年龄普遍偏大，教学观念相对保守。因此，近几年来，学校创新教学理念，提出"我发现、我实验、我创造"，使学校面貌焕然一新。我以"三我"理念为依托，以在实验绘画班学到的知识为指导，改变了以往为教而教的旧观念。

下面我以一节课为例，介绍我是如何为学生构建动态开放的课堂，让学生自己探究绘画方法，从而体会成功的乐趣的。

课前准备很重要，也是学生体验绘画乐趣的先决条件。我在课前已经让美术小组的同学参与了整幅画上半部分的创作，但是他们不知道自己画的那一小块图案是什么。不揭穿谜底，也使他们更期待这次神奇的绘画创作活动。

　　课上，我准备了0.8米宽、1米多长的一块大磁力板，立在讲课大厅前面。我拼完的上半部分已用白纸遮盖好，给学生一种神秘感。每个学生的课桌上，都有一张1平方厘米的画片（整张照片裁开的），以及5平方厘米的小磁力片，并且在各自背面都标注有相同的数字，数字下面画有一条横线，这些足以勾起学生的好奇心了。此时我适时引导，让学生自己观察，再思考问题："纸片背后的数字为何用横线标注？前面的大块磁力板为何也画有格子，标有数字？"聪明的学生很快就能发现它们之间的联系，抢着回答："我们画完小磁力片，要去前面对号入座，黏到大磁力板上去，横线是为了标注方向用的。"接着他们带着自己的发现去摸索着绘画，在不明白自己画的小画片上的图案是什么的情况下，一张张地贴到前面的大磁力板上。当他们合作完成了剩下的半张创作时，我再次提问："你们能猜到自己画的是什么吗？"依然没有统一的答案，众说纷纭。我不动声色，像个魔法师一样揭开覆盖在上面的半张白纸，孩子们立刻沸腾起来："吴老师，吴老师，是吴老师……"声音响彻整个大厅，坐在最后排的班主任吴老师也兴奋地起身和大家挥手致意。许久，孩子们依然不敢相信这么逼真的画像竟然出自他们自己的手，在惊呼声中收获着喜悦。等他们安静下来时，已然回味出整个绘画的过程与方法，此时我及时利用PPT演示释疑，协助孩子们整理思路，总结出这种化整为零的绘画方法，使他们的印象极为深刻。

　　这种教学方法较之以往注入式的教学方法简单易懂，效果甚好，还能激发学生的潜能及创作欲望。这不仅契合了学校的教育理念，还巧妙地将教师要教的知识变为学生要学的内容。从学生的学习状态和效果来看，他们能全身心地投入到学习中去，对学习的内容充满好奇，也更加积极地、主动地参与教学活动。

　　提高学生自主学习的能力，不仅是当下教育的需求，更多的是学生自身的需求。美术学科不同于主科的教育，它能培养学生的情操，是素质教育的重要组成部分。通过此举，可以达到"授人以鱼不如授人以渔"的教学目的。

　　在今后的教学工作中，我会秉承我校"三我"教学理念，构建动态开放的自主学习课堂，强化学生学习的自主权，依据学生的心理规律，科学地引导学生，以达到最佳教学效果。

浅谈英语词汇教学故事

秦美燕

我在英语岗位上任教10年了，发现背单词是学生们最头疼的事。在任教初期，我为了让学生记住单词，每学完一个单元就听写一次，学完一类词再听写一次。如果一个单元里单词过多，我就会把他们分为两次听写。听写完后我都会立即批改，并用一个自制的小本子记录听写情况：全对的有哪些，有进步的有哪些，哪些需要重新听写。在班上表扬全对的和有进步的学生，不合格者在课后找组长或到办公室找我重新听写。一段时间后，我训练了几个有责任心的小组长，让那些要重新听写的找小组长去完成。放学后如果还没合格（错三个单词以内算合格），就留下来继续背。但是，强行留学生不仅会让老师疲惫，不符合学校规定，而且存在一定安全隐患，学生也会对老师产生抵触心理。所以我决定与家长合作，让家长在家给孩子听写，然而由于家长们水平不同，听写情况离理想状态还是有很大距离。

虽然学生记住的单词越来越多，但是都是被迫记住的，时间长了就会忘记且对英语的学习就更没有兴趣了。怎样能让学生们不再抵触背单词呢？这个问题一直困扰着我，也制约着学生们的学习成绩。我这学期带一年级的英语，对于一年级学生来说，英语是件新鲜的事物，他们很感兴趣，也很好奇。这正是最佳启蒙阶段，我暗暗下决心一定要做好英语启蒙。

一次语音训练课，讲到coat、boat这两个单词。我先标出coat中的oa组合，告诉学生读作 [əʊ]，教了几遍后，感觉大家都会了，我就叫了我们班最闹的孩子张林源来示范朗读。他慢慢吞吞地站起来，双手在嘴前由内向外划，然后发出 [əʊ] 的读音。他的这个动作很滑稽，全班哄堂大笑，我也很惊讶他怎么做了这个动作！但我马上制止了其他同学，问张林源："你做那个动作是什么意思？"他不慌不忙地解释："老师，我觉得这个字母的发音和这个动作很相似，您看这样做和 [əʊ] 的发音很像，我一下就记住了。"他说得还挺有道理，于是我让他走到讲台前教大家做这个手势。其他同学学得也很起劲，边做手势边读单词。这次课后我特意做了调查，全班都记住了这个字母组合及发音。我窃喜自己找到适合学生们的学习方法了。

我认真分析了教材，教材有两条线索引领实际教学，一条是语音，另一条是拼读。我先教学字母发音，英文的26个字母分为元音和辅音两类，其中元音只有5个——a、e、i、o、u，其余字母均为辅音。

单个辅音的发音：b—ball、d—dog、f—fish、h—hat、j—jump、k—kite、l—leg、m—man、n—not、p—pen、q—quick、r—run、s—sun、t—ten、v—vest、w—water、z—zoo。

故此，我总结了本次书中出现的字母组合，并配上不同的手势教给学生们。他们能拼出很多的单词，学习兴趣一下就高涨起来。

随着学生们对单词学习的兴趣逐渐浓厚，我深感自己的责任重大。接下来，我会继续探索新鲜有趣的、适合儿童学习的英语教学方法，以支撑学生们对英语学科的热爱。

教育是一种爱的感化

李丽丽

"静下心来教书，潜下心来育人！"如果十年前有人问我，教书和育人哪个更重要？我的答案倾向于教书，即传授知识。但是当下，这个问题的答案则必然是育人。在网络时代，人们接受信息的渠道多种多样。如果一个人的价值观和人生观都存在问题，那么其学识越高，对社会的危害就越大。这让我越发意识到基础教育责任的重大，育人很重要！

六年级一名叫Kevin的男孩，英语成绩优异，但行为随意，更不懂感恩。如果和他聊天，你很难走进他的世界，总有一种距离感。你对他的任何善意的关怀和劝导，不仅很难触动他，相反还会感觉到他对你满满的排斥。我从事英语教学工作，平时要面对的学生很多，有时候会安慰自己，Kevin英语成绩还不错，其他的就不要过于苛求。

一次英文写作课，我让大家对自己进行简单的介绍。他的描述让我触动很大！他的自我介绍中，有这样一句话："I think I am an evil boy."这句话的意思是："我认为，我是一个邪恶的人。"虽然语句通顺，语法正确，却让我异常伤心。

看着他从萌懂孩童，成长为少年模样，即便不喜欢他的行为处事，但不知不觉中早已把他视为自己的孩子，"邪恶"这两个字怎么可以用来形容我的孩子！我当时给他作文的评语很简单："In my eyes，you are a lovely and top student." 我说："在我眼中，你是一个既可爱又优秀的孩子！"

或许是我的评语，或许是平时我对他的关爱，我不知道具体原因，但我在课上已经听不到从他那个方向，偶尔传来的与课堂不协调的声音。他见到我时，也会主动善意地打一声招呼。他不会表达自己，他依然不会像其他孩子那样规规矩矩端正地举起手，但他改掉了很多随意的小毛病，比如像企鹅一样摇摇摆摆的姿势、不举手就随意发表意见等。最让我印象深刻的是一次英语随堂检测，最先完成的我会先批阅，我批阅了三四名距离我最近，并且是最先完成的试卷。Kevin坐在最后一排，距离我最远，当我抬头环视班级的时候，我看到他朝我默默挥舞着两只长臂，没有发出任何声音，只是挥舞的同时，微笑着看着我，等待我的回应。我走过去，同样微笑着问："你是要让我给你先检查一下吗？"他点点头，那一刻，那种久违了的，可爱的感觉又一次深深打动了我。

教育是一种"润物细无声"的爱的感化。我们做任何事情，只要努力了，都会起到正面的效应。即便当时没有显现，但是只要坚持，无论学生如何变化，有怎样的行为，都会被我们的关爱所打动，重回人生正轨。

武术教学的启示

李桂彬

某次上课时，我提出一个问题："你们知道什么是武术吗？"学生说武术就是武功、轻功、拳击等。拳击？我想，拳击是武术吗？我也不确定。有时候，很难料到学生会有什么样的答案。后来学生又说到武打片，例如《黄飞鸿》《卧虎藏龙》等。还有一名学生说跆拳道。其他人都笑他笨。但这个学生却理直气壮地说："跆拳道当然是武术了，是韩国武术。"这时学生都把目光投向我，我只笑不语，我知道他们想从我这儿得到答案。于是我话题一转，说："不管中国武术也好，外国武术也好，武术是怎么形成的谁又知道呢？"学生纷纷说打架、战争……如我所期望的，学生正沿着我设想的方向去思考问题。这时有一名男生大声说:"武术是张三丰发明的。"全体学生哄堂大笑。我整顿了一下纪律之后说:"你们都说得不错,我综合一下你们的回答,得出两个答案,一是武术是由张三丰通过打架发明的,二是武术就是武打片中的功夫,有轻功、有跆拳道、拳击等,对吗?"学生们都笑了,我也笑了。学生们很自然地问道:"老师,那你说什么是武术?武术又是谁发明的呢?"我简单地把中国武术的起源、发展以及武术的内容、分类给学生讲解了一遍,从学生的脸上看到了"明白"的表情。

趁热打铁,在让学生了解了现代武术分套路和散打两种表现形式以后,立即把他们引入本节课的实践部分。首先,我给学生示范了一套少年拳,每一个学生的眼睛都睁大了,手脚也忍不住跟着又打又踢。我说:"我知道大家都想自己也有一身好本领,但万事开头难,打好基础是关键。所以,今天我们就开始学习武术的几种基本腿法和手法。"刚开始学动作时,学生们都很认真,课堂气氛也非常活跃。但是学生们学会动作后,就不耐烦了。有的学生站着不动,有的说:"老师教的是花拳绣腿嘛,这么简单,一下就学会了。"按原来的计划,我是想让学生把一个个动作反复练习,再通过择优示范,让学生对比、改进,从而引导学生体会正确的用力方式。可眼看学生对课的热情程度在降低,按原计划上课效果肯定不好。我正发愁呢,忽然两个字在脑中闪过——拳击。学生回答问题时提到过的。对呀,我怎么把武术攻防特点给略过了呢!武术在演变过程中,无论套路也好,散打也好,从来也没脱离过攻击目标。我一下有了主意,学生也学起了正确的用力方式。简单讲评后,有的学生告诉我,始终找不到真实击打目标的感觉。我再在语言上加以引导,掌握正确用力的方式这个目标也就达到了。下课了,学生们表示很喜欢这样的上课形式,希望下一次课也能有这样的练习。

案例反思:

武术教学内容新颖,利用这一点能充分调动学生的积极性。由于这是第一次上武术课,不能只为了学生掌握一至两套套路,就像教广播操一样生硬地教,所以我这样设计了本次课的目标、内容。在教法上是通过提问,启发学生思维,再通过学生的回答情况,了解他们对这方面知识的认知程度,再引导学生更多地了解有关武术的知识,激发学生的学习欲望。学生给出的问题答案也启发了我，使我在教学方法和内容上迅速做出调整，及时补救了课堂上出现的不利情况，顺利完成了本节课的教学目标。

在改变中绽放

李洪英

一、在困惑中思变

1.我的困惑

本学期我接任六年级英语教学工作，虽然自己从事英语教学已有十几年，也具备了一定的教学方法和教学经验，但教学改革带来的巨大变化还是使我受到了一定冲击。目前各年级全部使用的北京版教材相对于原来的师大版教材，内容相对单一，教学资源匮乏，学生们学习兴趣不高。教师一方面要为学生讲解新教材内容并补充学生欠缺的知识点，一方面要组织学生练习口语和听力，因此课堂教学时间相对紧张。刚换完教材时，为了在40分钟内完成教学目标，我不敢放手让学生自主、合作学习，因为英语学科不同于母语学科，我总是担心学生不能准确地使用英语自我表达，会导致满堂笑话。对于六年级的学生来讲，即使我引导他们做，有时也未必会做好，还会惹来一肚子的气，还不如按照课前教学设计，运用教学课件，按部就班地讲课。但是一段时间后，我发现学生们厌烦了这种授课方式。

2.我的思变

接下来的课该怎么上呢？我决定改变教学策略，做一个幕后指导者，放手让他们自主学习。我要看看他们有没有这个能力。带着这种想法，我重新设计了教学方案，在课前布置了每节课的预习内容，学生们根据预习内容查找相关资料，以小组合作学习、自主探究的形式，开始了六年级英语第五单元的学习。下面就以Unit 5 When did the ancient Olympic Games begin？ - Lesson 16第二课时为例，谈谈新的教学方案带来的不一样的教学效果。

（1）自主选择，合作探究

上课伊始，在复习前一课的基础上，我出示了本节课的主题图引导学生观察：玲玲和洋洋在学校的操场上正在谈论什么呢？根据四幅小图的内容，学生们被分为四组，每组组长带领组员讨论本组的图片中谈论的话题，最好用英语写下来。由于本单元的话题是关于古代奥林匹克运动会的，学生对此知识很生疏，为了让学生更好地了解古代运动会，我提前让每组准备了一个Pad，以上网搜索相关内容。讨论开始后，每个小组一边搜索、观察，一边讨论、记录，每个人都兴致勃勃地发表自己的观点。

（2）精彩汇报，兴趣盎然

第一组为大家介绍了第25届到第28届奥林匹克运动会的举办国、会徽及会徽的含义；第二组为大家介绍了奥运五环的来历和意义；第三组为大家介绍了现代奥林匹克运动会的项目、各国的强势项目、著名的运动员、获得的奖牌等；第四组为大家介绍了奥运会诞生地——希腊雅典，在希腊举办现代奥林匹克运动会的重大意义。台上讲解的学生滔滔不绝，台下倾听的学生全神贯注。虽然学生们并不能运用英语来表达所有内容，但令我意想不到的是学生的学习兴趣会如此高涨，就连平时爱玩、爱说的都能静下心来听讲了，平时很少说话的学生也开口发言了。经过引导，学生再进行对话学习时，很快就理解了对话内容，也饶有兴趣地进行对话练习，英语基础好的同学还能续编对话。一节40分钟的英语课就在学生的积极探究、参与下愉快地结束了。

（3）创意作业，实践展示

为了进一步调动学生的学习积极性，在本节课的作业环节中，我也大胆地进行了一次有选择的、有创意的尝试：制作一期关于现代奥林匹克运动会会徽的手抄报；制作一期关于现代奥林匹克运动项目的手抄报；和家长一起制作一届现代奥林匹克运动会的PPT；讲一讲有趣的奥林匹克运动的故事；学唱一首现代奥林匹克运动会主题歌；重新创编一段关于现代奥林匹克运动会的对话；等等。在一次学科实践活动中，很多学生进行了展示，不仅锻炼了语言，还对现代奥林匹克运动会有了更深的理解。

二、反思改变后的教学

新的教学方案带来了不一样的教学效果，通过本节课的教学，不仅改变了学生们学习的主动性，提高了课堂教学实效性，也让我的角色由台前的主演变成了幕后的主导者，教师课上教得轻松，学生学得愉悦。

1.新的教学方案真正体现了我校的"三我"理念

我校提出的"我发现、我实践、我创造"教学理念变教为学，让学生主动参与到学习中，突出学生主体地位。作为教师，要敢于放手，放下疑虑，把课堂还给学生，充分发挥学生学习的主动性。教师应结合教学内容和学生年龄特点设计有效的教学活动，让学生在活动中实践、发现，相信学生们一定展现出一个意想不到的效果。比如我在设计这节课的活动时，既满足了学生们上网的兴趣，给了他们自由活动、自由讨论的机会，又提供了一个让他们展示自我的舞台。最终的教学效果大出我的课前预料，学生们不仅学得津津有味，还能积极主动地完成有创意的作业。

2.新的教学理念成就精彩的课堂

在本节的课堂教学中，因教学理念的改变，我不仅把课堂还给了学生，引导学生进行有意义的表演，还完成了教师角色的转变，由台前转到幕后，比往常轻松了很多。看到学生们在讲台上精彩的表现，作为他们的"导演"，我感到非常欣慰。教育改革需要改变的是理念，全新的理念不仅能解放老师，还能促进学生自主学习与探究，教学质量也会不断得到提升。

速写本的小材大用

马 兰

美育应以纯洁和高尚来打动人，使学生的情感纯洁化和高尚化。苏联著名教育家苏霍姆林斯基说过，美是一种心灵的体操，它使我们精神正直，心地纯洁，感情和信念端正，经过长期的美的陶冶，会在不知不觉中使人感到丑恶的东西是不可容忍的。让美把丑与恶排挤出去，这就是美育的规律。为此，我让生活美、自然美走进课堂，丰富美术教学内容的同时，也让学生在实践中将速写本小材大用。

速写本绘画的美丑能够体现出学生自身的观察能力、想象能力、创造能力、审美能力以及他们的学习状态等。因此，在美术教育教学中，我格外重视学生速写本的利用效果。美术课上怎样利用速写本进行美育教育，是我多年来一直在探索的问题。

对于科任老师来说，收齐学生作业本那可是一件很难的事情，尤其是美术学科。每每到了学期末，我按常规提前去各班通知一遍，但仍然会有很多班收不齐作业，个别班级甚至一半以上学生没完成作业。我做出过各种尝试，也发现了一些教育契机。

一、速写本——视觉性美育评价

爱美之心，人皆有之。我始终相信，不管是画画好还是不好的学生，都有一颗爱美之心。于是我利用速写本培养学生的美感。在教学实践中，我发现评价起着很重要的作用。于是，我选用橙色、黄色、绿色、粉色等彩色纸剪了很多很多"小苹果"，用于奖励学生，让学生在速写本的使用之初就注意美观。

四年级一班的小刘同学，真让人头疼啊！该生上课自言自语，总说自己的脑袋缺根弦儿，没有任何的规矩可言，经常影响身边的同学。我让他来到前面跟我一桌，可是他的自言自语也影响我讲课和批作业。没办法我让他又回到了自己的座位，我让他旁边的同学离开他到前面跟我一桌画画。可是这个"怪生"不依不饶，自己跑到前面求我，说："您还是让我到前面吧，要不我脑袋就缺根弦儿"。他站在我耳边说了很多遍这句话，我转过头耐心地对他说："你看我给你在黑板上画一个形状，如果你能继续画，用各种图形画完一个机器人，老师就给你三个印章。"他半信半疑地说："行。"但他由于平时不练习画画，不知从何下笔，我激他说："你不画我可画了啊"！我拿起粉笔又画了一部分，说："我要画完了，你就没有印章了啊"！我等于给他做了绘画示范，他赶紧说："我画吧！"他好像看起来正常多了。他最后画完了，也快下课了，我说："因为你从开学一直没有画画，你画的水平我可以给你奖励一个印章记在我的记事本上，下节美术课把速写本带来，我把印章给你盖在本上。"他频频点头表示赞许。一周后，他真的买了新的速写本，很认真地问我怎么得印章，我暗自窃喜。像其他同学一样，我给了他一张开学寄语，寄语上写着："绘画是一种快乐的游戏，大胆去画吧，加油！"我让他用我的胶水粘在本上。我给他盖了第一个印章，他问我："我还能追上其他同学吗？"我说："那怎么不能？很快就能追上的，相信自己！"我让美术科代表小蔺同学教他如何设计速写本的第一页，他学习得特别专心，科代表教的也特别有耐心，这一幕我被感动了。一会儿他自己设计好了封面，我又指导了一下，这时的他又乖又虚心，再加上上节课在黑板上画的机器人得到的小印章，他很快就得到了7个小印章，按照惯例6个印章换一个"小苹果"，他美美地贴上一个"小苹果"。这节课上的他显然"正常了"。他能够通过设计这个美丽的封面，发现并感受到美的意义。我真的从心里为他高兴，同学们也为他鼓掌，并说以后愿意帮助他。下课了，我感觉很幸福。

二、速写本——身心愉悦性美育评价

学生在自己的速写本上，可以画美术书中的内容，还可以自由抒发自己的情感，选择绘画欲望很强的内容来表达自己的个性和创意，以此来增强学生自信心，让学生身心愉悦。四年级三班的小周同学，单纯可爱，不爱说话，超级喜欢画怪兽。我抓住他的这一特点对他说："你画得特别棒！线条流畅，造型能力很强，如果在构图上再大一些，好好组织一下构图，再加上一些自己创意的东西，你的画面效果会更棒！加油。"我的一番鼓励之后，我发现他在每一次的美术课上都特别努力，一言不发，十分专注地在速写本上画着，从他的脸上，我看到了执着和自信。他的第一幅处女作《阿拉丁》很快诞生了，我奖励他一个"小苹果"，并把他的作品当作范画展示给全年级的学生。他兴奋极了。后来我发现他在那个小苹果上写上了几个字"我相信会有更多"。通过这几个字，我知道他已经有了非常大的自信。一个月下来，他已经用小印章换到了好几个"小苹果"。我看到他在自己的"小苹果"上写道："我要画得更好！！"我观察到，他的脸上洋溢着快乐和自信。我被感动了，也更加坚信，有付出就会有收获。

每个孩子都是父母的宝贝，我对孩子们就像对待我自己的孩子一样，我希望我能把他们教得更好！本学期接近尾声了，从小周同学的速写本上，我看到了满满的两页"小苹果"和印章，再加上他的自评、生评以及师评这些富有情感的文字，真是比奖状都好看。因为这满满的两页中渗透着他本学期的每一个脚印，这是成长的脚印，承载着满满的幸福！加油，宝贝！

三、速写本——激发学生积极情感审美体验

二年级的小高同学在上美术课时，能带齐用具，但懒惰、不自信。我一直在观察她，我发现，她的作品像简笔画，缺少深入细致的绘画。换言之，该同学缺乏对美的感悟。

我仔细批改她的作品，耐心地指导她作画，鼓励她多用一些点、线、面等基础美术技法。线条丰富了，画面自然不会显得那么空了，再加上一些大胆的想象，相信她的作品会大不一样。经过一段时间的练习后，她终于自信了起来。我更加关注她的每一幅作品。期中后的一天，她画了一幅让人眼前一亮的作品。我欣慰极了。

她的这幅作品，线条大胆、从容，色彩搭配较为和谐。看来，她已经爱上绘画了。期末，我奖励给她一个自制的"大苹果"奖状，上面写着"最大进步奖"。

我的"大苹果"激发出她的创作热情，她不再掉队了，绘画水平大幅提升。和其他学生相比，她最大的优点是找到了努力的方向，肯下功夫。《荀子·劝学》载："不积跬步，无以至千里；不积小流，无以成江海。"每次一点点的进步，变化并不明显，但是当学生拿出三个月前的作品，甚至半年前、一年前的速写本，一定会发现自己进步巨大。与此同时，一本专属自己的、独一无二的小画册也诞生了，学生展示的时候会有满满的成就感。这个小小的速写本，能使学生在积极的情感体验中，逐步提高观察力、想象力、创造力，以及审美品位和审美能力。

闲暇时间，我最喜欢做的一件事就是翻看学生的速写本，因为他们的想象力和特有的审美，都是独一无二的。我喜欢他们速写本里的每一张作品，喜欢作品中的稚嫩线条；喜欢作品反映出的各种情感；更喜欢作品中流露出的，学生对美术的热爱。每到学期末学生展示速写本的时候，我都会捕捉到很多镜头。镜头下，那一张张自信、得意的笑脸让我记忆犹新。速写本的小材大用，孩子们受益终生！

一次"意外"的收获

苏桂芳

我从事英语教学工作已经有26年，在此期间总是会碰到一些意外情况。它们是教学中的不确定因素，直接影响师生互动和教学效果。

在一节英语课上，有位同学突然大声说道："老师，李明在画画！"那节课的教学内容是What are you doing? 我原本顺利进行到一半的教学被打断了。全班同学都看向李明，那名画画的同学。我也看向他。李明是一个极其调皮的学生。即便全班都在看他，他也没放下手中的笔，还在继续画画。我知道，如果一把夺过他的画纸撕掉，或是大声责骂他几句，能让我自己解气，但是改变不了李明的态度。我强压心中怒火，走到他边上，语气平和地问："What are you doing?"或许是他没想到我会这样问他，或许是他根本没听懂我的问话，不知道怎么回答，总之他没说话。我转而问其他学生："Who can help him?"马上有同学举手回答："He is drawing."我请李明说："I'm drawing."他轻声地跟着说了一遍。我对他点点头，加上一句："Very good!"大家一看他跟着老师也学会说一句英语了，就齐声鼓掌激励他。李明不好意思地摸摸头，坐直身体，和大家一起认真听讲了。

反思与分析：

在教学过程中，教师经常会遇到类似的事情：有些学生课前没准备好学习用品；有些学生上课喜欢讲点"小笑话"；有些学生注意力不集中，喜欢做小动作；等等。面对这些情况，我们应该怎么处理呢？如果采取强制手段来制止学生的无纪律行为，就会产生不良的结果。不但无法让学生真正信服你，反而会拉开师生之间的距离，树立老师在学生心中的强权的形象，形成课堂上师生之间压迫与被压迫的不平等关系；学生无法接受老师的观点，愈发对英语敬而远之；不仅无法培养学生学习英语的兴趣，而且会狠狠地挫伤他们的积极性，为以后的英语学习划上一道永不磨灭的伤痕。这样做只能引起学生的逆反心理。

在上述教学片段中，我采取了与学生保持一致立场和先扬后抑的方式，来个"顺水推舟"，用宽心来打动和征服他们，使得课堂氛围轻松、和谐，并且满足学生的求知欲。

作为一名教师，要在平时加强专业知识学习，拓宽知识面，不断提高自己的知识水平的同时还要有应变机智，注意积累各方面的教学经验。只有这样才能得心应手地解决遇到的各种问题，机智地处理教学突发情况。

唤醒学生内心情感，方能有效实施教学

胡 梅

教育是情的感化、心的触动。作为一名道德与法治教师，虽然已任教几年了，但我仍然时常被教材内容所感动，被学生们清澈的目光所打动。是教材，让我引领学生们小小地了解了社会规则；是教材，让我告诉学生们怎样与人愉快地相处；是教材，让我走进学生们的内心……这是一门教会学生生活，引领学生身心健康成长的学科。当下，社会过于重视学业，忽略了孩子精神和内心世界的需求。我认为，在启蒙教育阶段开设这门学科，能够让学生明辨是非，学习处理问题的方式方法。

本学科教材的编写、内容的选择及引导的方式，符合儿童年龄特点。教师需要研究的是，如何让学生理解、接受甚至升华教材内容。我以《道德与法治》二年级下册中《面对困难我不怕》一课为例，谈谈我的做法和感受。

一、教学内容与目的分析

每个人在成长过程中都会遇到各种各样的困难，克服每一个困难都是对自己的一次挑战。教材中，用小朋友学游泳害怕、小黄莺唱歌的童话故事等，展现了每个孩子都会遇到的恐惧和畏难情绪，用这些小故事告诉孩子要有勇气和自信尝试自己以前没有做过的事情，这就是成长。

二、教师举例说明

教师讲述自己的亲身经历，以拉近师之间的感情，激发学生心中的热情。

课上，我讲述了自己遇到的困难和挑战。我跟学生们讲，我23岁那年，跟随校长和其他三位青年教师到天津一所小学上公开课。我勇敢地接下了这个任务，感到很荣幸，因为这是一次很好的锻炼机会。我精心地准备，一遍又一遍地修改教案，请专家指导，就连在去天津的路上都在暗自过教案。上课的时候，有两百多位老师来听课，我虽然有些紧张、害怕，但是依然充满激情地给天津的学生们上了一堂课。他们非常喜欢我的课。因为我的准备非常充分，所以这节公开课上得很成功，并且得到了专家的赞扬。

教室里，学生们安静、认真地听我的讲述。他们这才意识到，大人也像他们一样有害怕的时候。原来这就是挑战。我的故事，一下子拉近了师生的距离。孩子们受到启发，都积极地把自己的挑战故事讲给大家听。有的学生说："参加钢琴演奏比赛的时候，刚一上台时特别紧张，但是我给自己鼓劲：'你一定行！'最后我取得了好成绩，我特别开心。"有的学生说："我学骑自行车的时候，很害怕，妈妈在后面给我扶着，鼓励我，告诉我往前看，我一次次地摔倒，可我不怕疼，爬起来继续练，很快就学会骑自行车了，我可高兴啦！"

三、学生举例说明

同龄人的经历最能让孩子们理解，也是最好的教育素材。

一个小男孩说："我很怕一位叔叔，每次见到他都不敢说话。有一天去叔叔家,我鼓足勇气大声地叫了一声'叔叔'。从那以后我就不怕他,敢跟他说话了。"这个小男孩的话把我逗笑了。因为我的小外甥就特别怕大姨夫,看见他就哭。有一天来我家,刚进门就大声地叫:"大姨夫!"他的小脸涨得通红。我当时就想,这孩子得需要多大的勇气啊!真是对孩子胆量的挑战。从那次以后,外甥真的不怕他大姨夫了。我把小外甥的这件事跟学生们绘声绘色地讲了,他们都笑了。课堂上这个小男孩坦诚地表达了自己的情感。其他学生也接连真诚地讲述了自己的故事。我很开心,每个学生都有着丰富的想法。这种师生互动、生生互动,既让学生们体会到了成就感,也让学生们从中获得了信心和勇气。

四、结合实际,展开教育活动

教师真诚地为学生想办法,赢得学生的信任与爱。

学生们敞开心扉,说出自己心中的畏惧。有的学生说:"音乐课上,我不敢在全班同学面前唱歌,因为我特别紧张。"我把她请到讲台上,问道:"你最喜欢唱哪首歌?老师跟你一起大声唱。"她悄声回答我。我带着她大声唱起来。她很开心,声音越来越嘹亮,很放得开。我逐渐放低声音,第二段完全让她一个人唱了。她也唱得非常好听。我与学生心连心,理解了他们怕的心情;他们也能感受到我的真诚可信。这种共情的交流会给学生带来更深刻的情感体验。

我和学生们一起总结了我们克服困难的过程,我们勇敢地面对困难,不害怕;我们准备充分,想办法解决困难;我们试着做自己没做过的事情,并且相信一定会有收获。

短短一节课上,学生们出色的表现让我久久不能忘怀。我跟他们就像朋友一样交流,都对挑战自我有了新的理解。我最深的感受是:师生共情的课堂才是入心的教育,只有唤醒学生的内心,才能有效地实施教学。

我的家人不爱我

张云芳

随着新课改的不断深化,小学思想品德教材也发生了改变,从原来的《品德与生活》改成了现在的《道德与法治》。名称变化意味着主题变化,教学内容也做了相应的调整。面对新课改要求和教学内容的变化，我们应当及时转变理念，创新教学方法，坚持人本原则，提高教学质量。在小学《道德与法治》课堂教学过程中，采用故事教学法进行教学是新教材的特点。对于小学阶段的《道德与法治》教材而言，既是教科书，也是连环画册。该教材中配有丰富的图画，结合简洁文字来"讲述"的小故事，从而使学生更容易理解，并且爱读故事，从而使教学内容更加的丰富。上述教材资源若能在教学实践中得以充分应用，则可以使课堂变得更加高效有趣，在此过程中学生能够深切体会到故事的情感。

在《道德与法治》一年级下册中，有这样一个连环画故事。奶奶送小刚上学，让小刚自己背书包。小刚看见别的同学都是家长帮忙背书包，就问奶奶："奶奶，您为什么不帮我背书包，难道您不爱我吗？"针对小刚的这个问题，我组织学生开始讨论："奶奶到底爱不爱小刚？为什么？你是怎么想的？"同学们经过讨论后，有同学说："奶奶当然是爱小刚的呀！因为奶奶要培养小刚自己的事情自己做。"当学生说出这个答案时，我觉得这正是我要的答案，觉得达到了教材的编写意图了，就说："你们都同意他的看法吗？"大家异口同声地说："同意！"正当我要往下继续讲课时，突然刘牧遥同学站起来说："我觉得奶奶不爱小刚。"刘牧遥本来就比较淘气，上课爱捣乱，我心想：他一定是来砸场子的。但是作为老师，我不能不让他发表自己的看法啊。于是，我就客气地说道："为什么说奶奶不爱小刚呢？说说你的理由。"他站起来一本正经地说："因为书包太重，让小孩子背着会影响孩子的生长发育，甚至变成驼背，我觉得应该让家长背着，如果家长不帮我背书包，我觉得家长就是不爱我。"此话一出，班里马上炸开了锅。

我马上让学生们安静下来，然后说："大家有不同意见，可以讨论。"一个女生说："我觉得刘牧遥说得不对。我妈妈就对我说，如果我们小的时候不能吃苦，自己的事情不能自己做，等爸爸妈妈老了，他们帮不了我们，我们就什么事情也不会干了。所以我觉得我们的书包必须我们自己背。"刘牧遥说："可是书包太重，我背不动呀！"其他同学说："你可以想别的办法啊，比如用拉杆书包，不用背，拉着走就行啊。"还有同学说："你的书包里可以少装点东西啊，每天清理书包，上什么课就带什么书，你的书包就不会很重呀！"又有同学补充道："你不要带玩具，把水壶拿在手上，书包也会轻很多了。"经过一番唇枪舌剑，刘牧遥只好暂时服气了。看来要说服他还需要我们平时课上多关注他，引导他，还需要家长的配合，我们要多跟家长沟通，教育孩子的事从来都不是只有学校教育，还需要学校、家庭、社会的共同努力。经过同学们的这一番讨论，不但培养了学生的发散思维，也培养了学生们的生活和学习的好习惯。

课后，我经过反思：课上我们要允许有不同的声音。尤其是我们认为觉得是砸场子的声音，也许它的出现正是我们教育的契机，利用好这样的机会，能把我们的教学推向高潮。

我很在意你的变化

王敏花

育人的工作千头万绪，面对的个体也各有不同。有时一两个"活跃分子"就能搅得课堂松懈，影响老师的教学工作，学生们也无法认真听讲。不管老师是严厉地批评，还是晓之以理地教导，也只能安静上三五分钟，尽管自己绞尽脑汁的设计课堂环节，采取多种教学方法吸引他们的注意力，也无法达到预期的教学效果。一节课下来，心里郁闷死了，真不想教这帮孩子了。

四年级的小杰（化名），是典型的"活跃分子"，稀奇古怪的语言及无缘无故的插嘴常常引得全班哄堂大笑。这让他更加得意扬扬，有的学生甚至还迎合他的这种行为，这给课堂带来了很多的负面影响。我又生气又无奈，一学期下来已经是疲惫不堪了。

面对这样令人头疼的学生，我不得不深思。我努力寻找他的闪光点，他并不是一无是处，他爱说，口语表达能力很好，记忆力也很强，说话声音洪亮。我还发现他很热心，喜欢帮老师做一些事情，应该是一个可塑之材。是不是我的教育方法出了问题？假期里我学习了很多关于课堂活跃分子的管理方法，还认真拜读了《给教师的建议》等教育书籍，也向其他老师了解这个孩子的情况，预想出各种试用的方案，期待着新学期的到来。

教育中的黄金时期，开学的第一堂课、第一天、第一周，其意义和效果都是非凡的，这一周对孩子的定位与发展有着决定性的意义。

新学期的第一堂课，我提前来到教室，看看同学们有什么变化。我发现小杰早已经做好了上课前的准备，书、本摆放得整整齐齐，铃声一响坐得笔直，看上去特别精神。我高兴地走到他身边，冲他微笑并伸出大拇指以此来表扬他。他会意地冲我微笑，也点了点头。我对他的关注确实起了作用。接下来的课中，我能看出他在尽量控制自己，尽管有时也不由自主地动一下，但马上又醒悟似的坐好，刚要张口说话时，自己马上用手捂住嘴巴。看了他的表情变化，我及时送去鼓励的微笑或提示的眼神。他领会了我的意思，表现得非常好，还主动举手参与课堂提问。我抓住时机赶紧在全班同学面前表扬他："小杰同学今天的表现非常好，上课坐姿端正，回答问题积极，声音洪亮，我们要向他祝贺！上学期他有些不足之处，但他有毅力和决心与'不足'断绝关系，恭喜他今天这节课战胜了自己的弱点。"在我真诚的鼓励和表扬下，他的坐姿更端正了。看到他的改变，我很欣慰。

接下来的课堂中，小杰虽然有时也会出现一些小问题，但他确实在渐渐地进步。他竭力控制自己的不良行为，课余时间我也经常和他谈心，让他更有信心地在课堂上自觉约束自己的行为。

反思对小杰的教育问题，我有以下几点感触。

第一，教育首先要尊重孩子，尊重他们好动的天性。好动的孩子思维一般都很敏捷，如果当着全班同学的面直接批评他的错误行为，往往会严重挫伤其自尊心。此时，教师用眼神和手势与学生交流，一方面保护了他的面子，另一方面他也会因老师的尊重而做得更好。中年级的学生已经形成了是非观，对于行为习惯不太好的学生，教师要善于发现他们的闪光点，抓住教育中的有利时机，利用表扬的"武器"，激活并强化他们自身的正能量，让他们感受到教师的关注和关心。

第二，教师要善于抓住教育的黄金时期。俗话说："良好的开始等于成功的一半。"上好开学初的第一节课、第一周课，对于我们这样串班上课的老师尤其重要。最令我们头痛的就是每个班那几个"活跃分子"，只要我们利用好了第一节课，让孩子感受到老师对他的期望，对他的认可，让他有成功感、自信心，相信在老师的理解、宽容、真诚的表扬和鼓励下，他们会做得更好。

总之，多给孩子一些关爱，他们会更加健康，多给孩子一些阳光，他们会更加灿烂……作为教师，我们何乐而不为呢？

爱心教育

叶 飞

我是一名刚入职一年的音乐教师，立志要做一名学生心目中喜爱的好老师。在这一年里，我发现我们班有一个特殊的孩子。之所以说他特殊，是因为在音乐课堂上我发现了他的不同。坐在他前后左右的同学都举手示意说他的行为影响到自己的学习了。他旁若无人地做小动作、发出怪声、手舞足蹈，等等。后来我和班主任老师沟通后才了解到，这个孩子在其他课堂上也有类似行为。怎样才能管理好这个学生在音乐课堂上的行为，是我要解决的一个重要问题。

当一个好老师最基本的条件是什么？"拥有一颗爱孩子的心！"离开了情感，一切教育都无从谈起。爱学生，就必须走进学生的情感世界，将自己当成学生的朋友，去感受他们的喜怒哀乐。我们对学生的爱，不应是居高临下的平易近人，而是发自肺腑的对朋友的爱。爱心和童心，是我的教育事业的最后一道防线。

每当这个孩子犯错时，我没有直接批评他，而是课下把他叫到身边来和他聊聊天，比如你在家最喜欢谁呀？你最喜欢玩的玩具是什么呀？他也很喜欢和我聊天，然后我就在聊天当中教育他，说其他小朋友是我们的小伙伴，只有你友好的对待他们，他们才喜欢你……

大概经历了两个月的时间，我发现他比之前在课堂上的表现要好多了，我开始在他做出改变时当场称赞他，让其他同学在循序渐进的过程中接纳他、认同他。在一次《小青蛙找家》的唱歌课上，学生们聆听一遍音乐后，在游戏环节中模仿青蛙的叫声。大家都兴致勃勃地模仿青蛙叫。在一片嘈杂的声音中，我听到了一个清脆的声音在哼唱这首歌曲。作为一名一年级的学生，仅仅聆听一遍范唱音乐就能哼唱歌曲，说明其乐感很强、领悟能力很高。我非常欣喜地寻找这名唱歌的学生。随后，我的目光落在了他的身上。他正在哼唱着这首既简单又不简单的歌曲。我既诧异又欣慰。游戏环节结束之后，我提问："刚才老师听见有同学已经会唱这首歌曲了，请问是哪位同学？"全班同学看向他，纷纷说"老师，是他""是他、是他"……我欣慰地点名夸赞了他。我相信也坚信，在以后的学习生活中我们会成为朋友。

通过这件事情，我反思了很多问题：学生在想什么，我知道吗？我走进学生的心灵了吗？我审视过学生的心理需求吗？我设想到学生学习的困难了吗？我的好意学生清楚吗？我的严格学生理解吗？我越反思越慌张，我做得还远远不够。

"人之初，性本善。"童心即爱，哪怕是最调皮的学生，也是爱老师的。这让我想起了学校里惹事、捣乱的学生，常常令我很生气，操很多心。但是在过教师节、国庆节等节日时，我常会收到他们的贺卡，他们也会帮我拿东西，等等。

"感受爱，回报爱。"我觉得教师对学生的爱是回报。从事教学工作以来，我都按自己的想法去"爱"我的学生。我努力地和学生做朋友，也有一些学生把我当朋友。然而，我觉得自己还没有好好地去感受他们的喜怒哀乐。爱学生，需要真诚，需要行动。

我知道做一个老师不容易，做一个好老师更是不易。参加工作以来，我学会了和学生相处，学到了新的教育理念，也深深地感受到，教学工作需要加倍的爱心与耐心。学生的要求并不苛刻，他们很可爱。我尝到了教育的甘甜，也感受到了教育带来的喜悦。

以心灵赢得心灵，用人格塑造人格。爱心成就梦想，爱心传递希望，爱心唤醒力量，爱心铸就辉煌。陶行知说："没有爱就没有教育。"因为有爱我们才有耐心，因为有爱我们才会关心，因为有爱我们才和学生心贴心。

第四章

教学经验总结

第一节 语文篇

"疫"路同行 直播连接你我

张 萌

一、"停课不停学",我响应

庚子鼠年,开年就不一般。"新冠"疫情突如其来,我们作为教师,虽然不能像医护人员那样冲在抗击疫情的第一线,但我们响应国家"停课不停学"的号召,贡献出了自己的一分力量。在特殊时期,尽己所能,教书育人。

由于疫情的影响,人们过上了足不出户的生活,所以学校的教育教学工作主要通过网络来进行,在微信、钉钉等网络平台上,收发作业、个别辅导。在这一时期,我第一次接触到直播,为学生们答疑解惑,在线上班会上和孩子们互动。通过网络教学,不光能传授知识,还能关注学生的德育发展。

教师的答疑需要直面学生的兴趣点和需求点,既要考虑到心理的满足和期待感,还要最大限度地实现学习目标,拓展学生思维,多样化育人。答疑不光是学生提问、教师回答,还是一种对学生学习查漏补缺的过程;在直播中,了解和掌握学生的学习情况,检查学生背诵情况,讲解作业中的难题,让学生在网络的另一端掌握知识。网络拉近了我们与学生的距离,让在家学习的学生也能和老师面对面。我们利用直播不仅能为学生答疑解惑,还能满足学生交流的需要。

二、"疫"路陪伴,伴成长

"亲其师,信其道。"尊重屏幕那端的孩子,及与孩子相关的每一双眼。我不断揣摩语气和表情,尽量使自己的表达具有层次感、亲切感,以使学生听课时更放松。教师的语言、动作、表情都会影响学生的学习状态,所以我不断地改善自己在屏幕前的教态。从一开始的不太自然，到后来的游刃有余，我为之付出了巨大的努力。我坚持了下来，现在每周都直播，和学生一起在"空中课堂"上课。学生一声声亲切的"老师好"，一句句的"老师您辛苦了""老师您也要注意身体"，温暖了我的心，让我不觉得委屈，不觉得疲倦，反而拥有浓浓的幸福感。看着孩子们一天天成长，更加成熟懂事，我为他们感到由衷的骄傲；看着家长们的配合与理解，每日按时上报体温、健康状况，离京、回京及时和我沟通，我深感欣慰，感谢他们配合学校的工作。

在线上教学与班会答疑上，会出现许多小状况，我印象最深的有两件事。第一件事，和我的"得意弟子"小堂有关。在接手这个班级的时候，小堂踏实的学习态度、"打破砂锅问到底"的精神，给我留下了很深的印象。她写得一手好字，作文也写得行云流水、情感丰富细腻，同时对待交给她的工作也很认真。我很喜欢她，选她当了我的语文课代表。在线上教学时，她自理能力特别强。通过和她妈妈的交流我了解到，小堂能够自己上课，独立完成作业并上传到钉钉，再根据老师的批阅进行修改；直播时，她积极和老师互动，回答问题、班会发言互动也特别积极，我看在眼里，喜在心里，特别为她感到骄傲。但线上教学第三天，我收到了小堂同学的钉钉私聊，我还以为是对学习有疑问，点进去一看，呀！原来是小堂妈妈帮助她打字问我："老师，这几天的优秀作业没有我，作业是哪里做得不好吗？"我心里很纳闷，明明之前已经选过她，赶紧一翻，原来真是因为我对软件的不熟悉导致没选中优秀作业。我心里很是愧疚，孩子们很重视表扬和榜样带头作用，老师的一句表扬，哪怕是一朵小红花都会让孩子高兴一天，我却因为自己的失误让小堂受了委屈。我赶快通过语音和小堂解释是我操作失误，郑重地和小堂道了歉，希望她别在意，小堂也给我发来了语音，和我说："老师没关系，我也没生气，就是怕自己哪里做得不好，想改进。"小堂妈妈也给我发来了感谢的话语。这次经历让我意识到，自己有失误的时候，诚恳地和学生沟通，并不会"失了面子"，反而会拉近自己与学生的距离，也让家长肯定自己的工作，拉近家校距离，更好地进行家校协作，纾解孩子的负面情绪，让学生快乐、自信地成长。

另一件事则发生在直播期间。直播时，为了更好地进行互动与检查，我经常会选择学生连麦回答问题，也会通过连麦功能抽查背诵。看着屏幕里一张张熟悉、亲切、可爱的笑脸，我仿佛回到了校园中，回到了教室里。线上直播也会发生一些小插曲。面对镜头，我刚开始也会不好意思，也会紧张，更不用提孩子们了。在抽查背诵时，我先抽到了小月，小月是一个有点腼腆害羞的小女孩。因为在她发来的视频作业中，她背诵得很熟练，所以我想给她一个展示的机会。可是小月面对镜头紧张了，诗句背得磕磕巴巴，和我说"再见"的时候情绪很低落。我意识到了这一点，结束直播答疑后赶快联系小月的妈妈，和小月妈妈一起通过微信鼓励孩子。我们告诉小月，她背诵得很好，只要不紧张，下次肯定没问题。小月终于笑了，她在语音中说："谢谢老师。"我心里的一块石头落了地。下一次背诵抽查时，我特意又选了小月。这次小月在屏幕那头落落大方，熟练而有语气地把古诗背诵下来。我不禁为她点赞。小月也露出了自信的笑容。

在线上教学期间，我也琢磨出了一些好方法。我在直播答疑的时候和学生一起练习，出示练习题，连麦回答问题，还利用评论检查学生的知识掌握情况。另外，利用钉钉检查作业、批改作业，检查背诵情况，通过亲切的作业评论语言，通过网络和学生见面，拉近与学生的距离。另外通过线上直播、视频会议、微信视频等网络手段，了解学生的心理情况，和学生聊天，亲切地了解学生的情况，安抚学生的情绪。特别是预计开学时间又延后时，通过钉钉直播，和学生们聊天，正巧这时在校办公，听到熟悉的下课铃声，孩子们纷纷在直播中打字，怀念在学校上课的日子，这时我告诉学生身体健康安全第一的道理，安抚想回到学校的孩子们的情绪。

对于个别生的指导，确实也比原来困难。我也迎难而上，单独鼓励个别背诵作业完成得不太好的学生："别紧张，下次你一定行。"我的鼓励，激发了学生背诵的热情。视频直播答疑，先讲解作业中的错题。通过单独指导学生学习，提高了学生的积极性。在直播中出现的问题，无论是学习上的还是情绪上的，我都会给予细微指导。

三、"互联网+"，我理解

我深刻体会到，对于孩子的教育，需要家校合作、共同努力。我们需要紧紧抓住互联网这条捷径，和家长紧密联系，关注孩子成长过程中的每一个细节。我意识到，家长和教师都是为了孩子着想，家长们虽然很忙碌，但也不会放松对孩子的教育。小李的家长平时就很重视教育。在和他父母沟通时，也感受到他父母对学校工作的配合和对孩子学习的重视。可有一次，小李连着两天各科作业都没有上交，提醒了也仍然没有上传。于是我和小李妈妈单独沟通，原来自疫情暴发后小李的妈妈工作十分忙碌，常常加班到半夜；而爸爸辅导作业后又对钉钉操作不熟悉，作业无法及时上传。好在孩子很聪明，家长教会他上传钉钉的方法后，他上传得很熟练。我了解到情况后，通过重点作业批改与作业评语，帮助孩子巩固知识，拉近与学生的距离。

站在巨人的肩膀上能看得更高、更远。通过学习市级教案和市级课程，以及空中课堂和区级资源的心理课程，我受益匪浅。市级骨干教师虽是在上没有学生现场互动的课，但通过观看课程和教研组研讨，我收获颇丰，感触良多，这才是真正地把课堂还给学生。我感受了市级骨干教师先进的教育教学理念。经过一段时间的研讨、学习，我掌握了很多新的教学技巧。比如，如何调动小组学习的积极性，如何批改作业更高效，如何让组长带领组员定制每日学习清单，等等。

总之，疫情面前，我们不等、不空想，立足当下，想尽办法，在尝试、实践、反思中更新教学手段，基于作业完成和反馈情况，不断尝试新方法，拉近与学生的距离。让学习有效发生，把每一次钉钉连线当作立德树人的好机会。通过网络教学，更让家长在疫情期间对我们教师的工作有了新的认识，也更好地配合我们的工作。这次特殊的疫情，不仅让我重新认识了学生、重新认识了教育，还让我找到了教育的初心。

深入文本，提高小学生语文阅读实践能力

柳艳琪

在教学发展的进程中，学生对阅读的需要不断增加。提升学生的阅读能力是培养语文学习能力的基础。阅读是对外部信息的建构和理解，只有学会阅读，才能对文本进行深入的理解，进而拓展思维，将知识内化。因此，如何有效地提升小学生阅读能力，是小学语文教师必须要思考的问题。

一、阅读教学实践性的思考

1.阅读教学实践性概述

阅读是小学语文教学最基本的内容，也是最主要的内容。"小学语文阅读教学实践主要是教师、文本以及学生之间的相互对话实践活动，具体包括对话练习实践和对话成果实践两种实践方式。"教师通过听、说、读、写等方式与学生进行对话练习，培养学生对文本的"敏感度"。之后，学生再根据自己的所学对文本进行解读，在不断的练习中提升学生的阅读能力。而在阅读教学的过程中，学生的阅读能力并不只依靠听说读写来体现的，更重要的是对文本的理解、思考、感悟和应用。

2.阅读教学实践性问题简述

目前，阅读教学存在着诸多问题。"学生过分依赖网络或电视，缺乏良好的语文阅读习惯。随着科技的不断发展，网络、电视的发展也在不断更新，使得学生越来越沉迷这些高科技的东西上，对它们产生浓厚的兴趣。"信息时代是机遇与挑战并存的时代。对于空余时间的安排，学生有了更多的选择机会。大部分家长或采取措施限制学生使用网络的时间。但是，当学生被网络吸引了注意力后，就会分散对阅读的兴趣。

阅读是心中自发的行为，是人的兴趣使然。学生可以通过阅读培养自身的阅读能力，并在实践活动中应用阅读能力。这个过程完全是学生自发的行为。但是对于已经被其他事物分散注意力的学生，教师或者家长往往用学习任务物质和精神奖励等方式激发学生对阅读兴趣，从而使学生的阅读实践性带有功利性的色彩。

如果学生的阅读实践活动仅仅依赖于课堂，那么阅读实践也未免少得可怜了。阅读是连续的过程。学生在课堂上进行阅读实践活动，课下以及其他时间与他人的交流也可构成阅读实践活动，但这仅仅是表面的阅读实践活动，真正的阅读实践是深入文本，进行理解感悟。就算如此，学生阅读实践的时间依旧是不充足的。学生在家中，也应该利用充足的时间进行阅读实践活动。

二、语文阅读实践能力培养的几个方向

1.利用网络环境建构学生阅读实践平台

"网络信息的丰富多彩给探究问题达到深层理解提供了材料上的保证网络的

空间特征满足了语文阅读教学创设学习情境，并对之实施及时动态的有效控制的空间要求。"语文实践能力的提高依靠的不仅仅是课堂上的锻炼，更是在社会环境下，利用社会资源进行学习的过程。网络时代的发展，为学生的知识进行了无限的延伸，拓宽了学生的知识面。而这种信息量和信息深度都是课堂教学望尘莫及的。利用网络环境，构建学生共同学习的平台，进而促进学生阅读学习，深入的进行语文阅读实践活动。学生借助"一起作业"等App在网上进行学习。学生将录制好的读书声上传到"一起作业"App。教师通过网络在App上进行评价指导。不仅提高了教师的工作效率，而且为学生搭建了互相朗读，互相学习的阅读实践活动平台。

2.联想式阅读实践

联想式阅读实践主要分为：相似联想、情景联想、对比联想和象征联想。"在日常教学中，举一些或简单或形象的事物来阐述或复杂或抽象的道理——寻找相似点，从而为学生搭起理解的桥梁，这个过程便是相似联想。"情景联想指学生发挥想象力与生活实例，书中或电影情节等进行联想，加深学生对文本的理解。如在《我一定要等她》中，联想到自身，如果朋友没有在约定的时间出现，你会是什么样的心情？对比联想是针对阅读中的某个特点的反例进行联想。这是从反面证明的联想方法。例如李白《早发白帝城》和《下江陵》的心情对比，突出了李白被赦免后的愉快心情。象征联想是利用象征手法，从具体过渡到抽象的思维过程。学生借助马致远在《天净沙·秋思》中描述的"枯藤""老树""昏鸦"等意象，了解作者思念故乡、疲于漂泊的凄苦之情。

3.明确阅读实践主体是学生

"多年的教学经验使我体验到：一位好的教师，应该让学生当演员，自己当导演。我们应该交给学生的是点金术，而不是仅给学生一小块金子。这就是说，教学中要力求运用多种教学手段调动学生的积极性、主动性，让学生自己动手、动脑，发挥学生的主观能动性，使学生真正成为学习的主人。"语文阅读实践活动是教师，学生和文本互动的过程。学生要在教师引导下不断地进行阅读实践活动，培养阅读实践能力，从而提升自己的语文素养。这就是我们常强调的："授人以鱼，不如授人以渔"。教师应该尝试使用多种教学方式，调动学生的主观能动性，激发学生对阅读的兴趣，促使学生真正爱上阅读。

4.重视阅读实践活动的过程

语文阅读实践活动的基本就是"读"。教师在阅读实践教学过程中最重要的就是引导学生对文本进行阅读。深入文本的学习需要依靠大量的阅读积累。"读"是学生深入文本的基础。在这个积累的过程中,得到的成果并非带有突出性,也不必急于求成。因为"读"是一个奠基的过程。教师在日常的阅读实践过程中,可以引导学生大声地朗读。朗读的过程同样也是一个积累的过程。例如,古诗教学中的"千山鸟飞绝,万径人踪灭。孤舟蓑笠翁,独钓寒江雪",学生仅仅依靠词句和柳宗元的背景分析是很难理解诗人孤独愁苦之感的。理解这份情感需要足够的生活经验积累。但是诗文的积累可以在不知不觉中帮助学生培养人文素养,传承我国优秀传统文化。

现代与传统相结合,打造多元语文课堂

李亚男

现代互联网技术在语文课堂的应用,不仅充实着教学内容,还促使着教学方法和教学内容的不断改革。语文课堂中互联网地运用向人们展示了一个崭新的、广阔的学习世界。这种前所未有的发展态势,正在改变着人们传统的学习和思维方式。本文主要谈一谈我在语文教学中将互联网与传统教学有效结合的经验与感受。

一、现代语文课堂的普遍现状

在教学方式方面,我们普遍习惯和施行的是以教师为主导的填鸭式教育。教师在课前和课后布置要预习和完成的作业,在课上带领同学们学习课本知识,将考试涉及的知识和内容尽可能全面地呈现在学生面前,以求学生快速、有效地理解和运用。大部分学生费力地跟随老师的进度,被动地接受老师所传授的知识和技巧,在还没有完全消化吸收的情况下进行下一步任务,表面上没有掉队,实则已经学得很勉强。

二、传统教学出现的问题

1.填鸭式教学束缚了学生的探索、创新能力

创新是一个民族进步的灵魂，也是国家兴旺发达的不竭动力。国务院公布的《国家中长期人才发展规划纲要（2010—2020年）》中，将"突出培养造就创新型科技人才"列为人才队伍建设的首要任务。我国要在未来十年内，培养造就大批创新型科技人才。传统教学内容模式较单一，多是以教师讲为主，学生参与度很低。不能从多种感官调动学生的学习兴趣，会导致学生懒于思考，丧失自主性和主体性，一方面不利于对知识的理解和掌握，学习成绩难以提高，另一方面不利于学生探索精神的形成和解决问题能力的培养。

2.学生视野闭塞，知识面狭窄

当下社会发展迅速，传统教学只注重书本内容的传授，显然落后于时代。学生只学习书本上的知识是完全不够的。那会导致学生眼界狭窄，对事物认识肤浅。

三、用互联网科技转变传统教学模式，提高语文课堂效率

1.利用网络微课，翻转课堂

课堂中，学生是主体，教师只是知识与学生之间的转化者。翻转课堂便体现了学生的主体性与自主性，教师作为内化与拓展的角色让学生成为课堂的主角。内化知识与拓展能力基本上与建构主义的同化与顺应一致。在皮亚杰看来，生物的同化如果没有它的对立面——顺应，从来不会自身单独存在，同化是客体对主体的适应，而客体同时丧失自己的特征。相反，顺应是主体适应过去已经形成的反应对客体的适应，并且向新的反应方式过渡。

翻转课堂是创新教学方式的关键。在课前活动阶段，让学生通过微课程基本掌握原来需要教师在课堂上讲授的知识。在课堂学习阶段，教师抓住内化，巩固新知；接着，教师拓展与课文相关的知识，学生自主学习，创新思维，语言、交际等综合素质得到全面提升，对原有的知识体系产生全新的理解。

在作文课堂中，我尝试利用微课，体验翻转课堂的教学新模式。通过事先设计好指导学生自主学习的任务单，录制好微课，让学生根据任务单和微课的指导，完成字、词、句、章疏通，掌握读后感的写作方法。到了课堂学习阶段，学生小组合作交流自主学习成果，训练有感情地朗读课文；为课文《义犬复仇》写一篇读后感，并当堂展示、交流。此过程中，学生参与度、积极性都很

高，不仅掌握了读后感的结构与写作方法，还锻炼了协作探究能力、抽象思维能力等。

2.利用Pad教学，实现课堂与生活的链接

据我了解，我们班90%的家庭都在使用Pad，学生对其操作更是非常熟练。学校也引进了Pad设备，让课堂教学不再乏味。

我利用Pad教学《这一片神圣的土地》一课。这篇课文的重点是理解句意。如果仅从表面理解，不免有些片面，语言也会有些单调。在授课之前，我让学生在家用电脑查阅有关工业、废弃物、废气污染的资料，然后我来筛选，将需要的资料传到Pad上。在课堂中，学生分小组交流、分析、讨论学习单和Pad给出的资料。讨论结束后，小组汇报讨论结果，并将他们使用的资料呈现在多媒体设备上，供大家分析。这个环节不仅提高了学生的学习兴趣，还锻炼了学生处理资料和文本的能力、分析概括能力、语言表达能力、协作能力等，让学生扩大了阅读量，开阔了视野。

3.看、听、说，多元品味文学经典

在教学文学经典著作时，由于学生与作者生活背景相差甚远，有些经典描写语句在理解上有些困难，光凭联想和朗读，不利于体会作者深厚的文学底蕴。若教师提供相应的视频片段，会快速拉近文本与学生的距离，让学生走进文本体会文字的奇妙，并种下一颗文学的种子。

在《冬阳 童年 骆驼队》一课中，作者对骆驼咀嚼时的描写惟妙惟肖。但是很多学生只是在动物园里才见过骆驼，没有仔细观察过它细微的动作，无法体会到作者用词恰当精准、观察细微之处。故此，我利用多媒体设备播放了相关电影片段，学生们边看片段边体会文字，然后说一说自己的感受。他们读得津津有味，仿佛自己就是英子，正在观看一般。

4.互联网教学与传统教学相辅相成，缺一不可

以上说了一些我在课堂中利用互联网教学的一点经验，这并不意味网络教学就可以替代传统教学，或忽视传统教学。教师利用互联网开展教学，能够提高学生学习兴趣、拓宽学生视野。而传统教学方式则可以借机创设语言环境，教师用声情并茂的语言感染学生、点拨学生、教育学生。教师有效、恰当的点拨，是提高学生学习效率的有效手段。受年龄特点和认知水平所限，学生在自主学习时很难领悟某些知识点，这就需要教师适时加以点拨。

特别是古诗词的学习，"犹抱琵琶半遮面"的羞涩、"飞流直下三千尺"的气魄、"杨柳岸晓风残月"的凄婉，诗句中包含的深刻思想感情，是视频难以演绎的。一个优秀的课件有助于学生对课文的理解，如果在配上教师的一段声情并茂的优美朗诵，师生之间共同研读与欣赏，学生对知识的掌握会更上一层楼。作为一种教学手段，互联网教学发挥了一定的作用，但绝不是最主要的作用。因此，语文课堂要将互联网与传统课堂有效地结合起来，从多方面培养学生的综合语文素养。

语文教学不仅是字、词、句、章的学习，更要通过内容、思想、人物形象、社会意义等，对青少年进行人生观、道德观、价值观的教育。小到文明习惯举止，遵守社会公德，大到进行爱国主义、集体主义、社会主义教育，最终使青少年形成健全的人格及良好的思想品德，这是语文教学不可推卸的重任之一。教师在教学的同时也要注重育人的教育，学生生活经验不足，需要教师言传身教。互联网上鱼目混珠，资源良莠不齐，教师需要正确引导学生，选择有利于学生长远发展的学习资料。

四、结语

探索面向现代化、信息化和知识经济的教学问题，为我国未来教学工作探讨和创造出科学合理、优质高效的新模式，是当前教学改革的一项开拓性事业，是一项创造未来、保持教学体系生机和活力的事业。那么，我们今天要做的事情就是：在加强课堂教学的同时，引导学生适当借助网络，拓展阅读与写作的空间，丰富知识面；进而在实践中探索并建立网络时代语文教学的新模式，将互联网和传统教学有机结合起来。只有这样才能真正促进语文教学沿着健康、高效的道路向前发展！

诵读经典，提升学生的人文素养

卢　靖

中国是历史悠久的文明古国，中华文化源远流长，影响深远。古代经典文学作品更是博大精深，意蕴高远，既是中华民族文化的灵魂，也是民族凝聚力和民族自信心的源泉，是祖先留给我们的宝贵财富。每一个炎黄子孙，都应大力弘扬祖国传统文化、传承中华民族文明。人文精神对学生人格的熏陶、习惯的养成、语文素养的提高等都有着十分重要的作用。作为小学语文教师，更要重视经典诵读，提升学生人文素养。

一、立足课内阅读，探索高效的古诗教学模式

在小学语文教材中每一册都安排了三四首隽永的古诗词。这些诗词经过岁月的洗练、沉淀，彰显出特有的经典魅力。它们语言凝练，内涵丰富，需凭借丰富的想象、超时空的感知，方可体会蕴含其中的意境和主题，获得愉快的情感体验，实现审美的目的。作为教师要从平常的课堂教学入手，从具体特点出发，探讨古诗教学的内在规律，寻求古诗教学的最佳路径。如教学《咏华山》时，从把握诗眼入手来体会意境、感受诗情，作为古诗词钻研的有效切入点。这首诗的诗眼在题目之中，就是一个"高"字。教学中就抓住"高"字，先以"艰难"暗示学生华山的陡峭和高峻，次以两个感叹号渲染华山的陡峭高峻，再具体描写华山。教学中，我首先让学生整体感知，自读自悟：你觉得华山怎么样？从哪些字词中感受到的？通过重点句子的朗读，让学生理解华山是十分高大的。在教学这几句话时，我充分发挥简笔画教学功能，直观、形象地展现画面，调动学生的积极思维，借助具体的画面，更深层地理解语言文字。让静态的文字动态化，让抽象的知识具体化。和文中人物一起去看蓝天、望太阳、赏白云、观群山，观察角度的变化引起的不同感受使学生获得最真实的感受变化。

通过课件的摆放，有意突出"那么近、都在自己的脚下，山腰间"这些词语，并把感悟运用到朗读中去，课文自然就能读透。"华山真高哇！"是这一自然段的中心句。我紧扣这句话，让学生反复朗读，在读中体会华山的高。学生一次次地读，感情得到一次次升华，最后情不自禁地赞叹："华山真高哇！"此时，学生抒发的感情与课文表达的感情融为一体。通过抓诗眼，形成教学主线，让学生真正走进文本，体会古诗的意境，感悟诗人的感情，课堂才彰显生气和价值，进而构建出一种实用、高效、激情的教学模式：解诗题、明诗意、抓诗眼、品诗情、诵诗韵。这样一来，大大激活了学生学习古诗文的热情，提高了课堂教与学的效率。

二、依托教材拓展，厚实学生的阅读底蕴

每一首古诗词几乎都有一段浓缩的历史，每一篇美文几乎都有一个浓缩的生活场景。如何在诵读、理解古诗的基础上还原历史，还原生活场景，让学生能更深刻地了解到诗词的美感？我们在教学经典诗文时就应抓住时机适当延伸，拓展诵读面，扩大储存量。

（一）基于主题的拓展

在小学阶段学习的古诗词中，很多古诗词虽然作者不同、背景不同，但表达的情感主题却是相同或相近的。就拿"送别"主题来说，有李白的《赠汪伦》，写汪伦以歌声送友，李白借潭水抒友人对已感情之深；有王维的《送元二使安西》，王维以酒送友，借朝雨、青柳、美酒表达对友人离去的伤感之情。在学完《春夜喜雨》后，可以组织学生开展"四季写景诗"的研究活动。

（二）基于体裁的拓展

现行小学语文教材中五绝、七绝古诗数量最多，五言律诗、七言律诗、乐府诗、词及简短的文言文数量较少。所以在教学中，教师从作者或诗文内容着手，充实体裁，进行拓展阅读。例如，学了杜甫的七言古诗《绝句》"两个黄鹂鸣翠柳，一行白鹭上青天。窗含西岭千秋雪，门泊东吴万里船"之后，可以推出白居易的五言律诗《绝句》（"迟日江山丽"）。这两首都是描写春天的诗，但体裁不同，可比较阅读。

（三）基于作者的拓展

针对语文教材中出现的著名作家，我们引导学生走近名家作品，了解名家的系列作品以及大家风范。例如，学完《望庐山瀑布》后，请学生收集、交流李白诗作，感受他的浪漫主义诗风；撰写李白、杜甫等名家研究报告。

（四）以题材为桥梁，带动同题材、不同主题的诗歌的学习

教完柳宗元的《江雪》后，再对比学习张志和的《渔歌子》，有助于学生理解《江雪》的主旨。一个是寒江垂钓图："千山鸟飞绝，万径人踪灭。孤舟蓑立翁，独钓寒江雪。"一个是春雨垂钓图："西塞山前白鹭飞，桃花流水鳜鱼肥，青箬笠，绿蓑衣，斜风细雨不须归。"同是垂钓图，意境相去甚远。学生通过比较，更能体会《江雪》一诗所表达的孤独心境。

这样开发、重组教材内容，既丰富了课程内容，开阔了学生视野，也给学

生提供了更广阔的思考空间。比较阅读让学生更加深入地感悟作品的内涵，打开了学生课外阅读的新视窗。当学生积累了一定数量的古诗词后，我组织了手抄报比赛、古诗文知识竞赛、诗词配画等活动，激发了学生学习经典诗文的欲望。

三、有机整合艺术学科，彰显经典文化的魅力

宋代画家郭熙认为："诗是无形画，画是有形诗。"诗人们常以画传诗情，以诗表画意。因此，我除了在语文教学中充分渗透经典文化，探索有效的教学策略，还把美术课的色彩、图形的审美和音乐课的音韵美融入经典诵读中，让经典诵读更显魅力。

例如，教学《春江晚景》时，我鼓励学生根据诗意画自己喜欢画的画，可以是某一景，也可以是全景。每个学生都极具创意地创作了画作。有的突出竹外桃花的竹叶；有的表现春江里的小鸭；有的着力渲染如火的桃花；有的画出诗人观景的惬意；有的则是竹林、桃花、小鸭等组合画面。学生在为诗作画的过程中，不知不觉加深了对诗文的理解，也培养了创造力和审美力。

唱古诗、讲古诗、课堂精彩三分钟、师生书法绘画作品展、把古诗改编成课本剧等活动，使学生丰富了情感体验，增强了审美意识。尤其是课本剧集音乐、舞蹈、文学、美术等多门学科为一体，从编到演，既调动了学生的积极性又加深了学生对课文的理解，既提高了学生的写作水平又陶冶了学生的情操，既锻炼了学生的口语交际能力又启迪了学生的智慧，既改进了教学方式、取得了良好的教学效果又繁荣了学校的校园文化。

古代经典诗词和散文是小学教育的重要资源，优美的诗词，深刻的内涵，高远的意境，精湛的语言，丰富的知识，是我们取之不尽、用之不竭的宝藏。学生是祖国的未来、民族的希望。只有从小培养学生对中华经典诗词和散文的兴趣，让学生在学习的过程中获得古代经典诗词和散文的熏陶与修养，接受中国传统美德的影响和教育，将来才能更好地弘扬和传承中华文明，才能提高文化和道德素质，才能增强民族自信心和自豪感，才能成为建设祖国的栋梁。作为一名小学语文老师，我将致力于指导学生从千古传诵的美妙诗篇中去品味荡气回肠，感受豪情万丈，体验中华民族的伟大，赞叹中华文化的辉煌，通过诵读古诗文，从小受到民族人文精神的感召，提升学生的人文素养。

论小学低年级语文启发式阅读教学

王 凡

启发式教学指教师在教学过程中，根据教学任务和学习的客观规律，从学生的实际出发，采用多种方式，以启发学生的思维为核心，调动学生的学习主动性和积极性，促使他们生动活泼地学习的一种教学指导思想。这样有利于突出学生的主体地位，教师的引领者地位。通过启发式教学，学生思维得到锻炼、主动参与学习活动。

启发式教学中，提问显得尤为重要。但提问要从学生的实际出发，因势利导，帮助学生打开思维的大门。教师还要有"拨乱反正"的能力，把学生说"跑"的答案及时拉回来进行更正。在教授小学一年级课文《比尾巴》时，我尽可能应用启发式教学，教学过程如下。

一、激趣导入，揭示课题

结合课前三分钟，认识"尾、巴"两个字，讲"巴"的读音。

认识"比"字，讲字源。

提问：生活中，你参加过哪些比赛？

预设：跑步、跳绳、读书……

今天动物王国举行了一场比赛，选手都很有实力，你们想去看看吗？补齐题目，齐读课题。

二、初读课文

提出自读要求，指读课文，都有谁来参加比赛了？在文中圈出来。

指导读音。

指名回答，老师相机板贴。

课件出示六种动物名称：

猴子 兔子 鸭子——轻声，认识"兔"字。

公鸡 松鼠 孔雀——学习"八"字头，用"公"组词。

开火车读词语。

再读课文。

三、学习第一小节

师：自由读第一小节，你发现了什么？

预设：

（1）都是问句。学习问句的读法，指导朗读。

（2）找出反义词"长"和"短"。认识"长""短"两个字。

上半场小动物们在比什么？

四、学习第二小节

指名读第二小节，说说哪些小动物赢得了什么比赛？

板贴"长、短、一把伞"。

学习生字"把"，认识提手旁，书空，说说带提手旁的字。

看实物识"伞"字。

男生问、女生答。

五、带着问题看视频

师：下半场小动物们比了什么？

六、学习第三、第四小节

下半场小动物们比什么？结果是怎样的？

什么是最好看？你能用"最"组词吗？

指名读这两个小节。

女生问、男生答。

拍手读。

师问生答。

七、学习生字"巴""把"

辨认字形，指导写字。

指导观察。"巴""把"这两个字的相同和不同处。

书空"巴"的笔顺。

指导书写。怎样把"巴"字写美观？强调竖弯钩写得要舒展一些，用歌诀指导书写，组词。怎样把"把"字写美观？出示歌诀指导书写，用"把"组词。

学生描红，练习书写。教师巡视，注意写字姿势，个别指导，及时展示学生作业。

你能仿照书后"谁的尾巴最好看？""谁的尾巴最可爱？"来说说新句子吗？

八、作业布置

回家搜集你感兴趣的动物尾巴及其用处，明天讲给同学听。

有效的提问能够激发孩子们积极主动地思考，调动学习积极性。这也正好符合我校倡导的"三我"教学理念：我发现、我实践、我创造。但要注意"启而不发"的问题出现。

观察是学生获取知识的主要途径。学生通过教师展示的课本知识，能够观察到事物的特征，从而获得对事物的认识，进而掌握知识。在每课的识字任务中，通常都会用到观察的办法来识字。

创设情境在启发式教学中可以帮助学生深入了解文本内容，感同身受。在教授《雪地里的小画家》这课时，在导入部分播放孩子们在雪地里嬉戏、欢笑的画面，调动学生的美好回忆，从而带入文本中，体会雪地里这几位"小画家"的愉快心情。

联系学生的生活实际也能够很快帮助学生体会课文中的情感。在讲授《玲玲的画》这课时，对于"满意"这个词的理解，我问道："在生活中，你有对自己做的事感到满意的时候吗？"同学们的话匣子一下子打开了。"是呀！玲玲也和你们一样，对自己的画感到非常满意。"

当然，启发学生走入文本的办法还有很多，启发式教学对学生自主学习能力的培养有很大帮助。

我国新课标对于语文教学目标有着明确的规定：现代语文教学不仅要学生掌握语文知识，还要培养学生的实践能力，要让学生将所学到的知识运用到生活当中，使学生成为综合性的高素质人才。在现代化教学环境中，启发式教学能够激发学生思维、挖掘学生潜力，不断提升学生的综合素养，为学生终身学习打下基础。

实践出真知
——"三我"课堂自主识字教学初探

吴春华

《义务教育语文课程标准》指出："学生是学习和发展的主体。语文课程必须根据学生身心发展和语文学习的特点，关注学生的个性差异和不同的学习需求，爱护学生的好奇心、求知欲，充分激发学生的主动意识和进取精神，倡导自主、合作、探究的学习方式。"识字能力是学习能力的基础，为了使学生在愉快轻松的气氛中主动识字，教师要根据儿童年龄特点，有意识地激发他们的识字兴趣，拓宽识字途径，培养识字能力。我们教学的一个目标是培养学生自主学习、研究的能力。要实现从"学会"到"会学"、从"要我学"到"我要学"的转变，就要将学习自主权还给学生，解放学生个性，让他们自由飞翔。

一、根据儿童的思维特点，把抽象的符号具体形象化

识字本身是枯燥的，而对于枯燥的事物，人物的情绪总是消极和被动的。如果学生们一味地被动识字，不仅识字的效率低，还在一定程度上束缚了思维的发展。因此，教师一定要在起步阶段通过多种途径来营造识字教学的良好氛围，充分调动起学生识字的兴趣。只有这样，学生才能乐于识字、主动识字。例如，在开课之初，教师就演示几个学生接触过的具有代表性的会意字、形声字。学生将已有知识和眼前画面联系起来，激发出探索祖国文字奥秘的欲望，对识字也产生浓厚的兴趣。

二、利用游戏的形式，调动学生学习抽象文字的兴趣

兴趣是激发儿童学习的动力。游戏是儿童喜闻乐见的形式。儿童喜欢模仿，喜欢表现。教师在教学中要利用游戏的形式调动学生学习抽象文字符号的兴趣，

不断采用儿童喜闻乐见的形式来进行教学。例如，猜字谜、找朋友、风车转转……将这些生活中的游戏引入课堂，使课堂成为学生学习的乐园。学生在课堂上感受到了乐趣，对识字就会兴趣盎然。

三、利用字配"画"，培养学生的想象能力

爱因斯坦说过："想象力比知识更重要，因为知识是有限的，而想象力概括着世界上的一切，推动着进步，并且是知识进步的源泉。"在识字教学中，教师要根据学生思维的特点，引导学生想象，帮助他们把抽象的符号具体形象化，培养学生的识字能力。

简笔画简洁、生动且内蕴丰富，给人以极大的想象空间。低年级儿童对图画的兴趣浓于文字，在生字字形教学中，教师要不失时机地让学生发挥自己的想象，给生字配上"身体动画""思维动画"。例如，在教学"跳、扔、举、拍、扫、洗、刷、端"一课时，让学生给生字配上身体动画。字形在学生脑海里如动画般演绎，一个个生字都动了起来。生字与动画的巧妙结合，丰富了学生的想象，有效提高了学生的学习效率。

例如，在教"雨"这个生字时，我根据小学生对这个字的理解，把这个字生动地画在了黑板上："雨"字上的一横代表雷电，一竖和横折钩代表一间房子，里面的一竖是闪电，直穿房子，把房子都打了一个孔，那么房子就漏水了，里面的四点是漏进来的雨水。学生的想象力真是不可想象，我把他们的话转变成了生动的图画，收到了很好的认字效果。

四、教师有意识地引导学生无意识字

低年级学生年龄小，无意注意占主导地位。他们不仅特别爱听故事还爱讲故事。在识字教学中，我充分利用学生的这些心理特点，鼓励学生根据自己的实际情况学习、掌握一些词语，在讲故事时练习使用，把识字教学寓于有意无意之中，不失为一种好方法。喜欢读故事是学生的天性，教师应因势利导，经常性地组织、引导学生看故事书。由于这种做法符合学生的年龄特点，学生都很乐意做。在讲故事的过程中，我常常随手把一些学生比较熟悉，字形又不怎么复杂的词语写在黑板上，对一些易混淆的同音字、形近字还适时适度地做一些比较。在学生看书的时候，我不忘提醒学生注意看故事中有没有刚学过的生

字，它在故事中组成了什么新词，看到后把它告诉同学或老师。这种看似无意、实为有意的做法，收到了非常好的效果。学生在无意中复习巩固了学过的生字，更重要的是，学生在新的语言环境中学会使用这些生字，是一种知识的迁移，是兴趣盎然中的再学习，取得的是温故而知新的效果。

五、开展实践活动，把学生引向广阔的生活空间

教师从儿童的生活实际出发，从儿童的兴趣出发，开展实践活动。每次活动有一个主题，引导学生围绕这个主题自己动手、动脑去收集资料，并交流收获。交流之后，还可采取模拟、创设情境的办法让儿童识字。如举办"娃娃超市""动物运动会""花的世界""秋天的田野""我当小导游""逛家电商场"等识字活动。著名心理学家维果茨基说："活动和交往是发展的源泉。"活动是儿童生活的一部分，教师在教学中就要注意和社会生活相沟通，使儿童尽快从"我"的世界跨入更广阔的周围环境，以吸收各种信息，扩展想象和思维的空间。因此，当学生掌握了识字方法，乐于识字、善于识字后，教师就要有意识地让学生在生活中识字。

六、自做"识字课本"，引导学生把教材向课外延伸

识字教学需要课本，这是学习语文的凭借。然而识字仅仅靠几册课本是远远不够的，因为课本能容纳的东西实在太有限了。尽管大部分生字要先后在课本上几次出现，但绝大部分仍达不到让学生形成永久记忆的次数。至于生字的多义性，要在有限的课本中多次体现，更是比较困难的事情。因此，教师必须引导学生把教材的学习向课外延伸，把学生学习生字与现实生活结合起来。让学生生活中接触到的广告牌、商品包装物，还有各种报纸杂志都成为儿童识字的好材料。让他们收集起来，剪剪、画画、贴贴，就成了图文并茂的"识字课本"。在这个过程中，学生动手、动脑，体会收集、整理、编排的创造过程。

总之，小小汉字，奥妙无穷。教师要充分发挥教师的主导作用，结合学生的思维特点，调动学生的多种感官，使学生积极地参与识字教学，自主学习，让各种学习类型的学生在活动中发展智力，张扬个性，做到真正意义上的因材施教。处处从学生主体的实际出发，鼓励学生多多实践，学生就能获得成功的喜悦，从而使枯燥的识字教学成为培养学生发现兴趣和热情探索的热土。

充分利用信息技术，拓展语文教学内容

张 平

信息化时代中，传统的课堂教学已经无法满足新形势的需要，需要注入时代气息。但是面临信息时代"知识大爆炸"的严峻挑战，教师教什么与学生学什么这种以往看来毋庸置疑的常识问题，竟成了教育热点问题。学习知识总量的过重，学习内容的陈旧，并不是简单地减负就能解决的。教学内容的变革，既有"量"的增减问题，更面临"质"的拓展与更新。计算机与互联网的广泛应用，也为教学内容的及时拓展、更新创造了前所未有的便利条件。

充分利用现代网络信息平台，拓宽小学语文教学内容，将语文教学中的内容引申到更深层次的含义。

一、扩大课堂容量，创设情景氛围

多媒体课件通过文字、声音、图形、动画、视频、图像等多种媒体的形式展示教学内容，也使知识能多层次、多角度、直观形象地呈现在学生面前，调动学生多种感官活动，使他们迅速有效地感知教学内容。直观情景的创设，可以把教学中难于理解的内容用动态过程展示出来，把抽象的教学内容变为具体的、可感知的东西，帮助学生感知、理解。

低年级语文以识字教学为主，很多字的笔顺容易出错，需要强化记忆。如果单靠老师反复板书强调，费时费力，又不能及时了解学生掌握情况。这时候借助多媒体进行书写展示，让学生跟随动态笔顺反复练习书写，既省时又省力，老师还能在学生练习书写的间隙检查指导，课堂的学习效果提升很多。另外，在学习新字的同时，同类字的笔顺也可以顺势出示。这样做既省时又高效，也可为学生的后期学习奠定基础。

二、培养学生实践能力和创造性思维、发散思维

一年级下册有一篇课文《小猴子下山》，学完课文之后，让学生试着讲一讲这个故事，对于学生来说还是有一定难度的。所以，我把小猴子下山的主要剧

情,用连环画的方式呈现出来,并配上几个重点词语,一页一页地翻,不但梳理了文章结构,还轻而易举地让学生在此基础上展开想象把故事讲下来。这样既培养了学生的口语表达能力,又培养了学生丰富的想象力和创造力。

再如,二年级下册《蜘蛛开店》是一篇童话故事,在充分理解课文内容的基础上,让学生充分发挥想象,讨论接下来可能会发生什么事。这时候,可以给学生出示几幅图片,把可能发生的事情展示给他们,再让学生自由发挥,续编故事。既培养了学生的创造性思维,又培养了学生的发散思维。

三、利用电子书,进行拓展阅读、整本书阅读

一年级语文上册《快乐读书吧》,推荐学生阅读孙幼军的《小猪唏哩呼噜》。家长可以为孩子购买传统的纸质书籍,也可以购买电子书。对于刚入学的学生来说,阅读电子书相对更简单、高效,因此我推荐电子书籍。一些学生识字量大、拼音能力强,可以独立阅读,那么建议阅读纸质书籍。阅读能力不强,但是家长有时间的,可以进行亲子阅读。如果是电子书籍,就充分利用每一分钟,随时随地都可以阅读;家长没时间,孩子也不能独立阅读的,就听音频,这种方式既不耽误家长时间,又不影响整本书的阅读效果,还能很好地培养学生的想象能力,当然这也适用于其他年级的孩子。无论是哪种形式的阅读都能在一定程度上提高学生的阅读效率,从而逐渐培养学生独立阅读、探究性阅读和创造性阅读的能力,激发学生的阅读热情,为今后的进一步学习做好准备。

四、网络作业,家校共享学习资源

利用现代信息手段,布置电子作业,共享学习资源。现在家校联系的方式非常多,大家普遍运用的是微信群、QQ群、微博等。我比较喜欢用QQ群和家长沟通,这样既方便双方联系,又方便长久保存资料。二年级上册《难忘的泼水节》和《朱德的扁担》所涉及的内容、人物、事件,都距离学生生活比较遥远,无论是哪个方面理解起来都有很大困难。所以,在学习这个单元前我就给学生布置了作业:搜集周恩来、朱德的资料,了解抗日战争,观看抗日战争相关的影片,了解泼水节等,并把搜集的资料上传到班级群文件,这样也为没有时间搜集查阅资料的家长和孩子提供了方便。他们可以共享使用其他人搜集到的资料,当然我也会把课堂上用到的相关资料放在群文件里供大家阅读学习。这样

不但为学生深入学习课文打好基础，同时也拓宽了课堂学习内容，丰富了学生的知识面。另外，在积累背诵经典作品方面，我是这样做的：在班级群文件里为每个学生建立一个文件夹，让学生每天打卡，上传积累视频。学生不但就此养成每天诵读经典的习惯，积累了素材，也方便老师不定期地检查，可以说是一举多得。

信息化教学要从学生和自己的教学实际出发，不能为了信息化而信息化，掩盖了传统的课堂教学和教师的教学艺术，要逐渐地深化和拓展信息技术手段在教学中的比例，找到适合自己教学的方法和手段，使信息化与语文教学整合，让信息技术为语文课堂教学服务，不断优化拓展语文教学内容。

荡起拼音教学的浪花
——浅谈拼音教学方法

张容华

汉语拼音是认识汉字、学习普通话的工具，是小学语文教学重要的组成部分。要把拼音教好，让学生读准、写准、拼准是一件很重要的事，也是很难的事。声母、韵母是记录汉语音音素的符号，音素的结合和音节的构成都有一定的规律。在音节的教学中不能单靠死记硬背，而应该注意教学生掌握声韵成音的规律，熟练掌握拼音的方法，对比类推的方法，从而达到掌握学法，举一反三的目的。在拼音教学中，采取"循序渐进、不断感知""初步认识、尝试应用""半扶半放、逐渐掌握""独立操作、熟练运用"的步骤，能够让学生更好地掌握拼音拼读规律。

一、明确图意，图音结合

纯拼音教学是抽象的、枯燥的。长达一个多月的拼音教学枯燥无味，不符合儿童的心理特点。苏霍姆林斯基说："儿童是用形象、色彩、声音来思维的。"可见，在汉语拼音教学中，注意研究儿童心理，运用多种手段激发儿童的学习兴趣尤为重要。在教学时，我用生动形象的形式引出学习内容。如学完a、o、 e、i、u、ü 6个单韵母，开始学习生母后就给学生讲了这么一个故事：汉语拼音是一个大国家，单韵母是这个国家的小姑娘，复韵母是有孩子的妈妈，而声母是这个国家的男子，十分的聪明勇敢。凡是小姑娘要出门他们总是走在前头，所以他们在音节里是打头的。不过说起话来，小姑娘们一个个大声大气的，而男子汉们却一个个少音无声的。你们想认识认识这些脾气古怪的男子汉吗？学生听完故事，学习兴趣很浓，劲头也非常高。

另外，在看图说话时，引导学生采用比较的方法，寻找图形与字形、图意与读音的相同点。例如，教学单韵母ü。出示课件：一条翘着尾巴的大红鲤鱼在吐泡泡。

学生仔细观察。

提问：这张图上画着什么？它在干什么？它跟单韵母ü有什么相似点？

学生仔细观察后得出答案：单韵母ü的发音和鲤鱼的"鱼"第一声相同。翘着尾巴的大红鲤鱼的身子就像单韵母ü，红鲤鱼吹泡泡就像是ü上的两个小点。学会比较，为后面的读音学习奠定了基础。

二、仔细听，掌握发音

除小部分学生在幼儿园大班接触到6个单韵母外，大部分学生是上小学后才接触到拼音的。因普遍口形不到位，所以导致发音不准确。我非常重视教师的示范作用，课前独自照着镜子练习发音，注意口形。上课时，先请学生仔细看清老师的口形，听声音，并说说是怎么读的，再试读。同时运用开火车等形式逐个纠正指导。在教学生复韵母的发音时，除了示范外，还可运用字母组合让学生掌握发音规律，从而达到教是为了不教的目的。如教学a、i时，教师做重点示范并引导学生体会口形变化（先念前面的韵母再过渡到后一个韵母）。经过模仿训练，学生的口形到位了，拼音也读得准确了。

三、编记儿歌，记住字形

由于儿童的语言发展特点，学龄儿童特别喜欢顺口的儿歌。若把儿歌与记字形联系起来，可起到事半功倍的效果。学生们经过启发、观察、思考，编出了很多朗朗上口的儿歌，如"马蹄印儿ddd""右上半圆ppp""伞柄朝下ttt""9字加弯ggg"等。在教学j、q、x与ü相拼时，理解ü上两点省略规则是这一课的难点。我班的几位小朋友编了几个小故事，把这个问题解决了。如联系小ü的插图说：大红鲤鱼在水里吹泡泡，正吹得高兴的时候，对面走来了j、q、x三兄弟。大红鲤鱼连忙上前去打招，因为忙着说话，连泡泡都忘吹了，所以小ü碰到j、q、x时上面两点就没了。有的说：鱼儿正在吹泡泡，j、q、x过来找鱼儿游玩，鱼儿忙着答应，嘴巴不能吹泡泡了。有的小朋友说：小ü顽皮，他家里人都不愿同他一起玩。小ü急得哇哇大哭，眼泪吧嗒吧嗒往下掉。正在这时，j、q、x三个小朋友来了，他们说："小ü，我们一起去玩吧。"小ü听了非常高兴，马上擦掉眼泪跟着j、q、x走了。所以小ü见了j、q、x，上面两点就没有了。在教学复韵母的时候，还可利用字母组合法识记字形。通过编儿歌、编口诀、编故事等形式，小朋友们把拼音的字形牢牢地记在脑子里。

四、确定位置，认真书写

一年级的学生刚入学，在写的方面存在一定的困难。在指导书写时，我先教学生认清四线格，再讲解字母的笔画顺序。例如，a先画半个圆圈再写竖弯，以及在四线格中的位置。同时教师要注意范写、领写，同时加强个别辅导。我班有个小朋友，基础差，连半圆都不会画。我就教她先确定半圆的起笔及终点，以及圆弧上一点，然后用弧线连接这三点，写好半圆后，再写竖弯出就不难了。例如声母"z"的书写，学生容易出现两种情况：一是写得太宽，导致整个字母看起来扁扁的；二是写得太窄，过于瘦长。例如"z"的书写，我教学生先定四个点，要求上下两个点对齐，距离相等，再连接四个点。在书写中运用了"确定位置法"后，学生的拼音写得清楚、到位、漂亮。

"教育儿童的主要技巧是把儿童应做的事，都变成一种游戏似的。"我在教学过程中运用多种方法，试图把复杂枯燥的汉语拼音学习变成有趣轻松的游戏过程，以践行我校的"三我"教学理念，让学生不断探索，更好成长。

巧用网络资源，体悟情感阅读

张 奕

2020年初突如其来的疫情，让面对面授课转变成线上教学。授课方式的转变让网络深入人心，而高效、流畅地使用网络资源，成了教师必须掌握的技巧。

一、网络资源在教学中的用途

作为一名新手语文老师，我的教学经验还不够丰富。疫情发生后，学校根据相关规定变常规教学为网络教学。这样一来，我就需要掌握更多、更新的教学技能。起初，为了让学生们每天都能学到新知识，我利用剪辑师等App录制微课。学生们观看微课、学习三年级下册的语文知识点之后，再完成我布置的作业以巩固所学。我使用希望谷App批阅作业，并在微信群中进行反馈与答疑。

关于"语文"一词，叶圣陶先生道："以口头为'语'，书面为'文'，文本于语，不可偏指，故合言之。"这段话将"语文"的概念表述得很明确。"语"就是口头语言，"文"就是书面语言。通过上述活动，我训练了学生们的书面语言，还须训练口头语言。这让我有了新的想法——召开阅读分享会。利用腾讯会议，推荐孩子们喜欢的书籍。学生通过朗读自己喜欢的故事，来锻炼语言表达能力。

为了方便家长参与进来，我选择在周六举办阅读分享会。活动刚开始时，学生们有些腼腆。慢慢地，大家都听得津津有味，并想发表自己的读书感受。他们在阅读中收获了知识、快乐，懂得了一定道理。最让我记忆深刻的是，贾雨墨同学分享的《小熊维尼历险记》。孩子们都喜欢维尼熊，那么从维尼熊身上学到了什么呢？雨墨说："我以后要勇于尝试、敢于挑战，不轻言放弃。"多么好的领悟！我随即让雨墨做了一期阅读分享，将读书心得的视频、读书感受文字版展示在微信公众平台上，让孩子们知道榜样就在身边，一起快乐生活，享受阅读！

二、寓教于乐，优化网络资源

针对孩子们对于课文的理解程度，选取了《海底世界》一课，进行第二课时教学。在本次网上授课中，首先利用钉钉发起课程签到，可提醒学生准备上课并统计上课人数。其次发起群直播，可面对面授课，在学生屏幕界面上有"连麦申请"，相当于举手发言，回答问题时可发送给老师，与在课堂上发言效果相同。在进行板书时可利用白板功能，让学生更好地了解本堂课的重点，便于老师总结知识点。

在教学《海底世界》时，通过模拟情境：把船底的贝壳掰下来，让学生体会"巴"字的妙处。通过趣味朗读，动画、图片帮助理解，满足学生们的求知欲，激发学生的学习兴趣。在理解"窃窃私语"一词中，可通过联系上下文、联系生活实际等方法解决生词问题。《海底世界》一课语言优美，引导学生读出海底世界的神奇与美好，读出对大自然的喜爱之情。从中积累课文中具有新鲜感的语句，以及在课外阅读获得的语言材料。

三、运用网络资源拓宽教学方式

之前从未以线上教学的方式来授课，现在才发现及时学习新技术的重要性。以《海底世界》为例，教学时播放多媒体课件，展现海底世界之美，带给学生美的享受。学生犹如置身海底，强烈地感受到了海底世界的奇妙，激发出了学习兴趣。

在线上学习期间，不断利用网络资源，不断反思成长，发现教学时长过长，在学生连麦时操作不灵活，造成时间浪费。虽然设计了各种形式的朗读，但是在实际教学中，学生读得还是不够，尤其是没有读出奇异的情趣来。我想这里不光是学生的问题，还是教师引导得不够，教师有情趣，学生才能够被感染。在网络资源充足的时代下，将网络与教学相结合，补充课堂的不足，从而提高课堂的质量，优化课堂结构的同时，也能够锻炼学生的综合能力。

浅谈小学语文教学中的情境教学

周 密

创设问题情境是以问题为中心展开教学活动的一种教学方法。具体地说，就是教师紧扣教学目标精心设计一定的客观条件、教学背景（如提供学习材料、动手实践、解决问题的方法等），让学生身临其境，正视某个迫切需要解决的问题，引起认知冲突、造成"认知失调"，激发学生疑惑、惊奇、诧异，产生一种积极探究的愿望，进而集中注意力、积极思考，不断萌发想象，自然地获得知识、能力。教师在进行教学设计时，要创设与当前学习主题相关的尽可能真实的、有利于学生理解所学内容的情境。身为一名小学语文教师，要将创设问题情境理解为善于通过创设问题情境来提高教学效率，和培养学生的学习动机和学习兴趣，有目的地通过某些介质，设置有关于教学的知识，以达到师生互动学习的效果。

一、情境教学的优势

1.有助于提高学生的学习动机

创设有效的教学情境，在一定程度上使教学活动从学生的学习需要出发，根据教学要求创设教学情境，充分体现了教学过程中的认知因素与情感因素。从情感来说，它让学生学习的知识不再是"冷冰冰的知识"，而是激发学生的情感，从而激发学生对学习的热情，增强其学习的内驱力。

2.有助于提高学生的认知理解能力

课堂教学情境之所以具有在认知理解上的强化功能，在于它以愉快、轻松的方式进入学生的意识，这就容易在认知领域里形成经验。教育心理学研究表明，那种咄咄逼人的教学方式，往往不利于学生对知识的内化吸收。创设良好的课堂教学情境，改变了平铺直叙的刻板式说教，使教学跌宕起伏，错落有致，在学生的脑海中形成强烈的印象，从而使传递的信息在脑海中不断加强。

3.有助于促进师生关系和谐，活跃课堂气氛

有效的课堂创设问题情境能调动学生学习的积极性。学生在轻松的课堂环境中学习，有助于提高学习效率。课堂气氛的好坏直接关系到教学质量的好坏。如果课堂气氛过于沉闷，就无法调动学生的积极性；如果课堂气氛过于活跃、喧闹，也不利于学生的学习。因此，教师应把握住一个度，为学生营造一个轻松、宽松的课堂气氛。教师由教学中的主角转向"平等中的首席"。学生由教学中的配角转向"舞台上的主角"。师生互相交流，教师不仅是传授者，还是一个学习者；学生不仅是知识的接受者，更是疑问的提出者，知识的探求者。这样就将教学变成师生互动、互惠的过程。

4.有助于提升学生的基本素质

情境教学能够充分发挥认知因素和非认知因素（主要包括动机、兴趣、情感、意志、性格等）的相互作用，使学生善于发现问题、分析问题和解决问题。

二、情境教学的策略

问题情境的创设要注意结合学生实际，贴近学生生活，将教材上的内容通过生活中熟悉的事例，以情境的方式在课堂上展示给学生，以此拉近语文和生活的距离，培养学生的学习意识。结合小学语文课的特点和小学生的心理特点以及中外对创设问题情境的研究理论方法，可以得出以下策略：

1.用现代教学技术创设问题情境

当前的教育、教学中，现代教育技术手段的恰当运用为课堂教学提供了更好的帮助。在小学语文课堂教学中，现代教育技术手段即多种媒体的综合运用能更好地突破教学的重难点，激发学生学习的兴趣和主动性。

在使用现代教学技术时要注意多媒体的合理运用避免滥用效果，分散学生的注意力。同时要给学生留下创造思维发展的空间。

人机交互，立即反馈是多媒体的显著特点。多媒体带来的这种图文并茂，丰富多彩的人机交互方式，学生会产生强烈的学习欲望，激活学生的思维，提高学习效果。

2.用游戏的方式创设问题情境

心理学家弗洛伊德说："游戏是由愉快促动的，它是满足的源泉。"游戏是儿童的天堂。在课堂教学中，教师根据学生心理特点和教材内容，设计各种游戏、创设教学情境，以满足学生爱动好玩的心理，产生一种愉快的学习氛围。这种氛围不但能增长学生的知识，还能发展学生的语言表达能力，提高他们的记忆、注意和独立思考能力，不断挖掘学生的学习潜力，游戏活动一般有比赛、表演、角色扮演等方式。同时教师也要注意课前要精心准备游戏材料，精心设计游戏方法、过程，并且游戏目的要明确。

3.用师生谈话的方式创设问题的情境

在谈话时，教师要注意以下几点：语言要自然亲切，使学生想说、敢说；语言要生动形象，活跃学生的听课情绪，消除学生的紧张和疲乏，给学生留下深刻印象；语言要幽默风趣，创造出一种有利于学生学习的轻松愉快的气氛，让学生在这种环境下去理解、接受和记忆新的知识。

通过老师和学生，及学生与学生间的对话交流，让学生带着疑问，自然地进入本节课的教学内容。通过师生间的对话与互动，给学生以疑问，提高其学习动机，让学生互动，活跃课堂气氛。

4.用引导学生联系旧知识的方式创设问题情境

巴甫洛夫说："任何一个新问题的解决，都要利用主体经验中已有的同类题。"因此在课堂教学中，根据新旧知识之间的联系，巧设悬念，创设多种新情境，让学生把原有的知识、经验迁移到新情境中，使学生有尽可能多的机会在新情境中运用所学知识、技能解决实际问题，有利于激发学生对新知识的探求。可以从老师和学生的对话着手创设问题情境，引导学生联系已掌握的知识，来解决新问题，充分发挥认知因素和非认知因素的相互作用，使学生能够发现问题、分析问题和解决问题。

诚然，最佳的课堂教学单靠问题情境创设的引入往往难以实现其应有的教学目标，在语文课整体过程中，教师起到了一个穿针引线的作用，教师通过自己的言行举止启发孩子们的思维，引导学生较快地领悟知识，并且在自己的生活学习中应用创新。在此过程中，学生的求知欲望主导了教学成效。因而只要教师能围绕核心精心设计问题，利用以上方法创设的问题情境，并选择好提问的最佳时机，就能有效地培养学生良好的语文素养和兴趣，从而提升孩子的求知欲，在课堂中学会，在生活中运用。

总之，有效问题情境的创设是激励学生学习的有效手段和方法，好的教学效果离不开合理的提问；教学中如何有效地启发学生、引领学生，是我们每位教师不断探求的方向。

写字教学中践行"三我"理念
——点画之间　感悟汉字美

周清华

汉字是中华民族传统文化的重要组成部分，每一个汉字都积淀着中华民族几千年的睿智和精华，每一个方块字都具有奇妙多姿的形象之美。《义务教育语文课程标准》对写字教学提出明确要求，小学生书写汉字时，要做到"规范，端正，整洁，有一定的速度，在书写中体会汉字的优美"。我校的"我发现、我实验、我创造"的"三我"教学理念，为低年级写字课堂教学指引了方向，引导学生善于观察发现，勇于实践创造的精神和优秀品质。

印度前总理尼赫鲁说："世界上有个伟大的国家，她的每一个字都是一首优美的诗，一幅美丽的画。"他说的就是我国古老而美丽的汉字。每一个人都有追求美的意愿，因此在生字教学中，需要让孩子从低年级就了解汉字之美，从而去书写这一种美，使写字成为美的享受。

一、观察联想，活化字形，感知字形之美

观察是认识事物的基础。写字教学首先要指导学生观察字形，弄清汉字在田字格中的位置。在指导观察时，如果引导学生对抽象的汉字加以联想，活化汉字字形，汉字字形就会深深扎根于学生的心中。

汉字由抽象的笔画组成。如何让学生对祖国文字的字形产生兴趣，如何让学生对写字感兴趣呢？除了故事、儿歌以外，比喻是个好方法。"撇"像弯弯的胡萝卜，"捺"像扫把。"点"像小孩的尖帽子。"横"像小扁担……我教"木"字时，先让学生观察横竖撇捺在田字格中的位置，着重观察撇捺的写法，于是我用儿童的眼光和学生一起观察，让学生感受撇捺多像小公主穿的裙子，飘起来多漂亮啊，从而让学生感知到撇捺线条的流畅；然后让学生感受到汉字每一笔画之美，最后指导学生在书写时努力把每一笔写到位，尤其撇捺要写得流畅些、漂亮点。

二、示范演示，比较观察，体会书写之美

一年级起步阶段，教师要详细指导写字的基本笔画、笔顺规则，要求每一个字，每一个笔画，都要尽量要求。一横，一竖，一撇、一捺教师都要笔笔指导到位。但小学生写字往往眼高手低，那么，在写字教学中如何帮助学生提高书写能力呢？

教师书写示范很重要。示范是写字教学的先导。在指导学生整体认知之后，教师要在田字格中示范，向学生展示写字的全过程。边演示边讲述：这个字是什么结构，第一笔在田字格的哪个部位起笔，哪个位置收笔，每一笔画的名称、运笔方法以及笔顺等，使学生有一个初步的感性认识。

但是，对于一年级的孩子来说，仅仅有老师示范书写还远远不够，由于受

到观察能力的限制，学生的临摹并不能一步到位。此时，运用比较的方法可以收到事半功倍的效果。如：教学"竖"时，我让学生比较"悬针竖"和"垂露竖"的写法的不同，并进行书写指导。

我在教学中除了指导汉字的笔画，还着重指导汉字的间架结构。教学"禾"字时，发现有些学生写得太大，撑满了田字格，有的把字写得太小看不清，有的把撇写得很长……于是我就将他们的"杰作"展示在投影上，并用儿童化的口吻说："你们看看，第一个'禾'字宝宝太胖了，把田字格都要撑破了；第二个'禾'字宝宝太小了，住在田字格里有些孤单；第三个'禾'字宝宝撇太大了，就要遮住眼睛了。咱们在书写时不要出现这种情况。"一些学生不好意思地笑了起来，有的吐起了舌头。看着他们的表情，我知道他们意识到了自己的"病因"，并且知道了"治病良方"。比较之后的书写，效果令人满意。在我长期训练指导下学生们认真观察，仔细领会，悉心模仿笔画运笔，熟练掌握笔顺规则，体会到汉字的造型美。

三、严格训练，培养习惯，规范姿势之美

没有规矩，就不成方圆。在《义务教育语文课程标准》中明确提出第一学段要"养成正确的写字姿势和良好的写字习惯"。正确的写字姿势，不仅有利于把字写端正，而且有利于学生身体的正常发育，有利于保护学生的视力。习惯是一种动力定型，从小养成良好的书写习惯，可以终身受益。一年级刚入学时，我讲完正确的写字姿势和握笔方法后，教给学生一首儿歌《写字歌》："头摆正，肩放平，挺起胸来两腿平，眼离书本一尺远，胸离桌边要一拳，手离笔尖要一寸，看谁姿势最端正。"每次在写字前经常让他们念念或背背儿歌，反复提醒和认真检查纠正，从而养成优美的写字姿势。

四、激励评价，鼓励进取，书写汉字之美

教师的评价对学生来说起着举足轻重的作用。教师的每一句指导，每一次评价都会对他们今后的书写产生深远影响。因此，我对学生一点一滴的进步都细心关注。如果一个字从整体上看来，不算太好，但其中有一个或两个笔画写得好，我也会予以肯定，不错过学生的每一个亮点。

表现欲是小学生的特点，我让孩子充分展示自己的成功，每次在批改作业

时，对书写美观，工整的字体我都会用小花瓣给学生圈起来，书写好的作业最后会得到"优"，并画上一张可爱的笑脸。每次发作业本时学生就迫不及待地看看自己的小花多不多，有没有笑脸。为了使学生的这种热情持续下来，我宣布只要一周内作业本上有三张笑脸的，本周就被评为"写字小标兵"，将他们的作品上墙展示。这样的竞赛虽无物质鼓励，但同学们依旧兴致高昂。

我觉得作为一名语文教师必须在写字教学中践行"三我"，只有常抓不懈才能使学生形成能力，让我们从大处着眼，从小处着手，扎扎实实地教，使学生从小写出一手好字，从而受益终身，使我们中华民族汉字美的文化继承和发扬下去。

课堂教学应适当的"浪费"点时间

黄玉娥

一位教育家说过，课堂教学要舍得"浪费"时间。"浪费"时间不是对课堂教学时间的任性放逐，更不是教师的教学不作为，而是针对课堂教学内容的过度丰满、教学环节的过度紧凑、教师教学语言的过分琐碎、学生真实参与学习时间的缺少甚至缺失提出的，主要是想把学习时间还给学生，让学生真正自由地徜徉于"学"的旅程中。

一、教师应有"无为而治"的思想

老子认为天地万物都是由道化生的，要遵循道的规律，对事物要符合道的自然状态。当然，"无为"不是一无所为，而是不妄为，不违为。这些观点都是强调要顺应自然规律去促进事物的发展，方能达到目标。对于教师来说，"无为"的最高境界是不教而教。老子的"无为而治"的思想启示我们，教育的"不作为"只是引导学生"作为"。

二、在"无为而治"思想指导下给予充分的时间教学生自己学

教学更多的时候不是为了引领学生找到问题的答案，而是指引学生参与学习的过程。在具体、真实的学习情境中获得学习的方法，提高学习能力。教学

要为学生提供思考、交流的时间。

以小学三年级语文第十三课《曼谷的小象》为例，教学之前一定要给足读书的时间，不要怕耽误时间，一定要学生读进去，然后谈感受。只要学生认真读了，一定会感受到美的存在。再引导学生读课文找一找都有什么美，让学生读课文、读句子感受到：①景色的美，即雾美，课文中出现了两次对雾的描写，橘黄色的雾、金色的雾，通过读句子、谈感受理解感受景色的美；②动物的美，即小象的美，小象的美在于它的聪明、乖巧；③人类的美，即阿玲的外貌和心灵的美。

在语文教学中不要怕浪费时间，一定要给学生充分读的时间，一切重难点一定是在充分读的基础上得到理解与升华的。表面看教师没讲什么，"无为"，实际上成就了学生的自我"有为"。

三、为了不需要教，一定要给足课外阅读的时间

课外阅读是课内阅读的有效补充，与课内阅读相辅相成。教师要把课外阅读和课内阅读有机结合起来，这不仅是新课程标准的要求，也是语文教学本身的要求。

1.引导学生进行课外阅读

在教学中，教师要想法设法地组织学生广泛阅读经典著作，引导学生选择自己喜欢、对自己成长有利的书籍来读，并写读后感，将自己读书的感受与同学、老师和家长分享。

2.激发学生的阅读兴趣

有些老师认为课外阅读会耽误学生学习。其实恰恰相反，课本知识只是一个点，我们要通过点引出面。学完一课后，教师要为学生推荐与课文相关的书籍。例如，在学完四年级课文《麻雀》后，我给学生推荐了屠格涅夫的书籍《猎人笔记》和林清玄的文章《麻雀的心》等，在不知不觉中培养了他们阅读的习惯和阅读的兴趣。我还会找时间让他们交流读书体会、感受和收获。时间不长，班里就有了读书的氛围。

3.课外阅读的方法

教师和学生一起制订读书计划。学生按照读书计划，利用学得的知识、方法去广泛阅读课外文章和书籍，"得法于课内，受益于课外"。教师不仅要引导

学生爱读，还要指导他们读好，读得有收获。

四、尽量淡化教的痕迹，给足学生内化时间

语文教育家叶圣陶先生说过："教，是为了不需要教。"让学生学会学习，应成为语文教学的主旋律。

在新教材的编排中，一个单元集中一类文体，让学生积累这一类文体的基本阅读方法，就可以顺应学生的文体阅读思维，让他们学得更集中、更透彻。例如，三年级语文《鹅》这课写了鹅的漂亮、可爱、勇敢，重点是体会鹅的勇敢，引导学生体会鹅"昂首挺胸、像一位得胜的将军"。学生在教师的引导下自主学习、合作探究，深刻感受到当鹅面对眼睛冒着寒光的黄鼠狼时，不后退、毫无畏惧、大义凛然的勇敢。学生将此内化为自己的情感，对鹅平添了一分敬畏之情。

在教学中，我们不要怕浪费时间，急于给出正确答案。所谓的浪费时间，实际上是学生的一种学习过程。教学中给学生时间"犯错"，不仅能提高学生学习能力，还锤炼了学生的心智。

第二节 数学篇

把数学课堂变成促进学生发展的乐园
——浅谈营造学生自主课堂的一些做法

刘雅清

课程改革走到今天，越来越清楚地表明，数学课程的核心理念就是以学生发展为本，"人人都能获得良好的数学教育，不同的人在数学上得到不同的发展"。如何让学生成为自主学习的主人，真正参与到课堂中呢？通过学习和实践，我发现给孩子们营造一个自然和谐、自由平等、有充分自我展现机会的课堂氛围，给予充足自主发展的时间和空间，吸引学生张开眼睛，动起手来，深

入思考，亲历数学知识的形成及"再创造"的过程，促进主动和个性化的探究活动，使合作交流发挥实质性的作用，而非流于形式，这样的课堂才是促进学生自主学习发展的真正的课堂。以下是我做出的几点让学生成为课堂主人、营造自主课堂的尝试。

一、张开眼睛，自我发现

人们认识世界，进行思维，从而改变世界往往是从发现开始的。数学课堂作为学生学习的主战场，首先应该开启学生的发现之旅，让学生练就一双善于发现的眼睛，自觉地有条理地进行观察，让他们的思维变得有序有向，能有目的地准确而全面地对事物的数和形的特点进行感知活动，从而认识它们的本质体征和数量关系。英国教育家斯宾塞说：应该引导儿童进行探索，自己推论，给他们讲的应尽量少些，而引导他们发现的应该尽量多些。因此，在数学教学过程中，我从不给学生现成的结论或方法，而是充分利用数学本身的规律和诱人的奥秘，引导学生用自己的眼睛去发现，动手去试验，用自己的大脑去思考去推理，主动获取知识，提高数学能力。例如在讲"积的变化规律"这一内容时，我是这样进行的。

首先，通过学生熟悉的生活场景导入，激发学生的学习兴趣，使学生对积的变化规律有一个初步的感性认识，为学习新知做好准备。探究积的变化规律是第一次，学生没有学习经验，如何切入，按什么顺序观察，怎么表述规律都是个难题。尽管这样，我仍然相信学生，给他们足够的时间去思考、去发现、去交流和讨论。"学校要为老师买同样的办公用笔，每支6元。如果买2支要花多少钱？买20支、40支、200支分别花多少钱？"为什么买同样的笔所花钱数不同呢？

说明总价与数量和单价有关，求总价用单价乘数量。生活中用乘法解决的问题很多，所以要学好与乘法相关的知识。今天我们一起探究积的变化规律。

设计理念：这样的设计是想让学生解决生活中的实际问题，激发学生的学习兴趣，培养学生的感性思维及探究的欲望。

接着，合作探究，发现规律。

1.课件出示：（小组合作学习:仔细观察、比较这组算式，你能发现什么规律？）$6 \times 2 =$　　　　$6 \times 20 =$　　　　$6 \times 40 =$　　　　$6 \times 200 =$

学生接到合作学习任务后，立刻投入观察、交流、讨论中。有的用箭头、运算符号和数字表示变化，有的用语言叙述变化，更多的是二者结合，虽然不够严谨，但能真实地反映孩子们的观察比较和思维过程。每个学生都有表现聪明才智的愿望和探究的潜力，他们各抒己见。在小组汇报探究结果时，每个组员都是通过具体算式的比较得出具体的结论，我借助交互式课件动态、形象、直观地展示他们的观察和思维过程，化抽象为具体，变静态为动态，营造了良好的学习氛围，调动学生的求知欲，使他们的思维开始活跃，学习效果非常好。当中我适时指导有序观察和用准确简洁的语言表达。当大家把所有算式都两两比较完，我又抛出一个问题："谁能用简洁的语言概括这组算式所反映的规律？"由于有了刚才的具体经验做基础，再加上老师的适当点拨，孩子们很快心领神会了，顺利概括出规律：在乘法里，一个因数不变，另一个因数乘几，积也乘相同的数。

再通过一组算式看是否也存在这样的规律？（学生独立自主探究试验，验证规律具有普遍性）$5 \times 4 =$ 　　　$10 \times 4 =$ 　　　20×4

2.接着提示学生：从下往上观察，你又发现了什么规律？由于有了刚才发现规律的经历，借用经验学生很快就会发现，且能用准确简洁的语言表述规律：在乘法里，一个因数不变，另一个因数除以几，积也除以相同的数。

"你能把两条规律整合到一起吗？0可以作除数吗？"老师适时点播，从而引导学生把规律表述更严谨。

总的来说，教师作为学生学习活动的组织者给学生提供了自主探索的空间，引导学生在观察、猜测、反思等活动中逐步体会数学知识的产生、形成、与发展的过程。使学生拓展思路，敢于发表自己的见解，乐于交流与合作，充分体现了数学课堂的自主性。

二、动起手来，自我实践

意大利教育学家蒙台梭利说："我听过了，我就忘了；我看见了，我就记得了；我做过了，我就理解了。"很多古今中外的教育家在研究过程中都提出实践操作在孩子的学习中有着很重要的作用。数学课标中也说到"空间与图形"的教学，应该从学生的生活经验和已有的知识基础出发，给学生呈现现实的、有意义的、富有挑战性的材料，提供充分的数学活动和交流的机会，引导他们在自主探索的过程中获得知识和技能，掌握基本的数学思想和方法。下面我就长方形、正方形面积公式的推导这个内容谈谈学生自主操作获取知识的过程。

学生在计算和解决关于长方形、正方形的面积与周长问题时，经常容易把周长和面积混淆，因为周长与面积的单位相似，计算对象相同，还经常出现在同一问题中；再有学生容易把公式中的长和宽只理解为线段的长度，没有考虑面积的元素，或者说潜意识里认为求周长和面积都是在进行长度的计算，所以只靠死记硬背区分周长和面积公式。因此要解决这个问题，就要抓住核心内容：推导与理解长方形和正方形面积的计算公式。以往教学中也是通过拼摆，然后填一个有长和宽，也有面积表格，很快发现长方形面积公式。其实接受和使用长方形面积公式并不难，难的是对公式有个清晰的理解。为此我充分利用面积单位进行拼摆操作，让学生理解公式中每个因素的含义，从而真正理解掌握公式。

首先通过复习让学生回顾面积的含义和面积单位的规定，接着让同学拿出第一张学习单，看到一个长方形，先猜猜看这个图形面积大约是多少？为什么要用平方厘米作单位？（目的是培养学生根据图形大小选择合适的面积单位的意识）怎样才能准确地知道这个长方形面积呢？你有什么办法？结合学生的回答导入操作环节。操作分三个层次：

1.摆　满

学习要求：用1平方厘米的小正方形摆出三个不同的长方形，然后填写表格并进行观察，组内交流发现了什么。

口头提示：用胶棒固定拼摆结果。

学生操作时我没有给学生统一的操作和思考顺序提示，而是让他们放开手脚，大胆实践，训练他们的操作能力。当学生拼完前两个长方形时，发现1平方厘米的小正方形学具不够了，无法完成第三个图形，这也是我忽略的一点。此时我提醒学生小组合作，共同完成组内拼摆三个的目标。整个操作过程，同学们非常认真，人人参与。汇报环节我请了三个小组代表，他们都说了，每行摆几个1平方厘米小正方形，摆几行，一共多少个小正方形，所以这个长方形面积是多少平方厘米，然后汇报表格填写结果，发现了摆满多少个1平方厘米的正方形，长方形的面积就是多少平方厘米。目前为止，还只是直观的观察结果，还要经过深入思考才能真正理解。于是我加以引导：第一个图形是老师提供的，你们的拼摆结果一模一样，每行4个1平方厘米的正方形，摆2行，共八个，面积是8平方厘米。其他的长方形你们自由拼摆的，大小不同，你们有什么相同的发现？学生的回答还是停留在"摆满多少个1平方厘米的正方形，长方形的面积就是多少平方厘米"。

我继续引导："有多少同学是一个一个数小正方形知道面积的？谁是算出来的？怎么算的？""用每行的小正方形个数×行数=长方形的面积。"学生迫不及待地回答。

到此已经为长方形面积的计算公式推导做出了第一层铺垫。这一层次，是通过铺满，数和算面积单位的个数，使学生建立和深化面积意识，初步感知长方形面积与长和宽的关系。

2.摆一部分

操作第二层次，拿出第二张学习单，要求：请你沿着每个长方形的长边和宽边用1平方厘米的小正方形各摆一排，然后填写表格并进行观察，组内交流发现了什么。

提示学生理解操作要求，摆一部分（沿长边和宽边只摆一行），不是铺满。部分学生在操作中还有没明白要求的，老师加以强调就可以了。然后请小组代表展示汇报拼摆和填表结果，以及发现规律。

此时，老师追问："你们没摆满，是怎么知道长方形面积的？"学生踊跃发言："长边摆几个就是一行摆几个，宽边摆几个就知道摆了几行，所以长方形面积=每行的小正方形个数×行数。"到此，为获取长方形面积公式做了进一步推进。

3.不 摆

不摆小正方形，是不是也能用"每行的小正方形个数×行数"算出长方形的面积呢？测量出长方形的长和宽，长和宽与小正方形的个数有什么关系呢？长就是一行小正方形的个数，宽就是行数，由此透彻理解了长方形面积的计算公式的来龙去脉，也清楚了长方形面积不是简单的长与宽两条线段长度相乘，而是表示一行面积单位的个数×行数，即长方形所涵盖的面积单位总数。为了计算方便，我们推导出计算长方形的面积公式。长方形的面积＝长×宽。长方形的长用a表示，宽用b表示，面积用s表示，长方形面积字母公式就是s=a×b。小结整理推导过程：我们是怎么找到长方形的面积计算方法的？（回顾推导过

程，渗透数形结合思想）

整节课，让学生在探索计算公式的活动中，体验数学学习充满着研究和创造，感受数学的严谨以及数学结论的确定性。同时在合作操作过程中，让学生都动起来，有效利用教学资源，凝聚每个学生的智慧，共享学习成果，提高学习了效率。

三、互动生成，自我发展

新时代的数学教学倡导生成性教学，追求课堂教学的多向互动生成，这种动态生成教学资源来自师生之间、生生之间互动交流，如果加以巧妙利用，会大大提高课堂时效性。

记得我在讲完常用长度单位米、分米、厘米这部分知识时，安排了一个练习的内容：填写合适的长度单位。同学们看到题目要求后纷纷举手回答问题，并说了填写依据。跳绳长约2（米）；大树高约10（米）；食指宽约1（厘米）；水杯高约15（厘米）；床长约2（米）；小华身高130（厘米）；一幢楼高12（米）；语文书长21（厘米）。一切都在井然有序地进行，同学们回答得有理有据。即使有错误，也会通过转换单位或比画实际长度加以纠正。

正在我要进行下一个环节时，我们班公认高智商的小明发问了："老师，您知道蚂蚁有多长？蚂蚁一分钟能爬多远吗？"对于这个突如其来的问题，我一时回答不上来，心想：蚂蚁多长还可以估测出来，一分钟爬多远，从来没考虑过，更没做过这个试验，无从答起。当我目光扫视全班同学时，看到了小明专注的神情和同学们充满好奇的眼睛。讲台上的我暗暗下决心：决不能让孩子们求知的欲望在我这里泯灭。于是，我转念一想，何不利用这一生成，激发孩子们的探究欲望，将长度单位拓展到认识"毫米"呢。"小明，你是不是知道答案啊？""老师，我不知道。但我想，蚂蚁连一厘米都不到，怎么表示它的身长啊。蚂蚁虽然个子小，但爬得很快，到底一分钟能爬多远呢？"一石激起千重浪，同学们的探究欲望被充分调动起来了。

我借势而为："蚂蚁身长不能用整厘米表示，那我们就用比厘米低一级的长度单位表示，它就是毫米，我们一起来认识毫米吧。"同学们迫不及待地和我一起借助直尺认识了毫米，并且在纸上大致画出蚂蚁的示意图进行测量，得出蚂蚁身长的近似值。课上到这儿，学生已是兴趣盎然。"蚂蚁到底一分钟能爬多远？我们课上暂时无法知道，你们有什么办法获得答案吗？"有的说上网查，有的说自己亲自试验，对同学们的想法，我给了大大的赞。

第二天，同学们争相告诉我上网查看的结果。我看到小明眼睛发亮、笑容灿烂，其他同学也是兴奋至极。

认识长度单位这节课上完了，但课上同学的问题所引发的思考才刚刚开始，令我认识到：课堂生成资源不可小觑，我应该抓住每一个生成点，不管是疑惑，片面理解，拓展思维，还是奇思妙想，都应引起重视。一方面激发学生的探索热情，另一方面引发更深层次、更全面的思考，对学生和老师都有促进作用。这不正是课堂自主性的真正体现吗？

总之，教师要学会放手，把学生看成学习的主人，给他们充足的时间和空间，激发学生的探究欲望，令他们丰富多彩的多角度思维呈现在课堂上，实现多重互动，让孩子们都有一双灵动的眼睛，灵巧的双手，善于思考的大脑，使课堂演绎出不曾预料到的精彩，让数学课堂成为促进学生发展的乐园。

数学活动"玩"出真知

杨春青

在学习了"米"和"厘米"后，我课下与学生谈话，问了他们一个问题："从你家到学校大概有多少米呢？"有的说几十米，有的说几百米。我顺势布置了前测作业"身上的尺子"：回家和爸爸妈妈一起找一找身上有哪些尺子，可以用PPT文档或视频的形式上交作业。这个实践作业的结果如下表：

班级	PPT文稿	视频	记录单	其他
二（1）	14人	16人	12人	2人
二（2）	13人	19人	11人	2人

孩子们和家长一起完成的实践作业，启发了我想带孩子们一起玩的欲望，结合我校的"三我"教育理念，我精心准备了一节数学实践活动课。

一、密切数学与生活的联系，让学生在"玩"中爱上数学课

同学们，我们已经认识了哪些长度单位呢？测量一个物体的长度要用到哪

些测量工具呢?

老师有一项特殊的本领,不用测量工具就可以测量出物体的长度,你们相信吗?(当场试一下)知道老师是用什么方式测量的吗?

新课伊始,设置悬念,一是引发学生强烈的好奇心,让学生集中精力投入到课堂学习中去;二是让学生初步感知"身体尺"在生活中的应用,激发他们的学习兴趣。接着提供课堂中的实际素材,结合多媒体教室的真实场景,让学生以小组为单位,测量多媒体教室里的任何一样东西。课堂上有的组测量黑板的长,有的组测量课桌的长,使学生获得大量的感性材料。接着,再让学生测量自己的身高、步长、双手平伸时两指尖的距离等,让学生体会到生活中处处有数学。

二、培养学生动手操作能力,让学生在"玩"中探索求知

课上,我给学生创设了大量的动手操作和动口表达的小组合作学习的实践活动。把操作、观察、语言表达紧密结合,让学生通过自己的实践与交流来获得知识、得到发展,锻炼了学生发现问题、提出问题、分析问题、解决问题的能力。例如,在学生对课桌的测量结果出现多样的记录方法后,教师及时组织学生评价交流。

1.猜一猜,认一认,初步感知"身体尺"

学生在前面的学习中,已经接触到了一些"身体尺",但那只是初步的了解,有的学生并不知道"身体尺"是如何规定的。比如一步行,有同学认为就是前脚跟到后脚尖的距离。通过课件让学生看直观图的演示说明,再让他们亲自比划一下,有利于他们形成正确、深刻的记忆。

2.比一比,量一量,体验"身体尺"的长度

小组合作测量物体的长度,加深学生对所知识理解,在与同伴们的交流互动中,内化了抽象的知识,不仅降低了学习难度,还有助于学生间思维、灵感的碰撞,使新知得到更全面的理解和应用,学生的合作精神也有所提高。

3.估一估,测一测,构建"身体尺"与"米尺"的关系

这部分教学有两个目的:一是通过测量,让学生理性地认识几种"身体尺";二是通过这样的思考,让学生认识到不同的人有不同长度的"身体尺",而且儿童的"身体尺"还会随着时间的推移发生变化。

三、学习方式灵活多样，让学生在"玩"中体悟到数学的真谛

整节课上，我不断地引导学生提出问题、解决问题，把自己的角色定位于数学学习的组织者、引导者，真正实现教为学服务，更好地发挥学生的独立性、自主性、创造性。我为学生创设了一个又一个的情境，引发了一环又一环的问题，促使学生层层深入地思考、体验、感悟，自觉地、全身心地投入到学习活动中。他们用心发现、用心思考、真诚交流，时而困惑，时而高兴，在跌宕起伏的情感体验中自主完成对知识的建构。

四、总结提升，让学生在"玩"中树立学好数学的自信心

学生课前讨论的问题作为下节课汇报的作业，用步长估测家到学校的距离。学生的估测能力并不是靠教师教就能教出来的，需要学生不断去实践。尤其是这样的实践活动课，更有必要将课内学到的知识、技能延伸到课外，应用于生活，让学生到广阔的空间中去探索、去实践，感受数学知识在生活中的广泛运用。

数学源自生活，用于生活，和生活有着密切联系。我在让学生进行实践之前，先教给他们估测方法，培养他们的估测意识和解决实际问题的能力，让他们积累丰富的活动经验。"数学好玩，玩好数学"给低年级学生插上探索知识的翅膀，树立学好数学的信心。

把课堂交给学生
冯 莹

随着我校"三我"教育理念的逐渐完善，每位教师都在积极响应和践行。在不断的探索中，我越来越深刻体会到：我发现、我实验、我创造为孩子们开启了智慧大门。他们将自主学习成果内化成自身的知识。课堂教学充分体现学生的主体性，学生的主体性依赖教师精心创设的探究活动才能得以实现。但是，科学的探究活动如何设计和实施才能让学生通过自己发现问题、研究问题、解决问题来获取知识，真正成为课堂的主体呢？我不断地学习、总结，现在通过

一节课，和大家交流。

《正比例的意义》这一课，对学生来说，非常抽象，本课中有很多难以理解的名词，对于这些词语的解释也是很抽象。如果我照搬书上的内容，那么学生虽然可以记下什么叫作正比例，但至于为什么这么解释、正比例到底是干什么用的，学生肯定是一头雾水。因此，基于自己对学生、对教材的理解，在设计这节课时，我从学生的已有知识导入，让学生根据题目写出数量关系，既简洁又不会让学生觉得很难，产生畏惧心理。这样，激发了学生的学习兴趣，使学生对正比例的知识产生好奇，从而产生主动探究的心理。

接下来，我需要让学生理解什么叫作相关联的量。我出示了三张表格：第一张是路程与时间关系的表格，第二张是工作总量与工作效率关系的表格，第三张是学生单元考试成绩与单元两种量的表格。学生观察表中有几种量，探究几种量的关系。学生思考之后，能够说出前两张表格中的两种量，一种变化，另一种也会变化，但不管怎么变化，第一张表格中速度是不变的，第二张表格中工作时间是不变的，而第三张表格中两种量之间没有必然联系。学生的成绩与第几单元没有什么联系，学生的成绩是与学生是否努力联系在一起的。通过学生的回答，我能够感觉到学生理解了什么是相关联的量，只是还不知道这两种量的名称。于是，我告诉学生，第一张和第二张表格中的两种量叫作相关联的两种量，而第三张表格中的两种量就不是两种相关联的量。正因为前面的理解和分析是学生自己探索出来的，所以孩子们理解得特别到位。这样既让学生掌握了知识，也让学生体验了成功的喜悦。

学生理解了相关联的量的概念后，接下来要探讨这样的两种量到底有怎样的关系。学生很快就能发现，这两张表格中的两种量如果相除，得到的商是一样的，一张中得到的是速度，第二张中得到的是工作时间。当学生发现到这一点后，我立刻点拨：如果两种相关联的量的比值一定，那么这两种相关联的量就成正比例关系。学生这才恍然大悟，脸上露出了开心的笑容。

为了让学生更好地理解知识，教师除了上课之外，还要趁热打铁，让学生练习。这样才能让学生所学的知识掌握得更加牢固。

通过这节课，让我认识到，课堂要交给学生，让学生成为课堂的主体。如果只是老师一味地讲，学生一味地听，那么学生对知识的掌握肯定是机械的、死记硬背的。那么怎样才能让学生成为课堂的主体呢？

一、创设情景，让学生想中求知

课堂引趣，一要"精"，要根据所学内容，创设一个引人入胜的情境，或布谜设障。二要"妙"，开课引题，要具有延伸性，这样导入新课，既能激发兴趣又能创设悬念，使学生自然产生主动求知的心理冲动，为探究学习巧设，铺垫。

二、开发智能，培养学生的探索精神和创造能力

教师要创造良好的学习情境，使学生亲自在实践中感知、在实践中创造，逐步形成良好的数学素质。数学活动课要注意启发学生的创造精神，增强学生的创造意识，进而开发学生的智能，培养学生的探索精神和创造能力。

三、指导学生拓展探究方法，开启探究性学习的大门

探究，是学生运用已有的知识去寻找解决问题的方法，去发现规律的过程。然而，我在实际授课中认识到，学生的知识和技能还很稚嫩，综合运用知识的能力还很薄弱。因此，在课堂教学中，让学生掌握探究方法显得尤为重要。这种探究方式是：问题—猜想—探究—验证。先对数学问题进行大胆猜想，再通过探究寻找规律。

四、启发学生思维，提高学生用简单的数学方法解决实际问题的能力

正如叶圣陶先生所言："教是为了不教。"我们教学的目的不仅在于提高学生的知识积累和技能水平，更在于使学生能运用所学知识解决实际问题，发展思维能力。

五、注重合作探究，在合作中达成共识

合作探究是小学数学探究性学习的重要形式。通过小组合作充分展示自己的智慧并进行交流，达到取长补短的目的。在合作探究中，学生的不同智力水平，不同思维方式经过交流整合，有的得到修正，有的得到提升。小组讨论合作时，教师不是一个旁观者，而应积极参与到学生中间，这样不仅可以及时了解学生的讨论情况，还可以密切师生关系，真正做到学生的合作者。但在实际教学中，也出现了一些弊端。例如，部分学生人云亦云，没有独立见解；一节课上小组合作次数太多，则学生会感到厌倦。小组合作要限时限地，从实际出发，让学

生真正地乐于合作。学数学的过程，其实也是学交流、学合作的过程。学生间的交流、合作效果如何，取决于学生是否掌握了一定的合作技巧。因此，在教学过程中，我十分注意培养学生的合作技巧，通过训练让学生学会"听""讲"——别人发言时，注意力要集中；别人说的和自己想的不一样时，要在肯定别人的基础上讲自己不同的想法；别人提意见时，要先听，再讲自己的理由。

六、课后延伸，培养学生的探究意识

数学教学，我们应当让学生自己体验和经历学习过程。因为学生不是一张白纸，每个学生都有自己的生活空间和学习空间。有人说："听过会忘记，看过能记住，做过才能学会。"所以要让我们的学生多动手做数学。教师应多想办法、出点子，用数学的魅力让学生觉得数学有趣，想学，自觉地去探究。

七、在探究中体验成功的欢乐

心理学家认为：每个学生都有成功的欲望和需要。当学生通过探究，终于解决一个对他们来说新奇和富有挑战的数学问题时，他们能从中体验到一种成就感，这是一种强有力的令人愉快的情绪体验。学生一旦有了这种体验，就会产生再次体验的愿望。我在教学中深深地体会到了这一点，学生在探究中哪怕获得了一点点微小的成功，我都及时给予表扬、鼓励、赞赏。看到一张张洋溢着快乐的笑脸，我也体会到了成功的喜悦。

总之，教师要给全体学生创造一片蓝天，一个动力实践、自主探索、合作交流的时空，细心呵护学生创新的萌芽，让其苗壮成长，使数学教学充满生命的活力。这样才能真正培养学生的探究意识、创新精神和实践能力，使学生成为课堂的主体，让学生快乐地学习。

聚焦学科核心素养　提升数学思维能力
——以《等量代换》教学课例为例

沈艳秀

核心素养是新课程改革的重要体现之一。核心素养不仅关注数学知识本

身，也关注学生的数学综合能力的培养与提升。《等量代换》这一节课主要是通过让学生在操作、思考、互动中等课堂活动中来体会等量代换的数学思想和方法，培养学生初步具有研究问题的能力，形成解决问题的活动经验。在教学中，教师精心设计了三大教学环节。这三大环节环环相扣，紧凑有序，使学生初步形成了数学学科核心素养，增强了学生应用数学思维方法解决简单实际问题的能力。

随着我国新课程改革的不断推进，对于小学数学的教学也提出了新的更高的要求。教育部在《关于全面深化课程改革落实立德树人根本任务的意见》中指出："研究学生发展核心素养是落实立德树人根本任务的一项重要举措。"同时，《义务教育数学课程标准（2011年版）》提出了核心素养的内涵，即"数学核心素养是学生学习数学应当达成的有特定意义的综合性能力"。换言之，落实到小学数学学科上，主要是培养学生能够用数学的眼光、数学的思维和数学的方法去解决实际问题的能力。因此，对于小学数学教师而言，要以培养学生的数学思维、提高学生的综合学习能力为教学目的，以多元化的教学创新为教学动力，从而不断推动小学数学教学质量的提高。对于学生而言，数学知识出校门几年后可能就忘了，记在头脑中的唯有数学的精神、数学的思想、研究方法等。这些随时随地发生作用，使学生终身受益。在课堂教学中除教给学生数学知识外，更应重视挖掘知识发生、形成和发展运用过程中所蕴藏的数学思想方法，不失时机地渗透数学思想方法，指导学生运用数学思想方法科学的思考问题，培养学生探索规律、解决问题的能力，从而促进学生数学核心素养能力的提高。下面，本文以《等量代换》一课的教学课例为例来具体地谈一谈在课上有效地培养学生数学思维，从而提升学生数学核心素养的做法及思考。

一、教学目标

初步体会等量代换的数学思想方法，能用一个相等的量去代换另一个量。

通过观察、猜测、操作、交流、验证等活动，发展学生的思维，初步形成观察、分析及推理的能力。

学会用等量代换数学思想方法解决一些简单的实际问题和数学问题。

经历解决问题的过程，感受等量代换与生活的密切联系。了解等量代换的数学思想方法。

二、教学重难点

教学重点：了解等量代换的数学思想方法。

教学难点：学会用等量代换数学思想方法解决一些简单的实际问题和数学问题。

三、教学过程

1.自主操作，深入探究

新课伊始，教师首先出示两幅跷跷板平衡图，让学生根据平衡图找出等量关系。教师提供了一些简单的图形，如○、□、△等，学生选择自己喜欢的图形摆摆、画画表示两个等量关系式，如○可以表示羊。同学们都忙开了，有的用简单的图形画下来，而有的直接摆一摆。当独立操作活动开始后，教师请学生们介绍一下自己的等量关系式。他们更是说得头头是道，如以下所示：

1只小羊的质量=3只小鸡的质量 1头牛的质量=5只羊的质量。

○　=□□□ 　 △　=○○○○○

2.精心引导，感受"代换"思维

接下来，让学生们思考：用摆摆、画画等方法表示思考过程，看你还发现了什么新的等量关系？把新发现的等量关系写下来。

学生们交流想法，比谁表达得更简洁。他们兴趣盎然地投入到活动中，没多久，很多同学都高高地举起了手。当我巡视一周，发现有80%的学生正确记录了新等量关系：1头牛的质量=15只鸡的质量。我问道："你们是怎样发现的？"在同学们的互相协作下，他们用"换"的思想清晰地表达了自己的思维过程。

生1边操作边说：我是在摆出的图片上换一下算出来的。把1只羊换成3只鸡，这样把5头羊都换成鸡，一共可以换成15只小鸡，得到1头牛的质量=15只鸡的质量。

生2边画图边说：我的方法和他一样，不过我是画图换的。

师：不错，想到了代换思想，那为什么一定要用3只鸡换1只羊呢？（我及时引入只有具有等量关系的两种量才能代换。当学生揭示等量代换的方法后，我乘胜追击）在换的过程中，有没有更简洁的方法呢？

学生的思路喷涌而出，我不禁暗暗惊叹，学生的潜力是无穷的。

生3：我只要把一头羊换成3只小鸡，那么5头羊就有5个3只，也能看出得到

1头牛的质量=15只鸡的质量，比他们简单，只要换一只就够了！

生4：我比他还简单，我在脑子里换，用3×5=15只，就能得到1头牛的质量=15只鸡的质量。

生5：老师，我直接在原有的等量关系1只羊的下面写个3，我也能弄明白的。

3.结合生活实际，感受数学魅力

结合班级活动，学以致用。

马上要到元旦了，我们班要开联欢会，要买一些饮料。一瓶大可乐能倒9杯，如果保证每人一杯，4瓶大可乐够吗？用你喜欢的方法表示你的思考过程，说说你是怎样想的。

每个学生根据自身的理解尝试用自己喜欢的方法表示，积极地解决问题。有的画图表示，有的用几何图形表示，有的用计算的方法表示……

四、反思

学生解决问题时，深入地思考，兴致勃勃地操作，师生、生生的多向互动，给课堂带来了意想不到的成功。这些都得益于教师聚焦核心素养，为学生搭建了发展思维的平台。当然，我也深刻认识到，对学生数学思想方法的渗透不是一朝一夕的，而是一个长期过程。数学思想方法必须经过循序渐进和反复训练，才能使学生真正地有所领悟。

小比例·大世界——让自主在课堂生长
姜怀民

数学课堂是自主探究的课堂，是启迪智慧的课堂，更是让思维成长的课堂。正如在"比例尺"一课中，一把小小的比例尺，让学生能够测量出大千世界中的任意距离；一把小小的比例尺，像是一座桥梁，连接着小知识和孩子们生活中的大世界；一把小小的比例尺，更像是一名导师，引领孩子们走向思维成长、智慧人生的殿堂。

下面我就以"比例尺"一课为例，谈谈如何让自主在课堂生长。

一、设疑导趣，在发现中引入

在北京版教材中，教材是直接给出图上距离和实际距离，让学生求图上距离与实际距离的比，这样的比就是比例尺。表面上看，学生似乎已经知道了比例尺，但整个过程学生只是被动接受知识。如何让学生经历比例尺的产生过程？如何让学生带着学习的欲望和需求，自主地探究和学习比例尺呢？我想一定是有挑战的，只有受到学生喜欢的探究活动，才能激发学生的自主学习欲望。课程伊始，我创设情境："寒假时，老师去普吉岛度假，坐7个多小时的飞机才到达，可是一只小蚂蚁只用了1分钟就到了，这是怎么回事？"一石激起千层浪，学生的学习热情被充分点燃。当学生说出小蚂蚁爬的路程是地图上的距离、飞机飞过的路程是实际距离之后，我顺势引出主题："今天咱们就来研究图上距离和实际距离。"当教师把学生喜欢的情境引入课堂时，便激发出学生的学习兴趣，使学生产生了自主学习的内驱力。

二、合作探究，在实验中深化

在探究环节，我让学生画长28米、宽15米的长方形篮球场平面图。一开始，学生一筹莫展，28米画不下，怎么办？既然发现了问题，那就小组自主合作探究解决问题。学生在探究中发现，可以把长和宽缩小后画下来；在交流中发现，画的图有大有小。此时学生再次展开讨论，原来有的同学把长和宽缩小到原来的千分之一，有的缩小到原来的百分之一。而且有的图和其他图形状不一样，那是因为他们在画图时长和宽选用了不同的比缩小。经过研讨，学生一致认为要想不改变形状，就要把长和宽按照相同的比缩小。他们逐渐构建出比例尺的意义。

认识了比例尺后，我让学生拿出中国地图先找到自己想去的城市，再求出北京到这个城市的实际距离。学生小组自主完成任务，在交流汇报时，学生发现测量的图上距离有的长，有的短。都是北京到兰州，怎么图上的距离却不同呢？经过研讨，发现每幅图的比例尺不同，图上距离就不相同，但是学生利用各种方法求出的实际距离大致相同。

三、思维碰撞，在创造中提升

在学会了比例尺后，出示一个半径是4毫米的手表零件，让学生画在纸上。

此时学生有了疑问，4毫米太小了，没办法画，即使画也看不清，怎么办？小组自主探究画法，经过交流发现可以把零件放大。那么问题也就来了，放大后的比例尺应该怎么写？放大10倍还写成1：10吗？学生展开研讨，最后发现比例尺都是图上距离和实际距离的比，也就是40：4=10：1。学生将比例尺放大到10：1，就可以解决把精密仪器画在纸上的问题，通过对比、辨析加深对比例尺的认识和理解。

　　小比例，引领孩子走进探究的世界，走进思维的世界，走进生活的世界。学生在自主课堂中，自主研讨发现比例尺，自主探究认识比例尺，自主合作创造比例尺，在探究的过程中我听到思维生长的声音。在这样的自主课堂中，学生一定会学会用数学的眼光观察世界，用数学的思维思考世界，用数学的语言表达世界！

让学生在活动中学习数学

周洪萍

　　美国当代人本主义心理学家罗杰斯认为，要使学习具有意义，就要让整个人（包括情感、认知等）投入学习活动，而不能让学习活动只是"颈部以上发生的学习"。思维从动作开始，切断了动作与思维的联系，思维就得不到发展，知识就无法获取，更谈不上创新精神、实践能力的培养。在教学中，我们要强调数学学习的探索性与体验性，让"做数学"代替"说数学"，就会让课堂充满生命的活力。现就课堂实践中的点滴做法谈点粗浅的认识。

一、在活动中，激发兴趣

　　兴趣，是一种带有强烈情感色彩的欲望和意向，是形成创新动力的重要基础，是学生学习的内驱力。心理学研究表明，兴趣是构成小学教学的基础，也是培养创新意识和创新能力的基础，创新与兴趣是紧密联系在一起的。只有对学习感兴趣后，学生才能自主地、自觉地去观察、研究和探索。数学教学中如何来更持久地吸引住学生，使他们想学，爱学。教师精心设计的活动会让学生兴趣倍增并且轻松地学会知识。新教材的"鸡兔同笼"问题是一个复杂且不好理解的问题。教学中，我首先让学生理解题意，然后让学生动手画。用一个简单的圆形来表示动物的头，先假设都是鸡，用两根竖线来表示动物的脚，看看共画了多少只脚，和总数相差多少只脚。再引导学生想：再在每个头下补几只脚？补到几个头下？最后让学生对照图和题目进行检验。在动手画图的基础上，使学生理解假设的方法，学生接受起来就容易多了。整堂课上，学生学得兴致勃勃，丝毫看不出由于内容的难度而带来的疲倦感。他们对这类题目的第一个感觉就是有趣，同时对鸡兔同笼中"几个头、几只脚"也有了一个最基础的认识，接受了假设解题的方法。

二、在活动中，理解数量关系

儿童的动作思维占优势，现代教学论认为：要让学生动手做科学，而不是用耳朵听科学。要让学生有直接的经验，要让他们觉得数学是看得见，摸得着的实践活动。实践证明：让学生经历亲身的体验，让活动取代教师的讲解和灌输，就能让学生获得切实的感受，感受越深，理解数学知识就越深刻。

"相遇问题"是四年级应用题教学当中的一个难点。相遇求路程的应用题是学生在掌握了一个物体的简单行程问题的基础上，初次接触有关两个物体运行的较复杂的行程问题，其中体现了运动方向、出发时间、运动结果等新的运动要素，具有一定难度。因此教学时，我首先以一个物体运动的特点和数量关系为基础，引发学生对行程问题中"速度""时间""路程"三量之间关系的思考，唤醒了学生的记忆。然后出示课题"相遇问题"，直奔主题问学生"相遇"是什么意思？学生回答完"相遇就是碰上了"之后，我请两名学生在讲台前演示两人相遇的过程，并且让学生听教师口令再演示一遍来帮助学生理解"同时""相对行走""相向而行"几个重点词语的意思。通过这样直观、形象、具体的表演，不仅激起了学生的学习欲望，更重要的是让学生理解了相遇问题中的一些枯燥、抽象的术语，大大降低了教学难度，为下一步的探究打下了坚实基础。

新课的教学，放弃了以往先找已知条件和所求问题的老方法，改为让学生在读完题之后两人一组，每人拿出一块橡皮代表汽车，拿出一把直尺代表两地路程，来演示两车行驶的过程。通过用学具演示及同桌的合作，学生对"同时""相向而行""相遇"几个词的理解更加透彻了。学生初步对相遇时两车所走的路程之和正好是两地的距离，以及相遇时间为两车共同所走的时间，有了认识。这种方式，不仅提高了学生动手操作的能力，而且培养了学生的合作意识。

最后，我将例题的分析和解答权交给学生，让学生尝试解答例题。由于事先有了铺垫，学生很容易就探究出两种解题方法。我追问："你是怎样想的？为什么要这样解答？"然后利用线段图帮助学生理解，并用多媒体演示，让学生认识了"速度和"，从而使学生进一步理解数量关系，掌握解题思路及解答方法。

三、在活动中，突出重点

在教学实践中，教师们都有这么一种体会，有时解答一道题目，关键就在于能不能一下找到问题的重点，这是学生解答题目的前提。而小学生的空间想象能力存在一定的局限性，仅仅依靠想象考虑问题时就会出现这样那样的不周密，从而影响解题的正确性。这时，教师可以引导学生动手画一画，以画促思，能更好地帮助学生解题。

例如，"长方形和正方形的周长"是学生比较感兴趣的内容。我提问："把两个边长为10厘米的正方形拼成一个长方形，拼成的长方形周长是多少厘米？"有些学生脱口而出"80厘米"。再问问那些没回答的学生，虽然感到有一点疑问，但又说不出究竟在哪儿。的确，刚进入三年级的学生光凭想象要回答这个问题，存在一定困难。看到学生陷入了困惑状态，我轻轻提醒："你们动手把图画出来看一看。"学生一下子兴奋起来，纷纷动笔。不一会儿，有学生说："不是80厘米。"随后，响应的学生越来越多。刚才的疑问也在动手画的过程中解决了。要求拼割图形的周长，重点是要弄清周长由哪几条边构成。光凭想象，学生的考虑一定会出现不周全。这时，通过动手绘制草图，将学生的空间想象和图形的直观形象相结合，不失为一种简洁、有效的学习方法。

教学中，能够让学生进行实验操作的内容有很多。我们要设计好方案，把握时机，尽量让学生的多种感官参与学习活动，这对提高学生的学习兴趣，培养学生的学习能力、实践能力和创新精神是有百利而无一弊的。在教师的引导、组织下，将学习活动介入学生的生命活动、心灵活动中，学生就会在"做"中思，在"玩"中学，在实践活动中走得更远。

观察，智慧的能源

——数学课中观察能力的培养

王雅岐

苏联教育家苏霍姆林斯基说："观察对于儿童之必不可少，正如阳光、空气、水分对于植物之必不可少一样；在这里，观察是智慧的最重要的能源。"人们在数学观察能力方面水平的高低很大程度上决定其解决问题的水平高低。可见，在教学中培养学生观察力是每一位教师不容忽视的重要任务。在数学教学中有目的、有计划地进行观察能力的培养，不但能促进学生心智的健康成长，更能有效地提高学生的数学能力。引导学生学会从数学角度去观察周围的世界，养成留心观察周围事物的习惯会使学生终身受益。

一、激发学生的观察兴趣

"兴趣是最好的老师"这个说法虽然有点老套，但在教学实践中得到了印证。教育学家乌申斯基说："没有丝毫兴趣的强制学习，将会扼杀学生探求真理的欲望。兴趣是学习和观察的重要动力，观察的过程需要兴趣来维持。"只有学生对观察产生了兴趣，他们才能主动地进行观察、积极地思考，更好地学习数学。

1.创设情境，激发学生观察兴趣

新的教学模式倡导，教师为学生创设一个生动具体的情境，使学生在相应的环境中学到新知。在教学中，教师应引领学生充分观察主题图，一步一步地走进知识的园地，汇聚观察结果，获取知识的果实。例如，三年级数学"平移和旋转"一课的主题图是在游乐园里的游乐项目，有摩天轮、索道、滑梯、旋转茶碗。这是学生生活中非常喜爱的场景。教师创设情境："同学们，大家爱去游乐园玩吗？我们今天就去游乐园看一看。"学生的兴趣一下子被激发出来了，各个欢呼雀跃。接下来，我让学生观察主题图："说说都有哪些游乐项目，你喜欢哪些项目，为什么？"有的学生说："我喜欢溜滑梯，溜下来时感觉特别好玩。"有的学生说："我喜欢坐摩天轮，能一点点看见更远处的风景。"还有的学生说："我喜欢坐'大茶碗'，虽然它转起来后我会有点晕，但我觉得特别好玩。"在学生初步观察、整体感知情境之后，我根据教学任务，用问题引导学生深入观察："你喜欢的游乐项目是怎么运动的？"学生们的回答五花八门，但是都对平移和旋转有了一定认知。

为了提高学生的观察兴趣，教学中要避免急功近利的做法：直奔主题，只让学生观察教师教学需要的知识内容，如看看索道是怎么运动的，把主题图赤裸裸地展现出来，不尊重孩子喜欢观察的天性，他们当然会觉得索然无味，自然就没了观察的兴趣。

2.利用数学知识与生活的密切联系，激发学生观察兴趣

新课程强调数学知识来源于生活，还要回归于生活。在学习长方形、正方形等图形时，引导学生找一找生活中的长方形、正方形，比如教室里、家里、大街上有哪些物体表面呈长方形、正方形；在学习长方体、正方体、圆柱体时，找一找生活中有哪些长方体、正方体、圆柱体。有些物品的外包装是长方体、正方体或圆柱体，说一说为什么是这个形状？你喜欢哪种形状？学生在观察中发现，长方体、正方体、圆柱体在生活中各自有不同的意义。例如，在超市中，包装盒是长方体、正方体的牙膏和玩具更节约空间、便于摆放。接下来，引导学生结合所学知识观察生活中还有哪些数学现象、哪些数学问题，等等。将"数学眼光"转向更为宽阔的生活情境，大到宇宙飞船，小到日常买菜算账，学生通过观察体会到在生活中数学无处不在，认识到数学对于生活的重要性，进一步激发出学习数学的兴趣。

3.用数学的美吸引学生，激发学生观察兴趣

引导学生通过观察发现并体会数学之美，增强学生的求知欲。例如，在学习轴对称图形时，先让学生欣赏蝴蝶图片、中国建筑图片、脸谱图片等各种轴对称图形。随着一张张美丽的图片的播放，学生的兴趣越来越浓。之后，我让学生说一说对图片的感受。有的说："非常喜欢蝴蝶图案，因为很漂亮。"有的说："非常喜欢故宫，气势恢宏。"有的说："脸谱的颜色很漂亮。"这时，我趁热打铁地说："请你们仔细观察一下这些图案，它们有什么共同特点？"学生认真观察后发现，这些图片如果对折，左右能完全重合，在结构上呈现出一种优雅的对称与和谐之美。当然，数学之美的内容非常丰富，有待教师进一步挖掘。

二、教给学生观察的方法

学生在观察的初始阶段，往往会没有重点、没有顺序。教师应该根据具体情境指导学生观察，教给学生观察的方法。

1.有序地观察

小学生缺乏生活经验和独立观察的能力，观察时往往没有顺序、杂乱无章、遗漏重点。因此，教师要引导学生有序观察，提高观察、分析的能力。只有有计划、有顺序地观察，才能把握观察对象的整体和实质。在学习数线段时，先出示线段 A——B，让学生观察有几条线段。再出示 A B C，让学生观察有几条线段，说一说是怎样观察的。然后教师指导学生观察，以A为起点的线段有几条、以B为起点的线段有几条、一共有几条线段。接着出示 A C BD，学生用学到的观察方法，能正确地数出有几条线段。教师再问："你的观察顺序与正确的观察顺序有何不同？"引导学生认识到有序观察事物的合理性与重要性。这样一来，学生就知道了要想没有遗漏地数出线段数量，就要按一定的顺序去观察。

2.有重点地观察

学生在观察时，如果没有重点，就会在观察时顾此失彼，所要达到的目标没有实现。重点观察是最常用的观察方法，它便于从本质上认识事物。没有重点便不好观察，抓住了重点才能正确和深入认识事物。重点观察的对象一般是有代表性、影响全局、处于关键部位，或者能反映事物本质特征的局部。例如，三年级数学"长方形、正方形面积"一课，有一道练习题，书上配有示意图。题目是："王爷爷家靠墙处有一块长方形菜地，王爷爷给这块地围上篱笆墙，已知篱笆墙总长40米，这块菜地面积是多少？"学生刚看到题目时无从下手，我先让学生先找题目中的重点词句，学生找到的重点词句为"靠墙处""长方形""篱笆墙总长40米"；再让学生根据重点词句重点观察书中示意图。通过观察示意图，学生发现靠墙处不用围篱笆，40米长的篱笆墙不包含靠墙那部分，也就是不包含长方形的一条长边，40米只是两个长方形的宽和一个长方形的长总和。通过观察分析，学生求出了长方形的长，求长方形面积的问题也就迎刃而解了。

3.对比观察

为促进学生的思维发展，教师要注重培养学生对比分析的能力。例如，判断一个图形是否是轴对称图形，学生就要对比轴两侧的图形是否是对称的；处理习题时，指导学生仔细看图，从图中人物的表情、动作上来确定，每队有几个人跑过了，还有几个人没有跑，得出哪一队跑得快。

4.对数量间关系的观察

学生应该学会观察数量间的相互关系。数量间的相互关系，包括以下几个部分：数与总数、大小数与相差数、每份数与总数、一倍数、倍数与几倍数等。例如"倍的认识"，教师抓住时机，让学生观察两种数量之间的关系，如出示5个圆形和15个正方形，学生通过观察比较，得出圆形的个数多，正方形的个数少。在比较了两个数量之间的多少关系后，再让学生通过观察理解，正方形的个数中有3个5，接着让学生用正方形学具，摆出3个5，再用5个圆形对应5个正方形。在观察分析中，学生知道了正方形的个数是圆形的3倍，理解了两个数量之间的关系，进而理解了倍的概念。

三、用各种方式培养观察习惯

新课标指出，要注重培养学生良好的数学学习习惯。在数学学习中，教师有意识地培养学生认真观察的习惯，能有效提高学生学习质量。

1.养成明确观察任务后再观察的习惯

要让学生在明确观察任务后，再利用各种方法去观察，不能盲目行事，否则会浪费精力或者偏离观察任务。

2.利用教学培养观察习惯

如今，数学的学习方式较之以前有了很大变化，不再是单一的在教室内由教师讲模式了。教师的多种教学方式、学生的多种学习方式与社会实践相结合。例如，在学习圆柱体与圆锥体时，教师利用小组实验的方法，让每个成员操作一次实验：把圆锥体内的沙倒进等底等高的圆柱体中。其他学生认真观察实验操作过程，思考：等底等高的圆锥体和圆柱体之间有什么关系？学生通过自己动手实验、仔细观察、认真分析、充分讨论，最后得出结论：圆柱体的体积是等底等高圆锥体体积的三倍。学生以"我实验、我发现"的方式掌握了所学知识。

3.利用学习培养观察习惯

新课程倡导自主、合作、探究的学习方式，强调学生读中学、看中学、做中学、思中学。教师充分利用这些学习方式，使学生通过观察与思考学到新知。如在学习求长方形面积时，利用自主、合作、探究的学习方式进行学习。首先让每个学生用多个一平方厘米的正方形任意摆出2个长方形，然后观察摆出的长方形，一行摆了几个一平方厘米的正方形，摆了几行，面积是多少，做好记录。然后小组内观察每个人所摆的长方形，对照记录，讨论"发现了什么"。通过充分的讨论、探究，学生总结出了计算长方形面积的方法。

4.尝试成功，促进学生观察习惯的养成

培养学生数学观察能力是要持之以恒的。为了让学生养成观察的习惯，教师应该不断地激励学生去观察、尝试。例如，学习立体图形时，学生通过观察，想到球体能随意滚动，正方体却不可以。教师就放手让学生自己把立体图形滚一滚，让学生在尝试中体验成功，感受数学学习的快乐。

在教学中，要根据教学内容，对学生进行长期的、有目的的训练，逐步培养学生的观察能力；要运用多种手段，激发学生的观察兴趣；通过训练，使学生掌握观察的基本方法；逐步养成主动观察、善于观察的习惯，让学生用数学眼光观察世界。

小学数学课堂教师高质量提问方法研究

曹正英

课堂提问一直以来是小学数学课堂中重要的教学方式，同时也是架构师生之间相互交流、相互学习的重要形式。因此，对目前小学数学课堂中教师高质量提问的现状及方法进行分析，通过研究深入了解目前数学课堂提问的现状及存在的问题。本研究从北京市郊区几所小学的数学课堂入手，在前人的研究基础之上，采用访谈法、观察法进行记录研究，并进行相应的统计与分析。旨在对目前小学数学课堂教师如何高质量提问有一定了解，并总结出教师常用的提问方式，探索出小学数学课堂有效性提问的策略，形成一套具有指导意义的有效提问设计方法、技巧及策略。

课堂，是教育的主阵地。课堂提问，是连接老师和学生的纽带。数学课堂更多的是需要学生动脑思考，而老师要通过对学生的提问，启发学生对数学问题的思考。老师的一句提问，既要让学生有兴趣回答，又要将教育目标逐渐渗透给学生，使这个课堂的氛围活跃起来，并能够"以学生为本"，让学生们自己摸索着数学的道路前进。

目前的小学数学课堂教学中，教师提出的问题有时不能很好地带动学生发言，究其根本，可能是教师忽视了对问题的精心设计和组织，往往在课堂上随心所欲地提问，导致问题欠思考力或者对于学生来讲很难理解，这意味着课堂教学中存在很多低效提问或者无效提问的现象，甚至出现失误提问等等。多数老师不知如何达到高质量提问？提问什么样的问题可以启发学生，达到教学目标？在课堂上没有高质量的提问，说明这节数学课没有学生的主动性思考，那么学生的理解可能就不透彻，也没有培养出他们探索思考的习惯。作为教师，也很难达到通过提问使学生逐渐接近教师的教学目标的目的。所以，小学数学课堂上的高效提问是很有必要的。

新课程改革之后，数学课堂中的提问教学显得尤为关键。课堂提问逐渐成了教师教学手段的重要部分。高质量的课堂提问可以激发学生学习数学的兴趣，引发学生对数学问题的思考，并培养了学生勤于思考的习惯，为学生未来的可持续发展奠下基础。同时也能够贯穿数学老师在本节课中所要体现的教学目标，并渗透着数学思想和四基。对学生和教师得实践能力与未来发展等都有着全方位的提高。

小学数学教师比较善于运用多种提问类型，在调动学生活动、引发学生思考方面的效果显著。

在观察教师的提问类型与学生反馈的同时，我们也发现当今小学生思维、表达上的特点：低年级学生抽象思维能力较弱，数学意识不强，不善于运用已学知识解决实际问题；高年级学生逻辑思维能力处于发展阶段，发散思维能力较弱，总结归纳的能力不强。针对这些特点，教师普遍能比较好地调节问题的难度、提问的方式，但在某些类型问题的提出方面，教师存在用词不准确、难度过大、开放性不强的问题，致使学生不能达到教师的预设，课堂的参与度、学生回答问题的准确性不强。

针对不同类的提问类型，提供了以下建议：

创造性提问：对于低年级学生，应表扬积极思考的学生，营造开放、相对自由的环境。对于中高年级学生，应逐渐加深问题的难度，思维的发散程度，并及时总结，提高学生的发散思维和聚合思维。

判断性提问：这类问题普遍难度不高，不可过于泛滥，可以适度加入进课堂，调节一节课的张力，与此同时加深学生对知识的理解与记忆。

应用性提问：我们可以为激发兴趣而设置理论联系实际的提问，优化课堂教学过程，使学生能积极主动地思考、学习，取得最优的教学效果，而且让数学的价值体现在日常的生活应用中。

分析性提问：教师需要认真设计这类问题，要切实考虑分析性问题的难易程度是否可以让学生聚焦到新知中来，能否激起学生的正确思维，用词一定要准确，减轻学生思考时的干扰。

回忆性提问：在进行新授课前，可适当运用回忆性的提问巩固旧知，加强新旧知识的联系，为接下来的新课做铺垫。课后，因为学生对新知识的掌握程度不高，数学思维逻辑较差等原因，不能将新知在头脑中进行有效的归纳，所以教师在提问时需进行一些铺垫及引入，使学生更大程度地锻炼自己的思维，提升数学素养。

理解性提问：低年级学生以形象思维为主，对于较抽象的内容不能独立地进行较好的描述，这类问题需要教师加以引导，多提供材料辅助他们理解。

视读性提问：教师可适当提升难度，增加让学生可以思考的部分。除此之外，还可以增加干扰信息，从而提升他们筛选信息的能力。

评价性提问：教师可以让学生相互评价，只需加以必要的引导，让孩子们通过讨论发现问题进而解决问题，建立自己的评判标准及原则。

综合性提问：教师应准确了解学生程度，设置难易程度适中的问题（可联系生活），学生思考时可进行一些必要的引导。

优质课堂与小学数学教师的高质量提问密切相关，但教师应合理地分配课堂时间，将难、易的提问穿插进课堂，顺应小学生思维发展规律，才能收获更佳的课堂效果。

新课标理念下的"数学体验学习"

王海燕

《义务教育数学课程标准（2011版）》提出："要让学生在参与特定的数学活动，在具体情境中初步认识对象的特征，获得一些体验。"所谓体验，从教育的角度看，是一种亲历亲为的活动，是一种积极参与活动的学习方式。让学生亲历经验，不但有助于通过多种活动探究和获取数学知识，更重要的是学生在体验中能够逐步掌握数学学习的一般规律和方法。教师要以"课标"精神为指导，用活用好教材，进行创造性地教，让学生经历学习过程，充分体验数学学习，感受成功的喜悦，增强信心，从而达到学习的目的。

一、自主探究——让学生体验"再创造"

实践活动，是学生学习知识的一种循序渐进的探究过程。因此动态生成的课堂教学要以学生的实践活动为主线，激励学生主动参与、主动实践、主动思考、主动探究，让学生在实践活动中解决问题，在解决问题中学习新知。

《因数和倍数》这节课的教学是概念教学，找一个数因数的方法是本节课的难点，我借助学生开课摆的12个小正方形，写出的三个乘法算式，首先引导学生找出12的因数，再让学生小组探究找出36的所有因数，边找边思考：怎样找才能保证既不重复，又一个不落？我巡视中发现多数同学都能在我预设的问题情境中有序地思考，在组织学生交流汇报时，我又用谈话的语气捕捉时机适时提问："为什么找到1后不接着找3或4，而是接着找2呢？""为什么找到6后不接着找了？找到什么时候就可以停了？"学生通过自己的实践分析、思考、发现，总结出找一个数的因数的方法：有序、一对一对找。从而对枯燥的概念教学产生兴趣，进而领悟并成为自己的东西。我们创设问题情境的根本目的就在于提供给学生一种探究、自主思考、自主创造和自我表现的机会。

借助这一学习热情我又用挑战性的语言："你们还能找出3的倍数吗？"学生学习兴趣更浓了，争先恐后有的说用乘法，有的说用除法，还有的用递加的方法，依次从小到大找出了3的倍数。这时我提出给30秒钟写出3的所有倍数。同学们都低头抓紧时间去写了，一会儿有个同学站起来说："老师，写不完呀！"我忙问："为什么？"他说："自然数的个数是无限的，3的倍数也是无限的。""那怎么办？"多数学生说："在后面点上省略号！"学生在实践中获得问题的解决，在解决问题中学习新知，学到的知识印象更深，掌握得更牢固，也为后面学生能够轻而易举地总结出一个数的倍数的特点做了完好的铺垫。

学生学习知识不是一个简单的接受过程，而应是一个发现的过程，一个再创造的过程。让学生在实践活动中探究，才能使学生不仅仅是课堂教学的"主体",更是教学"资源"的重要构成和生成者,而教师也不仅仅是课堂教学的主导,更是课堂教学"呈现信息"的"重组者"。

二、实践操作——让学生体验"做数学"

卢梭认为:"通过儿童自身活动获取的知识,比从教科书,从他人学来的知识要清楚得多、深刻得多,而且能使他们的身体和头脑得到锻炼。"皮亚杰指出:"传统教学的特点,就在于往往是口头讲解,而不是从实际操作开始数学教学。""做"就是让学生动手操作,在操作中体验数学。通过实践活动,可以使学生获得大量的感性知识,同时有助于提高学生的学习兴趣,激发求知欲。

如教学"平行四边形面积计算",课前我让学生自己准备平行四边形若干个,课堂上让学生分组合作进行剪、拼、移等活动,然后各小组交流、讨论后,归纳出平行四边形面积的计算公式。整个学习过程以学生的自主活动为主要方式,教师只是一个引导者、组织者。学生经过动手操作,用"割""补""拼""移"的方法来推导平行四边形的面积计算公式,品尝到成功的喜悦。

再如"将正方体钢坯锻造成长方体",为了让学生理解变与不变的关系,让他们每人捏一个正方体橡皮泥,再捏成长方体,体会其体积保持不变的道理。在学习圆柱与圆锥后,学生即使理解了其关系,但遇到圆柱、圆锥体积相等,圆柱高6厘米,圆锥高几厘米之类的习题仍有难度,如果让学生用橡皮泥玩一玩,或许学生就不会再混淆,而能清晰地把握,学会逻辑地思考。

三、合作交流——让学生体验"说数学"

这里的"说数学"指数学交流。课堂上师生互动、生生互动的合作交流,能够构建平等自由的对话平台,使学生处于积极、活跃、自由的状态,能出现始料未及的体验和思维火花的碰撞,使不同的学生得到不同的发展。因为"个人创造的数学必须取决于数学共同体的'裁决',只有为数学共同体所一致接受的数学概念、方法、问题等,才能真正成为数学的成分。"因此,个体的经验需要与同伴和教师交流,才能顺利地共同建构。

例如学习"分数化成小数",首先我让学生把分数一个个地去除,得出1/4.9/25.17/40能化成有限小数的分数。若像教材上一样再将各分数的分母分解质因数，看分母里是不是只含有质因数2或5，最后得出判断分数化成有限小数的方法，这样哪能培养学生的创造思维呢？学生的表情是木然的，像机器一样跟着教师转，如此没有兴趣的学习，效果又能如何呢？可以先让学生猜想：这些分数能化成有限小数，是什么原因？可能与什么有关？学生好像无从下手，几分钟后有学生回答"可能与分子有关，因为1/4.1/5都能化成有限小数"；马上有学生反驳："1/3.1/7的分子同样是1，为什么不能化成有限小数？"另有学生说："如果用4或5作分母，分子无论是什么数，都能化成有限小数，所以我猜想可能与分母有关。""我认为应该看分母。从分数的意义想，3/4是把单位'1'平均分成4份，有这样的3份，能化成有限小数；而3/7表示把单位'1'平均分成7份，也有这样的3份，却不能化成有限小数。"这时我再问："这些能化成有限小数的分数的分母又有何特征呢？"学生们思考并展开讨论，几分钟后开始汇报："只要分母是2或5的倍数的分数，都能化成有限小数。""我不同意。如7/30的分母也是2和5的倍数，但它不能化成有限小数。""因为分母30还含有约数3，所以我猜想一个分数的分母有约数3就不能化成有限小数。""我猜想如果分母只含有约数2或5，它进能化成有限小数。"……可见，让学生在合作交流中充分地表达、争辩，在体验中"说数学"能更好地锻炼创新思维能力。

四、联系生活——让学生体验"用数学"

《义务教育数学课程标准（2011版）》指出："数学教学要体现生活性。人人学有价值的数学。"教师要创设条件，重视从学生的生活经验和已有知识出发，学习和理解数学；要善于引导学生把课堂中所学的数学知识和方法应用于生活实际，既可加深对知识的理解，又能让学生切实体验到生活中处处有数学，体验到数学的价值。

如学习"圆的认识"后我设计游戏：学生站成一排横队，距队伍2米处放一泥人，大家套圈。学生体会到不公平，应站成一圆圈或站成纵队才公平，更好地体会"在同一个圆内半径都相等"。学完"用字母表示数"后，我随意取出一本书，问它有多少页？学生们起先一愣，有的摇头，有的茫然，过了一会儿恍然大悟："这本书有X页""有a页""有b页"……我们的教学要给学生一双数学的眼睛，不断培养学生的数学意识，使学生真正体验数学的魅力。

再如：某公园的门票每张10元，50张以上可以购买团体票每张8元，我们班一共有45人，该如何购票？学生们通过思考、计算，得出了多种解法：45×10=450（元），50×8=400（元），50×8−5×8=360（元），50×8−5×10=350（元），在比较中选择最佳方案。

总之，体验学习需要引导学生主动参与学习的全过程，在体验中思考，锻炼思维，在思考中创造，培养、发展创新思维和实践能力。当然，创设一个愉悦的学习氛围相当重要，可以减少学生对数学的畏惧感和枯燥感。让学生亲身体验，课堂上思路畅通，热情高涨，充满生机和活力；让学生体验成功，会激起强烈的求知欲望。同时，教师应该深入到学生的心里去，和他们一起历经知识获取的过程，历经企盼、等待、焦虑、兴奋等心理体验，与学生共同分享获得知识的快乐，与孩子们共同"体验学习"。

第三节　科任篇

小学低年级科学教学活动的连贯性和形象思维的发展

范亚芳

中国学生发展核心素养要求以培养"全面发展的人"为核心。科学精神作为核心素养中文化基础的基本内涵，预示了课堂教学改革将把重心放在培养学生理性思维、批判质疑和勇于探究上，科学思维是科学精神最直观的表达。小学科学课程强调"科学学习要以探究为核心"，而学生亲历科学探究活动，仅仅是发展科学探究能力、培养科学素养的途径载体，其本质仍是科学思维能力的培养，包括：逻辑思维、辩证思维、批判型思维以及发散性思维等形式，小学科学课堂育人的核心目标就是培养学生的科学思维能力。

什么是思维呢？思维最初是人脑借助于语言对客观事物的概括和间接的反应过程。思维以感知为基础又超越感知的界限。通常意义上的思维，涉及所有的认知或智力活动。它探索与发现事物的内部本质联系和规律性，是认识过程的高级阶段。

教育家皮亚杰将儿童和青少年的认知发展划分为四个阶段：感知运动阶段、前运算阶段、具体运算阶段和形式运算阶段。

阶段	大致年龄	主要表现
感知运动阶段	出生到2岁	"客观永久性"概念的形成，逐渐从反射性行为发展到目标指向行为。
前运算阶段	2岁到7岁	发展了运用符号来表征周围世界客体的能力，思维仍有自我中心和集中化倾向。
具体运算阶段	7岁到11岁	逻辑思维能力有所提高。新能力包括可逆性运算的使用。思维开始去集中化，问题解决的自我中心倾向减弱，但还不能进行抽象思维。
形式运算阶段	11岁到成年	可以进行抽象思维和纯符号思维，能够应用系统化的实验来解决问题

叶宝生教授在《小学科学思维概述》中谈道：从思维构成的要素看，思维分为感性思维与理性思维。感性思维是认识的第一个阶段。它是人们的感官直接的接触客观事物产生的，是关于事物的现象、事物的各个片面和事物的外部联系的认识，包括感觉、知觉、表象三种形式。理性认识是人们通过抽象思维获得的关于事物的本质、事物的全体和事物的内部联系的认识，包括概念、判断、推理。

这里的感性思维就是形象思维。从心理发展的角度看，形象思维的运用在整个小学阶段占主体优势。随着年龄的增长，人们参加的社会实践与接受的教育越来越广泛深入，人的思维从儿童时期动作思维为主发展到形象思维占优势，到中学时期发展为抽象逻辑思维占主导地位。

形象思维主要是指人们在认识世界的过程中，对事物表象进行取舍时形成的，是只要用直观形象的表象解决问题的方法，是以直观形象和表象为支柱的思维过程。

抽象思维是用词进行判断、推理并得出结论的过程，又叫词的思维或者逻辑思维。抽象思维凭借科学的抽象概念对事物的本质和客观世界发展的深远过程进行反映，使人们通过认识活动获得远远超出靠感觉器官直接感知的知识。

小学低年级学生一般学生年龄在6~8岁，正好处于由前运算阶段向具体运算阶段过渡的时期。在心智能力方面，虽然具体运算阶段的小学儿童比前运算阶段的学前儿童有非常明显的提升，但是他们仍不能像成人那样思维。他们深深地沉浸在表观世界中，难以进行抽象思维。弗拉韦尔将处于具体运算阶段的儿童描述为：采用一种缺乏想象的、具体的以及注重实用的解决问题的方法，这种方法一直离不开他们眼前的可觉察、可推理的现实世界。他们的认知发展状态和思维阶段特点决定这一阶段的学生的思维特征之一就是只注重状态。

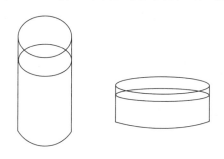

　　例如，把牛奶从一个高而窄的杯子倒入低而宽的杯子中，他们就会忽略倒的过程，认为高杯子中的牛奶更多一些。儿童忽视倾倒这个过程，仅仅注意到起始状态和结束状态。不过，最终儿童的概念将变得更加稳定，更为清晰。儿童变得越来越关注自己的概念与他人的概念的一致性。但是，他们仍缺乏将一个概念与另一个概念协调起来的能力。因此，教师在设计教学活动时，一定要注重活动是否具有连贯性，教学活动是学生形象思维发展的脚手架，学生只有站在相互递进的脚手架上，才能更好地促进学生形象思维的发展。

　　那么我们在设计低年级教学活动时，应该怎么注重活动的连续性呢？首先，我们在设计时，要看前后两个教学活动是否是统一的。下面，我以《动物的特征》一课为例来表述这个问题。《动物的特征》是湘科版《科学》一年级下册的教学内容。在教学这一课时，我将教学目标定为以下几点：

　　第一，说出动物的某些共同特征，如运动方式，食性等。能用多种方式描述生活的常见动物的特征。

　　第二，通过猜动物等活动，逐步形成观察、比较、分析和判断的能力。利用不同方式描述观察到的动物特征。通过找动物的共同特征，初步训练学生的归纳概括能力。通过给动物分类的活动，训练学生用多种方法分类，巩固对动物共同特征的理解。

　　第三，细致观察，乐于用不同形式描述动物特征，尊重他人描述，积极进行分析判断。

依照目标，我在教学活动时设计了三个部分，第一部分为猜动物，通过教师给出谜面学生猜谜底、出示动物的局部图片来猜动物。在这一活动中，学生会根据自己获得的信息找出是哪种动物，这一活动中学生认识的是某种动物的个性特征。第二部分为认识动物的共同特征，通过归纳概括方式，认识到动物都会吃食物，都会运动等。第三部分为分类活动，学生要按照一定的分类标准如运动方式、食性等对动物进行分类。

第一部分进行得非常顺利。学生得心应手地猜动物谜语，并根据局部图片猜动物，说明他们对生活中特征明显的动物具有很强的形象记忆。

第二部分出现了问题。学生不能总结出动物的共同特征，在这一环节用了很长时间也不能归纳总结，最后还是教师在出示了更多的图片和对各小组分别引导后，才勉强概括出动物的特征。

由于第二部分耗费了太长时间，所以第三部分按照一定标准对动物进行分类未能全部完成。哪里出现了问题呢？是不是第一部分耗费的时间太多了呢？我首先进行了自我诊断。

在第一环节中，我出示了3个动物谜语、6张按图片猜动物。为了压缩时间，我在第二次讲课时，将这一环节减少为2个动物谜语、3张按图片猜动物。但是在教学时还是出现了时间不够、学生也不能很好地总结动物特征的现象。我意识到，不是第一环节超时了，而是教学设计出现了问题。我反思后发现，问题出现在第一个活动和第二活动的设计上。第一个活动学生认识的是动物的个性特征，而第二个活动认识的则是动物的共性特征，这对于以形象思维为主的低年级学生来说是非常困难的。在认识动物的个性特征时，学生一直在思考某种动物和其他动物的不同，而认识动物的共性特征则要转变过来思考动物的相同。

有了这样的认识，我将教学目标中通过猜动物的环节描述动物的特征改为通过分类来区别动物和其他类别的不同，认识动物的共同特征。对应的教学活动分为两部分：第一部分，通过挑选出图片中的动物来认识动物的特征；第二部分，对动物进行分类。

在教学时，我首先出示一些图片，让学生挑选中其中哪些是动物。学生很容易就剔除了石块、桌椅、沙土、杨树等非动物选项。这时教师在提出问题：你挑选的标准是什么？由于建立在大量的形象信息基础上，学生很容易就找到了动物的特征：有生命，会运动，会吃食物。在对动物进行分类时，学生也能很好地利用图片来对比分析，按照食性或者运动方式给动物进行分类。

其次，我们设计的教学活动应注重运用前一个活动的结论解决下一活动中的问题，也就是说第二个活动是第一个活动的迁移。

我们经常发现，教师在设计教学活动时会出现为了完成教学任务而教学的现象。这时设计的教学活动容易出现脱节现象，下一个活动所用到的科学知识和上一个活动之间联系较少。例如，在听一节自创课程《他在什么方位》时，我看到了以下教学过程。

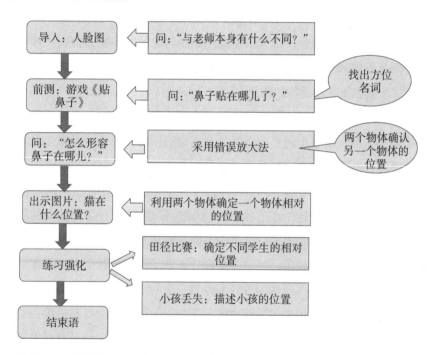

首先，教师设计了"贴鼻子"游戏。在这个游戏过程中，通过学生描述鼻子贴在哪里认识上、下、左、右等方位。然后教师引导学生用上、下、左、右这几个方位词描述图片中小猫的位置，使学生认识到通过两个物体确定一个物体位置的必要性。这两个活动在教学时都很成功。但是第三个活动遇到了困难。第三个活动为描述运动场上某个同学的位置。和上面两个活动的不同之处在于，前两个活动是认识上、下、左、右这个方位词，并用两个固定的物体确定一个物体的位置，而这一活动则是要用前后等位置词语来确定不同学生的相对位置。和上一活动相比，这个活动出现了新的方位词，还出现了新的认知要求，即并不固定的参照物。

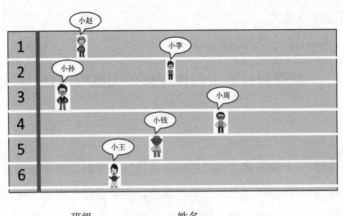

班级：_____ 姓名：_____

1.谁跑在最前面？谁跑在最后面？

_____

2.谁的左边和右边都有人在后面？

_____

3.谁的前面有3个人？他的后面有几个人？

_____

4.谁最有可能获得冠军？说说你的理由？

_____

　　结合教师给出的实验单的部分题，我们可以看出这一活动并不是上一活动的迁移，而是新的知识内容。在新的教学活动中，他们的形象思维并没有得到发展，反而受到了阻碍。我认为，本节课在用两个物体确定一个物体的位置之后设计的教学活动，可以直接为根据地图寻找丢失的小孩的活动。这个活动为利用平面地图寻找一个物体位置，是上一个活动习得的知识的迁移，学生可以用上一结论解决实际问题。

　　那么，我们如何判断教学活动的设计是否具有连续性？是否促进了形象思维的发展呢？我认为，在设计教学活动时，首先要确定本节课要提升的科学概念是什么，在低年级教学中涉及哪些形象思维。然后明晰概念是如何一步一步形成的，再设计与之呼应的教学活动，这样才能确保教学活动是连续的，是促进学生形象思维发展的。

新课程标准下的良好师生关系的建立

白春艳

新课程标准下，良好师生关系的建立是进行课堂教学改革、搞好课堂教学的基础。依照我校提出的"三我"教学理念，本着在课堂中与学生交朋友、让学生充分信任老师的原则，就如何建立和谐的师生关系问题，我从三个方面简述了新课程标准下建立新型师生关系的途径。

由于教师和学生所处的位置和起的作用不同，不可避免地会出现一些矛盾。这些矛盾需要师生双方共同解决。作为教育的主导者，教师应端正思想，关怀每一个学生，对出现的问题耐心、冷静、公正、合理地处理。一些体育教师性子急，不认真分析学生的错误，这样往往会加剧师生间的矛盾，而导致教学效果不理想。还有一些体育教师，对待师生之间的矛盾不认真检讨自己的缺点，而指责学生。这样的教师将失去威信，让学生反感，不会产生好的教学效果。相反，一个善于自省的体育教师，本着严以律己、宽以待人的原则，处理师生关系，就会赢得学生的信赖，学生会以极大的热情上好每一次课。

一、建立良好师生关系的基础

保护与帮助是体育教学的重要手段，在应用这个手段时会遇到一个心理问题"信任与害怕"。学生在学习一个很难的动作时，如果不信任教师，就会躲避教师的帮助，结果因为害怕而不能完成学习任务。相反，一个可信的教师教，学生同样是害怕，但在教师的鼓励和帮助下，不躲避，试几次，证实并不像想象得那么可怕，接下来的练习就容易了，直到学会动作。请看这样一个实例。

有一个小女孩，在原来学校学习前滚翻运动时，由于教师的疏忽，使她颈椎受了伤，转入新的学校以后，每当开始学习这项内容时，她总是找出种种理由不上课。开始教她的教师不了解情况，后来听同学说明以后，这位教师先是找这个小姑娘聊天，了解一下她在原来学校的情况。然后问她你最喜欢上什么课？不喜欢什么课？她说，最不喜欢上体育课。这位教师追问后得知，她原来学校的体育老师是一名非体育专业的代课老师。该生在练前滚翻时，没有得到体育教师适当的保护，导致颈椎受了伤，从此她就惧怕上体育课。

介于孩子的恐惧心理，这名教师先是跟孩子说，每个老师是不一样的，经过专业培训的教师不会轻易让学生受伤。这位教师没有马上强迫孩子上前滚翻课，而是和她保持联系，经常主动找她聊天，而且在上前滚翻课时对其他同学的保护与帮助都很到位，没有一个同学受伤。该生将这一切都看在眼里。慢慢地，她将这位老师当成了知心朋友，每当她遇到不开心的事情，总会主动找老师倾诉。有一天，这位老师在午休时和她聊天。教师说："今天咱俩做一个小游戏——挑战自己，你敢吗？"该生想都没想张嘴就回答："敢。"因为通过长时间的相处，她已经非常信服这位老师。于是，这位老师拿来垫子，放在她的面前。从孩子的眼神中能够看出来，她非常紧张。教师就给孩子鼓劲，首先是肯定她能行，然后慢慢地给她讲前滚翻时应该注意什么。她走到垫子前，俯下身去。教师一看她的准备动作很到位，只是不敢继续下去，就顺势用手压了一下她的头。她一下子就翻了过去。她的表情非常紧张，而且浑身发抖。这位教师轻轻地搂过孩子，然后对她说："你真棒，能够顺利地翻过去说明你很有实力，今天的游戏你胜利了，咱们明天继续好吗？"孩子点头答应了。以后的几天，她们这样练习了几次，这个学生终于敢自己翻了。这个事例说明，师生间的关系很重要。只有增进师生间的了解和信任，才能建立起真诚的、友好的、融洽的师生关系。

二、建立良好师生关系的关键

正确地认识师生关系可以增进理解，而错误的认识往往为师生间的交流设置障碍。我看到过这样一个实例。有这样一个学生，平时在同学当中人缘不是很好，原因是他的胆子很小，很少和同学说话。对于老师的提问，他更是犹如蚊子在叫，有时还不回答。时间一长，同学们都不喜欢理他，做游戏也不愿和他一组。有一次在分组做游戏的时候，报完数多出一个人，这位老师毫不犹豫地让这个学生出队。他低着头走出了队伍，这时从队伍中传出一阵讥笑声："傻呆呆的，还想做游戏。"第二天，孩子的妈妈来找这位体育老师，说出了当老师让他出队时孩子的感受。这个学生很想和大家一起做游戏，但是老师让他出队，大家又嘲笑他，所以他是流着泪走出队伍的。他走到操场的一个角落，拼命地在地上写着"我不是傻子"。这位老师听完孩子妈妈的讲述,深深地感到自责,赶快向这位家长承认了错误,又到班里把这个孩子找了出来,当着他妈妈的面向他道歉。孩子接受了老师的道歉。

又到了这个班的体育课,这位老师组织大家上了一次室内课,内容是说说每位同学的优点,请同学之间互相评价。每位同学都动起笔来。最后,老师一张一张地读出评价内容。当大家听到有好几张纸条都写着这个孩子的一些优点的时候,纷纷向他投去了欣赏的目光。有的写道,××同学经常为大家创造机会,每当做游戏时人多了的时候,他都没有任何怨言地把机会让给大家;有的写道,在我们班,有这样一个孩子××,他经常帮大家做值日,每当班级活动需要什么东西时,他都会第一个从家里把东西拿来……老师念完后,教室里响起热烈的掌声。

从此以后,大家改变了对这个同学的态度,都主动地和他聊天,游戏。这个孩子的胆量慢慢地大了起来,课下也和同学们一起玩耍了。同学们都不知道,那几张表扬这个孩子的纸条都是老师提前写好的。这个老师的目的只有一个,改变大家对他的看法。通过这个实例,我深深地感受到,体育教师作为主导者,应树立"一切为了学生,为了一切学生,为了学生的一切"的教育教学观念,尊重并发挥学生的个性,促使学生全面发展;要给予学生以积极的肯定和公正的评价,以此赢得学生的好感和认可。

三、建立良好师生关系的纽带

在师生关系中,情感因素具有重要调节作用。正如一位教育家所说:"教育之不能没有爱,犹如池塘之不能没有水,没有爱就没有教育。"一名体育教师应该具有这种爱,而且这种爱应该是广博的、无私的。对学生的爱可以产生强烈的心理效应,使学生心情舒畅,积极主动,自觉自愿地接受教师的教育,课堂上听从命令,服从指挥,态度认真,练习时不怕累和苦,对教师充分信任和尊重,自觉地参加体育锻炼,从而形成最佳的教育情境。

教育关系就是体育教师的教与学生的学的关系,这种关系是以教师的每个示范动作和学生完成每个练习为基础的。这种关系要求体育教师热爱自己的事业,认真备课,尤其认真对待每一个示范动作。它是体育教师的特殊语言,每一个精湛的示范动作都是教师的无声语言,它说出了体育教师对学生的爱,凝结着体育教师的汗水和辛劳，所以它能够很好地启迪学生的心智，吸引学生的注意力和激发学生的学习兴趣。同时，学生也会对教师产生敬佩之情，自觉接受教师的教诲，积极主动地配合教师上好每节体育课。

在教育关系中，教师自身素质是建立良好师生关系的必要条件。因此，体育教师要抓好自身的建设，坚持锻炼，保持体力，认真钻研业务，全面掌握教育技能、技巧，加强品德修养完善自我。在学生中树立起真正威信，从而有效地控制教育过程，取得良好的教育效果。

体育教师在教学过程中，要善于把握分寸，避免仅与少数学生交往。因为这种个别的、小范围的关系，往往会威胁体育教师的威信和集体团结。为此，体育教师应该敞开心扉和所有学生交往，尤其对体育后进生更应多关心、多帮助、多交往，使他们信任你、喜欢你、尊敬你。

"互联网+"模式教育教学中的思考

付永明

2020年，因新冠疫情的影响，我们迎来了一个不平凡的学期。教育部提出"停课不停教，停课不停学"，我们全校师生体验了一下"互联网+"模式下的教育教学，孩子们迎来了首次居家学习的开学季，老师们也成为线上教学远程授课的探行者。在这期间，虽然迎来了短暂的返校复课，但是"线上教学，居家学习"还是成为我们本学期的主旋律。作为后小的信息技术教师，我对这次线上教学的过程感受颇丰。

一、转变思路，迎接挑战

面对这特殊的开学季，如何上好线上课，曾使我和老师们陷入迷茫。电教组，作为学校的技术支撑部门，如何让居家的老师们能凝聚到一起，让可爱的孩子们天天见到自己的老师，让我们的课堂教学有序进行，成为疫情期间我们电教工作重要课题。于是我们和学校领导一起，调查老师们家里的网络教学条件、学生的网络学习条件，通过有效的手段与途径解决老师们线上教学的困难，有力保障了线上教育教学的顺利开展。

二、理清思路，解决疑难

找设备，下软件，查资料，咨询上级技术部门，我们电教组成为这次线上教学的先行者。通过努力，我们筛选出了剪辑师、E录屏、钉钉等软件解决了老师们在线教学的平台问题，通过腾讯会议、微信平台又解决了老师们的交流问题，再结合我们现有的希望谷家校互动平台解决了学校的综合管理问题。这样由点到面，再到全局，我们后南仓小学的网校结构建起来了。这样，老师们最初的迷茫也变成了自信，因为我们在看不见的互联网上又建起来一座后南仓小学，万恶的新冠病毒挡不住我们后小师生的坚定信念。

三、开展培训，积极备战

在平日里，我们的老师虽然也运用信息技术手段进行教学和研究，但是借助互联网工具熟练完成线上教学任务是摆在我面前最棘手的问题，尤其是对信息技术能力欠缺的教师更是雪上加霜。大家都知道技术培训是我们熟练掌握教学技能的有效途径，但是，居家办公又成为集中培训的绊脚石。我们电教组和学校部分年轻教师一起摸索软件的使用，把成功经验录成小视频上传到教师学习群里分享。在年轻人的带动下，全校掀起了学习网络教学的高潮。老教师们说："我们也时髦了一把。"通过培训，每一位教师都能积极努力地探索、学习、适应新的上课方式，反复操作练习直到熟练掌握。在所有老师齐心合力、通力配合的情况下，解决了我们在信息技术应用上的燃眉之急，使我们对做好本次线上教学信心慢慢。

四、家校平台助力，师生配合促成效

教学中师生的有效合作是一节课成功的关键，对于线上教学而言也不例外。利用希望谷家校平台，老师们向学生及时推送了网络授课时间表、网络学习课程表、网络课堂要求等相关内容；相继又推送了电子教材、微课、导学单、练习等，使其熟知教学内容和学习任务。学生完成自学任务后，将学习成果拍照发回家校平台，老师及时查阅和梳理学生自学中的问题和疑惑，并及时开展线上答疑，使学生的自主学习能力得到提高，使学生及时有效地掌握知识的重难点。对学生上交的作业，进行线上批阅和个别辅导，既有效检测教学效果，又掌握了学生的学习情况。本次线上教学对教师的教和学生的学是一个新的挑战和机遇，在这条"空中教学"的道路上，我们没有最好的策略和方法，只有找到适合教师发展和学生实情的教学路径，才能将线上教学落到实处。"互联网+"的时代，给了我们挑战，给了我们机遇，也给了我们后小精神一个更大的载体，让它能在后小无数的园丁和学子当中永远流传。

为了早日战胜新型冠状病毒性肺炎疫情，我们虽然上不了一线，不能像白衣战士们一样冲锋陷阵与病毒做斗争，但是我们后小的全体教师也在行动，共同为战胜疫情这场战斗出一分力，尽一份责。停课不停学，我们在行动；抗病毒战疫情，园丁们责无旁贷！

让音乐因创造而精彩

刘曼思

音乐是一门极富创造性的艺术。中小学音乐课程中的音乐创造，目的在于通过音乐丰富学生的形象思维，开发学生的创造性潜质。在教学过程中，应设定生动有趣的创造性活动内容、形式和情境，发展学生的想象力，增强学生的创造意识。

一、创造能力的概念

创造？什么是创造？《新华字典》对于创造能力的解释是："创造力是指进行创造和发明的能力"而《义务教育音乐课程标准（2011年版）》中，将"创造"作为课程的一个内容单独提了出来，课标中写道：创造是发挥学生想象力和思维潜能的音乐学习领域，是学生进行音乐创作实践和发掘创造性思维能力的过程和手段，对于培养创新人才具有十分重要的意义。音乐创造包括两类学习内容：一是以开发学生潜能为目的的即兴音乐创编活动；二是运用音乐材料进行音乐创作尝试与练习。

二、小学音乐如何培养学生的创造能力

作为音乐教师，课堂是教学的主阵地，小学音乐课堂应该以学生为主体，让学生在课堂中快乐自主地学习，真正实现"我的课堂我做主"，让音乐因创造

而精彩。那么我们通过哪种途径来培养学生的创造能力呢？

1.为歌曲创编动作

为歌曲、乐曲创编动作是现在课堂中最常用的方法，也是学生喜爱的一种教学形式，对于培养低年级学生的创造能力更为适用。低年级的歌曲比较简单，通俗易懂，但是学生对于歌曲的节奏、拍子、强弱规律和情感并不能完全用歌声表达出来，这就需要他们自己根据歌词或者旋律的走向，凭借自己的感觉，对歌曲做出动作去诠释自己的感情。例如一年级歌曲《谁在叫》，这首歌曲中出现了很多种小动物，学生在会唱以后会不自觉地去模仿小动物。这就是孩子的天性，每个人都不一样，并且都有自己的特点。教师所要做的就是引导，引导孩子去释放天性的表现歌曲。

2.创编歌词

通过创编歌词可以让学生展开想象的翅膀。孩子可以根据歌词的意思填一个词语，例如我在教授二年级歌曲《在农场里》的时候我把歌词变成了：（　　）在农场（　　），（　　）在农场（　　），（　　）在农场（　　）叫，（　　）（　　）（　　）（　　）。

我引导学生认识到，农场里不只有歌曲中的这些小动物，他们可以加入自己喜欢的小动物，自由填词，而不是只告诉学生课本上的那个答案，限制了学生的想象力及创造能力。

3.创编旋律及节奏

演唱是表现歌曲的主要方式，但对于小学生而言，仅有演唱还不能充分激发其表现的欲望，也不足以表达其情感。在唱歌教学中，我尽量采用综合性、多样化的音乐活动，让学生参与表现歌曲。例如，《清晨》这节课中我对歌曲进行了二度创作，加入了风声和雨声，让学生自己在实验中选择把这两种大自然的声音加到歌曲的哪个乐段比较合适。而且每首歌曲的演唱形式不是单一的，是多样的，我们可以让学生去思考这首歌曲还可以用哪种方式演唱。我印象最深的是，有一个孩子提出可不可以用说唱的形式去演唱《清晨》。于是我让他们分组讨论，尝试改编歌词。出乎意料的是，孩子们改得非常好，甚至有些同学说："老师，我们不想坐着了，想站起来加入响指演唱。"这时的学生由被动状态变为主动状态，成了这节课的小主人。

唱完歌曲，我还会让学生在几样乐器中选择适合这首歌曲的乐器，并自主创造节奏型，用乐器为歌曲伴奏，这样就不是单一的老师固定节奏型让学生拿乐器伴奏，而是让他们根据自身的理解，自主去创编，最后完整地表现乐曲。这样不仅体现了我校的"三我"教育理念，还让音乐因创造而精彩。

4.发现生活中的小乐器

在生活中，只要我们用心观察就会发现很多小乐器。例如，在学习五年级《清晨》这一课的时候，学生发现可以用纸杯创编节奏为歌曲伴奏。我在讲授三年级《噢！苏珊娜》的时候，上课的地点在音乐教室，在有限的空间内，我让学生去发现可以当作乐器的东西。有一部分同学选择了合唱凳这个小乐器，但是如何让合唱凳发出声音呢？我给他们留出了自由创造的时间。最终，我们统一了用双手敲击"× × × ×"的节奏型。在音乐教学中，处处有发挥学生创造性的机会。如果教师能够将创造能力的培养贯穿于各个教学环节中，启发学生创造性地进行艺术表现，不用"标准答案"去约束学生，这样的音乐课堂会因创造而精彩。

作为一名年轻的音乐教师，我在培养学生音乐能力的道路上，收获着，幸福着……

我想，我需要注意以下两点：

第一，以教材为本，不断丰富教学资源；善于发现，勇于创新，设计好环环相扣的教学环节。只有这样，学生才能自主地创造，展示出他们的潜在能力。

第二，转变观念，学会站在学生的角度思考问题，给学生留出思考、探索的空间，学生的创造能力一定会得到发展。让他们在自主创造的过程中主动参与、主动探究音乐艺术的真谛，表现音乐所蕴含的情感及应该表现出来的艺术形象，并在其中获得音乐艺术的享受，得到精神境界的提升。我们应该给他们一个平台，让他们自己去创造，让音乐因创造而精彩。

小学科学创设情境运用

——以《观测气温》教学为例

段　敏

《观测气温》一课的主要内容是学会使用气温计测量气温，基于认识和使用气温计结构的基础上，观测气温，分析气温数据，总结气温规律。本文以《观测气温》教学为例，从创设情境的前提、创设情境的设计、创设情境的应用，谈对《观测气温》教学内容的灵活处理。

有学者认为，创设情境是教师模拟生活中的某种现象和情况，使课堂教学更接近现实生活[1]。也有学者认为，创设情境是设计和提供一个现实生活中的新问题并告诉学生，他们的任务就是解决问题[2]。综上所述，在教学过程中，创设情境是基于生活提出问题、解决问题的一种教学活动形式。那么怎样创设情境呢？

一、创设情境前提——了解教学背景

根据《义务教育小学科学课程标准》的第三部分地球与宇宙科学领域要求分析本课学习内容，本领域学习内容的知识结构如下图所示：

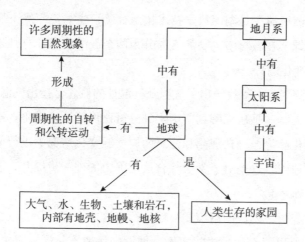

地球与宇宙科学领域结构图

本课是在知识结构图中涉及的大气方面下的学习内容。课标针对本课对三四年级的学段学习目标要求如下表所示：

学习目标

学习内容	学习目标		
	1~2年级	3~4年级	5~6年级
地球被一层大气圈包围着	知道有阴、晴、雨、雪、风等天气现象	使用气温计测量气温，描述一天中气温变化的大致规律	描述雾、雨、雪、露、霜、雹等天气现象形成的原因

在教学中，教师可以指导学生开展以下活动：使用气温计测量一天中不同时段或不同地点的气温，描述一天中气温变化的大致规律。观察、测量、记录一段时间的天气现象。同时，学习本领域的内容后要初步建立科学的宇宙观和自然观。

综上分析，学习气温计，使用气温计测量气温，通过观察记录等能分析和描述一天气温的变化大致规律，是本课的教学目标。这时需要思考以下几点：气温计的测量对象是什么，也就是为什么使用气温计而其他温度计不行？创设情境要从哪些方面取材？创设情境的目的仅仅是为了学生会使用气温计吗？我认为更重要的是，学生通过此课能将所学内容应用到生活中，能意识到人们为了更好的生活，需要尊重自然规律，树立敬畏自然、人与自然和谐共处的自然观。这也符合课标要求的初步建立科学的宇宙观和自然观内容，这是更深远的意义。

本课《观测气温》是湖南科学技术出版社《科学》三年级下册第三单元天气观测的第一课。在教材中，观测气温分为两个教学内容，分别是测气温和发现两周中气温变化趋势。

第一节是测气温。教材给出了气温及气温计的概念，指出气温计使用规范、气温数据的参考。这是从理解到应用再到分析评价等认知进阶。第二节是发现两周中气温变化趋势，是在观测和记录两周气温变化情况下进行分析并查阅引起气温变化的原因。这是对于学生综合运用能力的进一步提升，需建立在第一节测气温的基础之上。

综上教材分析，创设的情境要自然地衔接这些内容。学习气温计的目的是应用于生活，所以要在生活中找实例，创设生活情境，提出解决的问题办法。调动学生思考以下几个方面：气温及气温计，气温计组成结构，气温计的使用，气温在生活的广泛应用，用气温计测温、记录并分析。其中，重点是认识气温计并会使用，难点在于规范使用气温计，最后能用气温计测温和记录、分析数据等。一系列活动都建立在实际生活的基础上，最后将所学内容运用到生活中。

最后，教师为了解学生对此课内容的前认知，进行了前期检测，具体总结如下：学生知道气温，也能指出气温是周边的大气温度、天气温度等；学生对温度计有一定了解。

表1　学情了解统计

能完整说出温度计(水温计)的基本组成	家里有气温计	会看气温计(包括0以下刻度)	错误使用气温计
68%	42%	14%	98%

通过分析了解到，学生对于气温的概念有所了解，在创设情境中可以引入"气温"一词；学生对温度计有一定了解，在创设情境中可以引入温度计。学生学习使用气温计，需分两步：一是能读数，利于记录数据，二是规范使用气温计，利用气温计测量气温并做记录。对此，需设置相应的情境并自然衔接，用多种形式的关卡吸引学生学习使用气温计。

总之，结合教育背景综合分析后，确定要结合生活实例整体创设情境，而且情境至少在3个以上：引出温度计，利用温度计解决问题；学习气温计的结构，读数；规范使用气温计，自主探究。学生在解决问题中激发探究兴趣，主动建构知识，认知从简单的识记到理解与应用再到设计、记录与分析的进阶。

二、创设情境设计——教学活动灵活衔接

通过教育背景分析，得出初步的情境创设方向后，接下来要思考将生活实际与教学内容衔接起来，使学生在教学活动中习得解决问题的能力。《观测气温》的情境设计思路如下图所示：

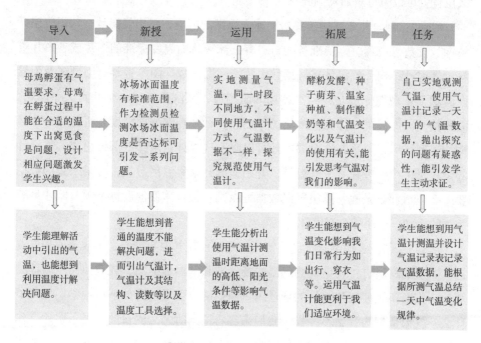

《观测气温》创设情境设计思路

情境的创设基于学生的认知，且与教学活动灵活衔接，前后呼应。在设计时应考虑到，学生会有哪些思考、会做哪些活动。每个情境的创设都来自生活，最终应用于生活。各环节要层层递进，利于学生思维发展。

三、创设情境应用——问题激发思考

将情境应用到教学活动之中，所提问题能激发学生主动探究的兴趣。学生们在情境中学习相关知识，在解决问题时活跃思维。

活动1：创设母鸡孵蛋情境，帮助母鸡在合适的温度下出窝觅食，道具模拟或动画模拟引出温度计工具以及气温的概念。需要准备的材料有：母鸡孵蛋的短片，母鸡孵蛋温度变化影响的资料，测量母鸡孵蛋的温度计数值变化的动画

（有道具可以用道具模拟）。问题链及引导内容如下：小鸡是怎么来的？母鸡在孵蛋的过程中做了哪些活动？母鸡能直接出窝觅食吗？怎么帮助母鸡能在合适的温度下出窝觅食？模型搭好后，我们怎么测量温度？还缺什么工具？随着温度的升高，现在母鸡可以出窝觅食了吗？随着气温的变化，温度计的数值到什么位置就可以喊母鸡回窝棚呢？

活动2：创设儿童冰场需要检测冰面温度的情境，引出气温计，认识气温计结构、读数等内容。需要准备的材料有：冰场冰面温度标准的短片或者图片资料，气温计结构，气温计正确读数短片，气温计数据图等资料。问题链及引导内容如下：现在你们是儿童滑冰场的监测员，某区要新建一个儿童大型冰场，需要检测冰面温度，作为监测员的你们，怎么来查看冰面温度是否达标？什么样的温度计可以测量？这个温度计可以吗？气温计是由哪些部分组成？气温计的量程是多少？现在有了气温计，开始监测并采集温度数据，可是采集的数据要怎么读数和记录呢？哪组气温数据可以判定符合冰面温度标准呢？刚才母鸡孵蛋的活动，使用哪个温度计会更好？

活动3：创设实地测量气温的情境，观察比较气温数据，引出规范使用气温计。需要的材料有：实地观测气温的场景图和气温数据图，规范使用气温计的短片，判断正确使用气温计的场景图。问题链及引导内容如下：同学们发现了什么？气温数据为什么不一样？我们来看看他当时怎么测量的，展示图片，你有什么发现？气温计到底怎么使用呢？结合刚才所学内容，你们看看他们谁测量的气温数据有效？为什么？

活动4：创设生活中气温变化以及气温计应用的场景，体会气温变化影响人们生活，尊重气温变化规律，要有效利用相应工具，才能更好地适应自然环境。需要的材料有：生活中气温变化以及气温计应用的场景短片或图片。问题链及引导内容如下：气温于我们有哪些影响？生活中有用到气温计的地方吗？

探究任务：找一找，一天当中，什么时间气温最高？是早晨8点、中午12点，还是几点？为了找的时间准确，想一想怎样做？

创设的情境来源于生活，每个活动的过渡表示气温变化于我们的影响，基于情境提出的问题要有效衔接，而且要达到学生跳一跳能够得着的地步。这样一来，学生在解决问题的过程中不仅方向清晰，而且对于学生的兴趣和能力有一定的促进作用。活动之后，学生的反响强烈，表示喜欢这样的教学形式。

综上所述，创设情境利于激发学生学习的兴趣，利于提高学生解决问题的能力，利于学生更加关注身边事物的发展。不论哪一种情境，其创设目的都是为了激活学生的思维，培养学生的科学素养和探究能力。教师要基于学生情况、教学目标和教学内容来设置切实有效的情境，这样才能激发学生的探究欲望，培养学生的问题意识。

参考文献

［1］田蓓莉.合理创设情境，培养学生的问题意识［J］.课堂经纬，2016（12）：59.
［2］郭培辉.创设情境，让学生体会科学的魅力［J］.小学科学，2009（1）：47.

浅谈小学英语创造教育的实践

——开展综合实践活动为英语学习助力

李　晶

创造教育的基本价值取向是培养人们的创新意识和创新能力。以培养创新精神和实践能力为重点的素质教育是当今教育改革的主旋律，课堂教学则是培养学生创新精神及实践能力的主阵地。教学理念中，做、教、学是紧密相关的。只有将教、学、做三者一脉相承的关系弄清楚，才能在生活中不断学习，在教学中不断实践。

一、创造教育理念思想的关键

1.解放思想，提升实践能力

通过教育解放学生的思想，使学生能够积极主动地参与到学习活动中来，并在这种轻松、自主的环境下，提升自我感知能力和主观能动性，以此来帮助学生更好地理解知识内容，掌握轻松解答问题的技巧与能力。在此基础上，学生将学得的知识应用于实践，从而更好地服务社会。

2.做、教、学合一

教学理念中，做、教、学是紧密相关的。怎样做事就怎样学习，怎样学习就是怎样教学。教师只有将教、学、做的关系弄清楚，才能在生活中不断学习，在学习中体会教学的关键，从而更好地完成教学任务。教师要想教出成绩，首先要在相关领域表现杰出。只有自己学得好，才能更好地掌握知识，更好地了解教学的过程，从而更好地完成教学活动。因此，教学不仅仅是课堂上的功夫，更重要的都在教学的准备与思考环节上。

3.虚心宽容，求真务实

小学生的年龄较小、阅历较浅，难免会犯错误。对于学习过程中出现的错误，教师应当秉承虚心宽容的理念，包容学生的错误，并对其进行指导，避免再次犯错。教师不是教学的主体，也不应当端着架子，而应当和学生们打成一片，与学生共同学习。

二、创造教育的几种主要类型在小学英语教育中的尝试

1.多媒体网络教学

21世纪的小学生在信息网络飞速发展，网络应用大众化、普及化的时代背景中成长，他们可以随时随地地接触、使用现代化高科技成果，如计算机、手机、Pad等，通过上网来获取各种知识。现代化高科技手段为教学提供了另一种可能性，那就是网络课堂的设立，它提供了现实条件及保证。"兴趣是最好的老师，而网络课堂恰好可以通过形象化的图像、色彩和声音使小学生在学习过程中受到多种感官刺激，使课堂生动有趣、充满活力，充分调动小学生的英语学习兴趣。"

网络课堂能够为教学提供丰富的英语音频、视频资源，标准的英语发音配合生动的现实场景，使得小学生置身于纯正的英语环境中进行听说读写训练，利于培养小学生的英语思维，为以后更深层次的英语学习打下坚实的基础。例如，某英语教师要讲授认知动物这一节课，教小学生用英语来表达日常生活中常见的动物。教师可以利用多媒体先放一张动物的图片——狗，并配上狗的叫声，叫小学生来识别动物，这样一下子就可以调动小学生的兴趣，课堂气氛比单纯的教授要活跃很多。在他们用汉语说出"狗"之后，教师讲解"狗"在英文中即是"dog"这个单词。为了强化记忆，教师还可以用电脑播放一段英文版的涉及动物的动画片或视频，并讲解视频中动物的英文单词。学生在观看影片的过程中就学习了新单词，积累了新知识。

2.开展英语实践课程

小学英语综合实践活动是一门基于学生的直接经验,紧密贴近学生自身生活与社会生活,由学生自主实践和探索,体现对知识综合运用的全新课程。这就要求教师要树立更新的教学理念,不断更新自己的教学方式,而不能把课程只当作是纸上谈兵而已。我们应结合学生的实践经验和已有知识,设计富有意义和情趣的活动,使他们有更多的机会,从周围熟悉的事物中学习和理解英语,感受英语与现实生活的密切联系,提高学生运用英语知识解决实际生活中的小问题,从而提高学生的综合素质。

小学英语综合实践活动内容要贴近生活,符合小学生兴趣的需求。为此,我校做了一次新的学科实践活动尝试——"撷秋实,悟冬蕴,共迎新"学科综合实践活动,收到了良好效果。孩子们积极参与,助力的家长们也是热情高涨。本次活动是范围最广的一次尝试,全校32个教学班同一时间,按照不同的年级同时有序开展。活动目的:崭新的2018年即将到来,在这辞旧迎新之际,举行"撷秋实,悟冬蕴,共迎新"学科综合实践活动,锻炼学生的能力,丰富学生的知识,让学生体会到各学科的联系,运用各学科知识。

我作为一年级的英语老师,积极地和各学科老师一同参与到一年级活动中。学生知道了元旦的来历,感受了新年的快乐气氛。我们一起展望美好未来,给亲人带去温馨的祝福,给朋友送去诚挚的寄语。这次活动的前期准备工作做得很充分,学校的统筹及计划翔实。不同年级各学科教师提前在一起商讨主题内容,根据学生们的兴趣及前几个月所学的各学科知识,设计了一系列有趣的体现学科间相互融合的活动。

我设计了"快乐英语课堂",充分利用教科书内容,例如问好、电话、节日、旅游等情景,把简单刻板的教学与真实情境相融合。展示特色作业(图配对话)、齐唱英文歌曲、抽卡片识英文、盒子抽奖问答等活动,为学生提供了使用英语交流的机会。每当进入角色,成功地做成一件事,他们便喜形于色。

教师和家长代表一起精心布置了教室,墙上、屋顶上挂了拉花,黑板上是精美的板报。学生做完游戏后会得到奖励卡,用奖励卡换取不同的礼物(笔袋、笔盒、转笔刀、彩笔等)。张老师组织了单词卡片快速认读游戏,我组织了盒子抽奖问答游戏。我事先带领学生们复习了前三单元,并留了相关作业。盒子抽奖问答的内容,就是之前复习的要点,我将之制作成不同颜色的小纸条,让孩子们抽出随机回答。学生们兴趣高涨，激动又兴奋地参与游戏。这个游戏使学生感受到了掌握新单词、新句型、新知识的成就感。因此可见，教师设计的每项活动，以及活动中的每个环节都应服务于教学目标。

我认为，语言知识的学习过程是教师教和学生学的运动过程，是师生共同参与、真诚合作、互相作用的过程。实践活动通常采用小组合作、共同探究的形式进行，教师提供让学生积极参与的宽松环境，让每一个学生有效地参与。为了避免小学英语课堂教学中出现反复操练、单调重复的情况，教师可以根据教学内容与学生的特性，及时准确地把游戏引入课堂。游戏的形式可以多样化。例如，"摸词"游戏。在黑板前面放着预先准备好的单词卡，男女学生各一队，蒙上眼睛，轮流摸词。当男队摸出卡片并说出词义时，女队监督并计分；当女队摸词、说词时，男队监督并计分。学生们互相检查有无错误，以无错或少错为胜。"小演员"游戏。我经常在学生学完一段对话或一篇课文后，要求他们分小组操练，演出课本剧。这样充分调动了学生的学习热情，发挥了学生学习的自觉性和积极性，增长了参与、合作和竞争意识。

小学英语综合实践活动不应该仅限于课堂教学，而要延伸到课堂之外的学习和生活之中。开展各种课外语言实践活动，有助于学生验证自己的学习结果，展示自己的才能，还能在活动和交流中增长知识、开阔眼界、发展智力和个性，反过来又能促进学生的英语学习。例如，我在教完一课的单词后，布置作业——学生回家当"小老师"教爸爸妈妈学会说这些单词。在学生学会了交通工具的单词和"How did you come here""I came"的句型后，我要求学生去做一个调查，了解其他班级的学生是用何种方式到达学校的，然后制作一个表格。通过讲英语故事、英语手抄报和表演、调查访问等多种语言实践活动，可以提高学生的英语学习兴趣，培养合作能力、创新能力和多元智能。

教师在设计活动时，要考虑活动的有序性和可操作性，努力做到以下几点：①合理分配每个活动的时间，随机调控课堂节奏；②考虑每个活动的注意事项，活动前要提出要求；③设计的活动要便于操作，有客观的评价标准。有时候设计的活动方案很好，但在具体的实施和操作中，若没有考虑到学生的认知规律会影响活动的效果，甚至导致活动失败。因此，教师要根据学生的认知水平，对活动进行及时、有效地组织和调控，使活动教学有效地开展。

总之，英语综合实践活动不仅是对老师的挑战，更是对学生的挑战。"在做中学，在学中做"是对英语综合实践课操作的启迪。作为英语教师，我们理应在英语综合实践活动中授之以渔，导学生于法，让学生深切感知英语学习无处不在，且无处不有。

3.合作学习

合作学习是指在教师的指导下，按照学生们不同的学习能力、不同的特点，对小学生进行弹性的分组，让他们为完成同一个目标或任务进行合理分工，相互协作，并且以集体的成功作为评价的依据，最终促进每个小学生的综合发展。合作学习使得小学生有更多的机会参与活动的整个过程，学习成绩较好的同学在合作学习中能够掌握到更多的知识，可以增加他们的认知水平。对于那些学习困难的同学来说，他们可以在合作学习中获得帮助，在小组合作中积累知识。小组合作学习有利于集思广益和学生思维发展，对于提高学生的学习主动性有很大帮助。

教师要扮演好引导者和组织者的角色，为学生合作学习创造必要的条件及环境。例如，在英语口语表达课上，教师可将学生分为几个任务小组，布置一个练习对话的任务，使学生先在小组内进行对话练习，最后以每个小组为单位评选出最优小组，并予以适当的奖励。针对教师布置的某个话题或任务，小组内每个成员都有自己不同的想法、不同的表达方式。在互动过程中，组内成员好的、更加准确的表达可以为其他成员所借鉴，并努力把它转化为自己的知识；一些不准确、不恰当的表达会被及时纠正。

探究小学英语教育中的创造教育模式，挖掘符合小学生心理发展特点的教育方法，激发小学生英语学习的兴趣，从而为小学生创造良好的英语学习环境，是小学英语教师义不容辞的责任。

参考文献

［1］宋晓娜.浅谈小学英语教育中的创造教育［J］.课程教育研究·新教师教学，2016，（15）.

践行"三我"理念，提高英语课堂效率

李 静

从事英语教学工作已有20多年了，在平凡的教学生涯中，有很多的感悟，诸如教学任务重、工作压力大、贫困生的转化等。这些事实，我们不得不去面对，不得不与时俱进。自从我校推行了"三我"教育理念，即"我发现、我实验、我创造"后，我受益匪浅。通过自己的摸索及向他人借鉴，我总结了一些教学经验。

用微笑面对学生。上课时我总是把微笑挂在脸上，尊重学生的个性及差异，以此消除学生的紧张心理，肯定他们的进步，营造宽松和谐的学习氛围。

课堂上多说英语。我用英语组织教学，培养学生的语感。我采用多样化的教学手段，将小故事、歌曲、笑话、比赛等融入课堂，激发学生的求知欲，活跃课堂气氛，使每节英语课真正地活起来。

培养学生自主学习能力。对于中国学生来说，英语与母语在词汇、句法、语境、表达方式、思维模式、文化习俗等各方面都存在很大差异。因此，学生学习英语的活动，无论是学得也好，习得也罢，其实质是个复杂而艰难的建构第二语言系统的过程。在这一过程中，有志者成，无志者败，成功者往往需要非凡的毅力。英语自主学习能够使学生在取得进步的同时获得成就感、增强自信心，而且在遇到学习困难的时候，能够持之以恒，自觉运用反思、矫治等多元认知策略克服各种学习障碍，最终完成学习任务。学生在完成学习任务的过程中，磨炼了意志，增强了实力，养成了良好的意志品质。

我的教学课堂上，发生了很多与"三我"教育理念有关的有趣故事。在学习四年级上册Lesson20 *May I take your order?* 关于就餐这个话题的时候，我就采用了"三我"教学理念。由于Lesson19已经出现过在中餐馆就餐的情景，所以我让学生分小组对比讨论本课与Lesson19的不同之处。学生们的积极性很高，也很用心。他们在小组长的带领下，不仅将两课的不同内容用彩笔标注出来，还将相关食物和单词画了出来。最后，小组代表展示各小组作品。有的学生说，通过菜单和餐具发现一个是中餐馆，另一个是西餐馆。有的学生说，中餐馆是

east restaurant、west restaurant。有的学生能够将中餐中的单词（例如meatball、Peking Duck、vegetables、Chinese cabbage等）和西餐中的单词（例如salad、pizza、sandwich、hamburgers等）进行整理和归类……最后，各小组在组长的带领下，将所学内容自制了一张英文菜单。通过这种形式，学生们将本课所学内容付诸实践。

在讲Do you like... 一课时，我将教室的一角摆满水果。同学们进入教室如同进入商店一样。同时，我将各种水果画在卡片上，只要是学生熟悉的水果，能叫出它们的名字的，我都画上，并把它们贴在黑板上，颜色各不相同。由于教室的一角是水果店，黑板又是实物卡片，同学们的热情一下子就上来了，他们会想老师这是做什么呢？激发了学生的求知欲及探索的激情。我再用语言介绍一下，整个班级就沸腾了。

我在教学过程中，让学生选择自己喜欢的角色，进行表演，将所学的知识进行自我实验。我把讲台让给学生，让他们创造性地、尽情地施展自己的才华和艺术才能。学生体会到了自己是学习的主人，也知道了当自己是售货员或顾客时应该怎样说、怎样做，教学目标也就此达成。最后，我安排了一个小记者，分别采访售货员和顾客，提出"和平时去商店的感觉有什么不一样"等问题。在这种情境下，学生们用英语交流，巩固了所学知识。课的结尾，我让学生在优美的旋律中品尝各色水果，再用英语说出自己喜欢哪一种水果并说出原因。学生们不知不觉地参与了语言实践活动，并感受到了成功的喜悦，效果很好。

当然，除了在课堂上践行"三我"教育理念之外，我也在英语作业中贯彻这一理念。在学习完"请求"这个话题后，我让学生自己制作请求卡，拿着这张请求卡用英文请求其他同学的帮助；在学习完"自然"这个话题后，我让学生自己制作了关于四季的幻灯片。学生们将每个季节的天气状况及可穿的衣服、可吃的食材、可做的活动等，用英文和图片生动地表达了出来。这些作业真正地让学生自己发现、自己实验，并创造性地表达出了自己学会了什么。孩子们的兴趣很高，对英语学习也重视了起来。

作为一名英语老师，我相信只有完全了解学生，培养学生英语自主学习的能力，在教学中将"三我"理念实施到底，才能进一步激起他们学习英语的信心和热情！今后我将不断努力，转变教育教学理念，进一步提高自己的教学水平，将我校的"三我"教学理念与培养学生的核心素养紧密结合在一起。我相信，在今后的教学生涯中，我会做得更好！

由"要我读"变成"我要读"

——在品社课堂教学中培养学生自主阅读能力

马立华

相信每位教师都告诉过学生：一定要多读书，而且要读好书。我想，这里的读书指的不仅仅是课本，还应该包括课外书。现在很多孩子为了提高文化课的成绩，业余时间奔波于各种校外补习班中，放弃了课外阅读。还好，在这个网络发达的社会，我们越来越意识到读书的重要性。那作为一名教师我们应该怎样培养学生的阅读习惯、提高他们的阅读能力呢？我们每一位当教师的都知道，兴趣是最好的老师。如果学生把阅读当作一种兴趣、休闲活动，就能使学生养成阅读的习惯，并从中获得各种知识，这对于孩子们陶冶情操、培养审美能力、提高他们的文化素养，是至关重要的。所以，培养学生的阅读兴趣是每一位教师不可推卸的责任。因此，在我校进行的"书香进校园"活动中，我们充分利用品社学科知识面广的特点，在课堂教学过程中适时培养学生的阅读兴趣。

一、教师本身既要重教书，也要重读书，从而抓住时机，引导学生

苏霍姆林斯基说："把每一个学生都领进书籍的世界，培养起对书的酷爱，使书籍成为智力生活中的指路明星，——这些都取决于教师，取决于书籍在教师本人的精神生活中占有何种地位。"要让学生热爱读书，教师首先要爱读书，才能抓住时机，有效引导学生。

例如，在讲五年级上册《源远流长的历史》一课时，学生不但听得津津有味，而且有一部分学生通过这节课的学习喜欢上了阅读历史书。我想这应该得益于我平时读的如《上下五千年》等历史书吧。在课上，我是这样做的：先通过《历史朝代顺序歌》让学生知道我们中华民族上下五千年经历了很多朝代，然后为了激发学生对历史的兴趣，我给学生声情并茂的讲述了各个朝代有代表

性的小故事，例如西周时期周幽王"烽火戏诸侯"的荒唐故事、明朝的朱棣黄帝为什么要把故宫从南京搬到北京……学生对这些故事非常感兴趣，孩子们听完故事后问我："老师，你怎么知道这么多事情呀？"我就告诉同学们："我是从书中知道的。"我抓住机会，适时引导，告诉学生："这样的小故事在中国上下五千年的历史上有很多很多，咱们课下一起去寻找吧。"就这样，在品社课堂上，通过对孩子们讲述课本外的知识，来激发他们的求知欲，使他们产生阅读的渴望。

二、课前补充阅读，让孩子现身说法，从而培养学生的阅读兴趣

在课堂教学上培养学生的阅读兴趣，一般都认为是语文老师的专利，但我认为，只要老师把握时机，适时引导，与所教教材紧密联系，每个学科的老师都能培养学生的阅读兴趣。

例如，在讲五年级下册《世界奇迹探秘》一课时，我给学生简单讲述了埃及金字塔的神奇现象："每年春分秋分正中午时分，金字塔会出现一种奇观，那就是塔身不但没有影子，还会到处发散光芒，这是怎么回事呢？"大部分学生会课下积极去翻阅书籍查找资料。上课了，主动从阅读中获得知识的学生侃侃而谈，并时时流露出成就感；那些没有完成老师作业的学生，从他们的眼神中就可看得出他们心里的局促与不安。借此时机，我对积极查阅资料的孩子进行表扬与奖励，此时，那几个没有完成作业的孩子投来羡慕的目光。通过这一环节，不但让孩子们体会到了阅读的乐趣，还进一步培养了孩子们的阅读兴趣。

三、课后适当延伸，从而实现"得法于课内，得益于课外"

每一位品社教师都知道，我们品社教材设计的知识面非常广，既有工业农业，又有天文地理历史，课上需要补充大量的课外知识，因此，我就利用每一课快要教完的时机，及时给学生推荐与所学内容相关的读物，或者主题思想相同的读物，或者写作特点相似的读物，充分让学生去阅读。

例如，在讲六年级上册《同住地球村》一课时，这节课，主要是让学生通过了解地球上的动物植物的生存及发展现状，来提高学生关爱动物植物，自觉保护生态环境的意识和情感。临近下课时，我推荐学生去参观大兴的南海子麋鹿苑博物馆，去真正领略世界灭绝动物墓地带来的心灵震撼，我还给学生推荐

了英国生物学家珍妮古道尔撰写的《我生活在黑猩猩中间》等书目。这些课外阅读，不仅可以丰富学生的知识，还加深了学生对课内教学内容的深刻理解，更重要的是，教师长此坚持下去，一定会引导孩子走上阅读之路。这就是要让学生"得法于课内，得益于课外"。

四、靠作品本身的魅力，从而激发学生阅读的内动力

要真正让学生对阅读产生兴趣，并且能够自觉地、发自内心地阅读，更重要的一点还要解决学生的内部动力，那就是靠作品本身的魅力去打动和吸引学生。

例如，在学习五年级上册《共同促进祖国繁荣》一课时，其中有一部分内容是《共为中华文化添光彩》，涉及了著名作家老舍的作品《骆驼祥子》《茶馆》《四世同堂》等。我就给学生找来这些作品的视频资料电影、话剧等，让学生一起观看。部分学生通过观看视频资料，使学生们从中体会到作品的魅力，老师抓住机会适时引导，鼓励学生去读青少版的老舍作品。这样既激发了他们阅读的内动力，使学生在有目的和对象的阅读中逐渐培养自己的阅读兴趣，再经过老师的引导，使之养成阅读的习惯。这样不仅丰厚了学生的文化底蕴，还产生热爱祖国语言文字和中华优秀文化的思想感情。使学生的阅读兴趣进一步增强。

五、引入竞争，从而调动学生阅读的积极性

课外阅读习惯的养成是一个长期的过程。小学生由于心理发展不成熟，对于一本书的阅读有很多时候都是一时兴起，难于坚持长期的阅读活动，这就需要教师调动学生阅读的积极性，竞赛是提高学生积极性的一种好方法。教师可以把学生要达到的阅读要求以竞赛的形式实现，最终实现长效阅读。

例如，本学期我们学校开展了"精彩三分钟活动"，我们就在品社课堂教学中开展讲故事比赛，每节课拿出三到五分钟时间讲阅读故事，每月确定一个主题，学生自己选择最精彩的故事讲给大家听。开始学生们很感兴趣，跃跃欲试，课下都精心阅读、精心准备。一个月下来后，我们把在课堂精彩三分钟活动中表现出色的学生推荐到学校广播中，学校还专门为这些表现出色的学生录制了一期节目，通过校园广播、校园电视台等途径，给学生搭建展示的舞台。学生们阅读的积极性一下就被调动起来了。这里需要注意的是：不论是搞何种比赛，

在竞赛以后，教师必须要把竞赛的结果通过表扬、奖励等形式展示出来。只有这样才能让每一个学生都有奖励的机会，使他们在成功的体验中获得心理上的满足，从而达到乐读、善读，养成良好的课外阅读习惯。

六、教师必须允许阅读差异的存在

阅读本身就是一种很个性化的行为，课外阅读就更是一种纯粹的孩子与文本之间的对话和互动。这种对话受到孩子的个性、阅历、知识、经验等因素的影响，其阅读的结果也就是阅读量以及对课外读物的理解是有一定差异的，有时候学生之间的这种差异会很大，我们不能要求统一的格式化。作为教师，我们应该正确地认识到这种差异是正常的，也是合理的，因为这种差异才说明是孩子在阅读中真的思考、真的体验、真的感悟的结果。只有这样，孩子的阅读才是鲜活的、有个性的；只有这样，阅读才可能会成为孩子生命的一部分，成为孩子成长的动力。

对于我们品社课来说，课内学习与课外学习，应当以课内为主，教师必须加强课堂教学，切实上好每一堂课。但是仅仅这样做是不够的，还必须有一定的课外阅读相配合，把指导学生课外阅读作为教学工作的一项重要任务，让学生像雏燕一样飞掠知识的海洋。开展课外阅读可以引起学生浓厚的学习兴趣和探求知识的强烈欲望，丰富知识，开阔视野，从小在他们心灵上播下决心攀登科学高峰的种子。课外阅读也有利于学习和巩固老师在课堂上所教的基础知识，使学生学得有趣，学得扎实，学得活泼。即使是不愿意学习和学习成绩较差的学生，如果能够引起他们课外阅读的兴趣，对于改变他们课内学习的状况也是有益的。

总之，我认为，培养阅读兴趣不仅仅是语文老师的职责，应该是每一位教师不可推卸的责任。人才的培养，光注重知识的积累是很不够的，必须在传授知识的同时，重视启发智慧和锻炼才能。读书若水，川流不息，潜移默化，润物无声。只要用心，品社学科也可以培养学生的阅读兴趣，增强学生的阅读能力，由"要我读"变成"我要读"，使阅读成为孩子们的一种自觉行为，让书香充溢着整个校园。

"三我"理念在体育教学中的运用

——谈低年级跳绳教学

彭海滨

跳绳是我国民间传统的体育项目,深受小学生喜爱,也是小学体育必须考核的项目。但是对于协调性比较差的学生来说,要学会跳绳还是比较困难的。经过几年的教学实践,我认为采用"看、传、帮、带"的教学方法,可以使学生在较短的时间内学会跳绳。

看:就是让不会跳的学生观看会跳的学生的表演,那些同学自然地产生了想学跳绳的想法。在这种情况下,我就采用第二步战略。

传:就是教师传授跳绳的基本动作。在传授动作之前的两周时间,用单双脚交换跳、拍手操、双手空摇双脚跳等动作,培养学生的协调性和空间体立感;接着教学生徒手练习跳绳的动作,这时应注重学生手摇和脚跳的协调性。持绳练习时,先一只手拿住绳子的两端双脚跳,在动作熟练协调的基础上,再两手拿绳跳。在练习时,教师着重指导学生跳绳的动作,先双脚跳,后单脚交换跳,动作由慢到快。

帮:就是把经过教师教而没学会的学生,编成一个大组,给他们每人指派一位已经学会的学生,由会的学生教不会的学生。教的方法是:由会跳者反复演练跳绳动作,让不会跳者反复观察,然后由不会跳者进行练习,会跳者边自己练习边帮助其纠正错误动作。

带:把经过上面两种方法还没能学会的学生再编成一组,给每人指派一位跳得较好的学生。由会跳的学生持绳,不会跳的学生站其前面或后面,两人同时跳,帮助不会跳者锻炼动作的协调性。练习时,不会跳者也双手跟着做摇绳的动作,但这时跳的频率要慢,练习一段时间后,就由不会跳者自己练习,会跳者自己边练习边纠正帮助对象的错误动作。通过以上四种练习方法,教师教会大部分学生,技术好的学生教会小部分学生。学生经过一段时间的学习,既学会了动作又发挥了体育骨干的作用,增进了团结友爱、互相协作的良好品质。

以一（1）班为例，绝大部分学生都会跳绳了，我尝试让学生练习快速跳绳。我先讲解、示范，然后让学生们自己练习。会跳的学生非常高兴，互相比试着，练习的积极性特别高。这时，我发现一个同学呆呆地拿着绳子站着。我走过去，他旁边的小男孩举起手大声地说："老师，他不会跳！"其他学生哄笑起来。他不好意思地低下头。我摸摸他的头说："不会跳没关系，老师教你。"我耐心地一步一步地引导他，先教他摇绳，再教他掌握好起跳的节奏和时机，并鼓励道："慢慢来，老师相信你肯定能学会的。万事开头难，对不对？"

刚开始，他一个也跳不起来。我在旁边给他打气："再来一次，先摇后跳。"在我的激励下，他很艰难地跳过了一个。我高兴地说："你真棒，能跳一个了。再试试，能不能再多跳一个。"他坚持不懈地练习，累得满头大汗。

我在全班同学面前表扬了他，虽然他跳得还不熟练，但是他战胜了自己的胆怯，找回了自信。课结束后我及时找他谈心："你今天有了很大的进步，老师相信，如果你每天坚持练习跳绳，会跳得更好，你能做到吗？"在我的督促和他自己的努力下，不过几天的工夫，他就可以连续跳好几十个了。这个简单的案例让我深深感受到，孩子的成长需要鼓励。每一个孩子都希望自己是成功者，都期待着收获肯定和赞誉。著名教育学家第斯多惠说："教育的奥秘不在传授，而在激励、唤起和鼓舞。"老师要根据学生的这种需求，充分发挥激励的作用，激发学生去实现这种需要的欲望，使他们产生内在动力，朝着所期望的目标努力奋斗与前进。

在教学中，不要因为自己的情绪而去抹杀一个孩子的自信心，相信自己，也相信孩子，只要坚持，惊喜必定会出现！

我在体育教学评优活动中成长
——浅谈如何轻松上低年级体育课

徐耀东

我有幸参加了区级评优课，结合自己几十年的教学经历，针对低年级体育教学有一点儿心得体会，一得之见分享给大家。

通过几十年的教学及平时的留心观察，我感觉到：要上好低年级的体育课，确实令人头痛。原因有两个：其一是为了使学生在室外能遵守纪律，一般都采用了所谓的"压束"及"控制"的方法，其实这样的教法是不恰当的；其二是低年级的小朋友年龄较小，活泼好动，上课时喜欢做小动作，不听从指挥，在学习新的教学内容时，不听教师讲解的动作方法，不仔细观察教师的示范动作。故而，每堂课的课堂效率会怎样呢？这就无法说了。无奈之下，我去做学生的知心朋友，询问学生："你们喜欢上什么样的体育课？"概括起来，学生的回答是："老师，我们最喜欢上游戏一类的课……"是啊，孩子们好比是一只只快乐的小鸟，但是我们能构建一个鸟儿自由自在地飞翔的空间吗？听到学生们的回答，我恍然大悟：为何不把要学的新内容恰当地穿插在学生喜欢的游戏等活动中去呢？游戏是小学生喜爱的体育活动，内容丰富多样，形式生动活泼，融趣味性、娱乐性、竞争性、健身性和教育性等多功能于一体，符合儿童的身心发展特点，对于激发学生参与运动、掌握动作技能、增进身心健康和促进社会适应能力以及开发学生智力，培养良好道德品质等，都有积极、重要的作用。因此，它也是实施小学体育课程的主要内容和实现课程目标的有效手段。

一、依据课程标准的领域目标选编、设计游戏内容

根据在球类中做出单个动作，如拍球、投篮、传球等学习要求时，可选择"拍球比多""投篮比准""传球比快"等游戏活动。例如在这次评优活动中，针对"原地运球"这个内容，我设计了"跟我做"这个游戏，让骨干学生带领学生们练习，刺激学生们学习的积极性。为维持学生注意力的集中，我紧接着设计了"我要挑战你"这个游戏，引入竞争机制，学生一对一游戏，集中了注意力，进一步激发起学习兴趣。

根据多种移动、躲闪、急停、跳跃等学习的要求，可选择"老鹰抓小鸡""巧过拦截区""钓鱼""你追我躲""跳跃争先""斗智斗勇"等游戏活动。在本课中我引用"贪吃蛇"这个游戏，先个人再集体，培养孩子们的团队精神。游戏中通过游戏要求"补充能量"，进一步强化原地运球的基本动作。

根据在学习投掷或球类，要达到各种挥动、抛掷、转体等动作的要求时，可选择"投击活动目标""集体保龄球"等游戏活动。

根据学生辨别左右、前后、上下方位以及知道身体各主要部位的学习要求

时，可选择"别迷失方向"等游戏活动。在开始准备部分引入游戏也可以收到意想不到的效果：在这节课中，我用"找朋友"这个游戏让孩子们有条不紊地分配篮球，并且用"好朋友"对应篮球，让孩子们培养爱护体育器材的好习惯。

这次评优活动中，在课堂上我设计的游戏既能为完成教学任务，提高课堂效率提供良好的条件，又能激发学生的学习兴趣，吸引他们的注意力，克服开小差、做小动作等不良习惯。

二、以传统的游戏教材为主要资源，进一步开发、创新

为了便于贯彻实施课程标准"水平一"选择游戏的要求，主要以具有我国民族特色的游戏作为教学内容，如"老鹰抓小鸡""钓鱼""投击活动目标"等。这些游戏既备受儿童喜爱外，也便于教师掌握及运用，更有利于提高教学效果。但是，这些老游戏需要教师们开动脑筋，进一步开发、创新赋予它更强的生命力，即在这些游戏原做法的基础上，通过多种变化开发出一系列新颖做法。在本课中，我以游戏"找朋友——写大字——跟我学——我要挑战你——贪吃蛇——吹气球"为主线，把教学内容贯穿到游戏中，使学生在游戏过程中尽情参与，积极动脑，不断提高运动技能，使学生越"玩"兴趣越高、思路越广、自信心越强，学生在游戏中的主体积极性、主动性得到充分发挥，从而使课程标准的各项目标得到全面实现。

体育游戏内容浩如烟海，只要我们静下心来，精心挑选适合教学内容的游戏，我相信，每一节体育课都会成为孩子们身心发展的乐园。

浅谈"三我"课堂与课堂微习惯的养成
薛　源

时光飞逝，从事小学英语的教学工作已有两年了。在日常教学中，在和孩子们的朝夕相处中，每天都有很多的感悟。我校的"三我"教育理念即"我发现、我实验、我创造"，让我在教学上受益匪浅。通过自己的理解和实践，结合英语课堂听说读写习惯和我校的"三我"理念，进行习惯养成的课堂总结和反思。

一、培养良好的听的习惯

听力是语言学习和交际的基础。小学生通过听可以大量吸收新的语言材料，加深对所学语言的认识，并在此基础上促进说、读、写各项技能的发展。因此，多层次、高密度、有趣、有用的听力活动是学生学习、运用语言的前提和基础。

小学生听录音跟说跟读，往往只满足于"听到"，能跟得上说，而不注意语音、语调、重音、停顿等。因此，教师要引导学生"听清"。在播放录音前可以分步提出听的具体要求，使听一次录音便有一次收获。同时在教学内容上践行"任务型语言教学"，分级设计提问。还要求及时纠错，以此引导学生专心听英语。

只有听得清、听得懂，才能说得准、说得好。因此，培养学生认真听教师或者录音的示范发音，用心听他人说英语是相当重要的。小学生爱模仿，善模仿，还好表现。课堂上，常有学生还没等老师说完就急于开口模仿或轻声跟讲，结果导致自身发音欠准，而且还影响了他人。因此，教师要训练学生养成静心听的习惯，教给学生听的方法。当教师示范发音时，学生要边观察教师嘴形，边仔细听。当老师发音完毕，学生才能跟说。这样，发音才会到位，模仿效果才会好。在听录音跟读时，要鼓励他们积极模仿录音中地道的、原汁原味的语音语调。不要只满足于听到了录音内容。在老师布置活动任务时要学生听清、听懂、听得完整。不要没等老师说完就急于行动。作为老师，一定要在任务开始前把要求交代清楚，不要等到学生已经兴致勃勃开始活动了，再去交代什么。这个时候学生已经不会再听你了。英语课堂是小学生用英语进行交际的主要场合。在课堂上他们有很多听英语的机会，但小学生无意注意占优势而有意注意较弱。所以教师在教学上要采用生动、形象、活泼、多样的教学方法与手段，特别要避免枯燥操练。

二、培养良好的说的习惯

学英语，一定要大胆开口说。英语中有个词组叫"mother tongue"，照字面译就是"母亲的舌头"，可见学习语言首先要动口。

教师要创设轻松愉悦的课堂气氛，开创敢讲英语、争讲英语、爱讲英语的局面。同时，教师要精心组织教学，优化教学方法，利用一切教学媒体创设情景，寓教于乐。让学生置身于语境中，有意识或无意识地开口说，最大限度地发挥学生说英语的主动性和积极性。组织多种活动，让学生在口语的训练中有所得，感受到成功和欢乐，以增强其说英语的自信心，激起其说英语的欲望。

积极参加语言实践活动，是英语学习所必需的。从心理学、生理学角度来看，小学生心理障碍和怕羞感少。这正是培养大胆开口讲英语的有利条件。小学英语教材所选内容均来源于学生学习及日常生活，为学生所熟悉的，教材具有科学性、趣味性、亲近性、实用性，这是培养大胆开口讲英语的又一个有利条件。因此，教师就应该抓住时机，充分运用教材，自始至终为培养学生良好的说的习惯而不懈努力。轻松、愉悦的课堂气氛，可以有效地帮助学生消除心理障碍，克服紧张心理，教师在课堂上必须学会宽容，不能有错必纠。对一些语言能力稍逊色的学生要多给予鼓励和表扬，增强其说英语的自信心，激起其说英语的内心欲望。需要注意的是，我们在鼓励学生大声说英语的同时要让学生明白：说英语不是喊英语。我在自己所任教的班级及外出听课过程中都有发现喊英语的情况。一旦发现喊英语的情况就应给予纠正。语言总是在一定的情境之中进行交流的，所以教师要在课前精心设计好教学，创设情景，寓教于乐，让学生身置语境，有意识或无意识地开口练说，最大限度地发挥学生说英语的主动性和积极性。

三、培养良好的读的习惯

语言学习首先要动口。开口的习惯着重体现在朗读、背诵和说英语上。朗读是学习英语的基本功。因为朗读可以训练正确的语音语调，可以增强语感。语感是对语言的一种直觉，语感一经形成，就不会轻易丢掉。背诵一直被中国人视为学习的良方。中国人学习英语，应该提倡背诵。有了背诵的习惯就有了开口的基础。背诵课帮助我们自然的学会单词、成语和句型的实际运用，它也是获得语感的重要方式。教师必须十分注重范读和领读，尽量与标准音取得一致。在自身范读、领读时，教师可以配以手势以示升降调、重读等，加深学生的理解。

阅读能力是一种领会理解能力，是学生吸取知识、积累词汇、熟悉英语表达习惯的重要途径。阅读根据其方法和要求可分精读和泛度。根据其是否出声又可分为朗读和默读。对于小学英语来说，应注重朗读的训练及朗读习惯的养成。朗读英语是培养学生良好的语音、语调、节奏、语感的重要途径。听说在前，朗读在后。朗读有助于说的能力进一步提高，也是对说的能力的强化。朗读英语是小学生学习英语的主要内容。学生朗读英语好与差，很大程度上取决于教师的示范。

四、培养良好的写的习惯

小学英语以听说为主，但不能忽视写得基本功训练。许多小学生不注意正确的英文书写，标点乱圈乱画，字词笔顺不对等。英语教师必须利用学习正迁移，对学生英语书写进行严格的训练，要求学生加强自我督促意识，保持正确的坐姿与握笔方法。从心理学的角度分析，写属于运动觉。运动觉比听觉、视觉等留在大脑中的印象更深，更容易被理解和掌握。在语言教学中，通过听说读写等手段大量输入音素、语调和韵律的信息后，以写的形式输出的语音知识和技能就能更牢固地被学生掌握。同时，"写"是语言的综合运用，是表现创新思维的手段。在学生已有一定语言基础上，鼓励学生大胆写一写，创作一些小作品。通过这种强化写得训练能够提高学生书面表达的能力，从而促使学生多方面的发展。

利用微信公众平台整合小学英语课堂内外
张建节

在信息技术飞速发展和英语课程改革的大环境下，传统的课堂教学遇到了一些困难。微信公众平台是移动学习的新载体，能有效整合小学英语课堂内外。利用公众平台可随时给学生推送学习资源、布置学习任务、展示学习成果、调查学习情况等。总之，能改善传统课堂教学中的不足，增强学习兴趣，提高学习效率。

一、产生背景

从课程内容来说，过去教材就是学生的世界，现在世界就是学生的教材；从教学设备来说，过去只是一支粉笔和一块黑板，现在多媒体教学设备遍布每个教室；从学习渠道来说，过去仅仅是课堂学习，现在网络资源、社会实践等多元化的学习渠道拓宽了学生视野。然而，我们怎么样打开课堂走向世界，挣脱教室的束缚，冲破40分钟的限制？这不但是个问题，还是个严峻的挑战。

二、传统教学中的困难

作为一名一线教师，在努力探索教学方式改革的过程中，遇到了一些困难。

1.课前，传统的调查方式无法及时完成学情分析

我校的班容量较大，每班平均47人，以往采取填写调查问卷的方式了解学情。我们先手动编辑调查问卷，然后打印并分发给每位学生，接着学生集中作答并上交，最后教师统计数据。这种传统的调查方式操作复杂，效率很低。

2.课中，传统的教学设备无法实现多种教学资源重复使用

通常教师用来辅助授课的素材（包括声音、图像、视频等），教师在课堂上演示一次后，学生无法再次观看。尽管每次都要求学生记笔记以便课后复习，但是效果差强人意。

3.课后，传统的技术手段无法实现教学资源与学生成果的快速共享

教师实现资源共享的最常见的方式是建立QQ群，将文件上传到群共享文件夹中，只能放在这个文件夹的根目录下，文件分部的调理性不强，查找困难。此外，各种电子资源格式繁多，要想顺利打开资源需要操作者有一定的计算机基础。

三、探寻移动学习的方式

英国哲学家洛克的"白板说"哲学观点认为：人的心灵的原始状态只是白板一块，一切知识和观念都是后来从经验中获得的。因此，语言的学习是靠反复的模仿和记忆，使其成为一种习惯而获得的。英语作为一门外语，多样化的学习方式和不断的知识复现有利于提高学习效率。

我校学生每周有三节英语课，共计120分钟。每周7天，其中三天有英语课，在课堂上学习英语的时间较少。小学生的自控力不强，自觉学习的习惯还未养成，如果教师留朗读课文、阅读故事等不便检查的学习任务时，总是有50%以上的学生不能完成任务。如何激活学生零散的课余时间，布置可操作性强、有趣味的学习任务是解决问题的关键。借助智能手机、Pad等移动通信设备，学生

可以在任何时间、任何地点实现移动学习。微信公众平台（简称公众号）主要以智能手机为终端，具有免费、兼容"字、声、图"等优势，非常适合成为移动学习的新载体。教师可以在微信公众平台申请自己的公众号，打造属于自己的媒体。通过公众号，教师可以向关注者直接推送图文、语音、视频，从而实现教学信息的双向交流与互动。

四、微信公众平台在授课前的应用

1.学情分析

学情分析是以学生为中心的教学理念的具体落实。教师在授课前进行学情分析，了解学生的已有知识、能力水平和相关背景经验，根据学生的实际需要，撰写教学设计，才能完成教学目标，提高教学效率。因此，我们要重视学情分析，做好充分的课前准备。北京版小学英语五年级下册Unit 6 What will you be in the future? 这一单元的话题是职业，学生在三、四年级时也学过相关的内容，但是学生具体掌握哪些相关的语言知识还需要进一步了解。首先，我借助问卷星网站创建了一个调查问卷。然后，通过我的微信公众号将这个问卷推送给学生。学生用课余时间完成问卷。最后，问卷星网站自动生成统计结果。

2.介绍西方文化

《义务教育英语课程标准》指出：语言有丰富的文化内涵。在外语教学中文化是指所学语言国家的历史地理、风土人情、传统习俗、生活方式、行为规范、文学艺术、价值观念等。在学习英语的过程中，接触和了解外国文化有益于对英语的理解和使用。北京版小学英语三年级上册Unit 7 When is Thanksgiving? 这个单元主要结合感恩节、万圣节和圣诞节等节日练习询问日期。考虑到学生对感恩节和万圣节比较陌生，我用微信公众号推送了一条介绍西方节日由来和习俗的图文消息。学生自主学习后，对西方传统节日有了初步认识。

3.微课导学

微课是以课堂教学视频为主要载体，记录教师在教学过程中围绕某个教学环节或知识点而展开的教学活动。它的特点是容量小、内容精、时间短。让学生在课前观看微课，进行前置性学习。学习的内容主要是回顾和复习与新知相关的旧知，根据学生已有的经验，辅助学生完成自学，为课堂上的交际与运用奠定基础。例如，北京版小学英语二年级上册Unit 5 I have long arms这一单元的教学之前，用微信公众号给学生推送了一节微课。本单元的话题是围绕动物展开的。在一年级，学生已经学习了一些动物词汇：mouse、deer、cat、dog、bird、fish、tiger、lion、zebra、fox、elephant、monkey、panda。利用微课创设学生参观动物园的情境，学生通过观看视频，复习一年级所学的动物词汇，激活已有知识。此外，学生通过微信手机端观看微课视频，操作便捷，避免出现视频格式无法打开等技术问题。

五、微信公众平台在授课后的应用

1.拓展英语学用渠道

英语课程要力求合理利用和积极开发课程资源，给学生提供贴近学生生活实际、贴近生活、贴近时代的内容健康和丰富的课程资源。要积极利用音像、电视、报纸杂志、网络资源等丰富的教学资源，拓展学习和运用英语的渠道。因此，教师要基于教材，加工和整合相关的、形式多样的学习资源，从而带给学生更加丰富、生动、地道的语言学习体验。

以北京版小学英语二年级下册Unit 6 Which season do you like？为例，谈谈如何用微信公众号，结合学生实际，整合课程资源，拓展英语学用渠道。首先，布置任务。用相机记录一年四季的景色与在不同季节人们从事的不同活动。（照片内容要体现季节的特点，例如，春天植树、夏天游泳、秋天摘苹果等。）然后，学生将照片用微信传送给教师。最后，教师精选部分照片，发布到微信公众号，请学生欣赏并留言谈谈感受，以此来感受大自然的美，并激发学生热爱大自然的情怀。

2.教学资源共享与复现

运用计算机多媒体资源是小学英语教学中非常有效的形式和手段。多媒体资源集文字、声音、图像、动画等为一体，为课堂提供丰富多彩的教学内容，激发学生兴趣，提高学习效率。这些优质的教学资源依托微信公众号，学生可以在课下二次或多次观看，为学生个性化学习和自主学习提供了条件。

再以二年级下册Unit 6 Which season do you like? 这一单元为例，在本单元的最后一课为学生补充讲解了一个原版英语绘本*Tell me a season*故事内容贴近生活、画面唯美动人、情节生动有趣。课后，我将这个故事的电子版用公众号推送给学生，便于学生在课下也能享受阅读的乐趣。

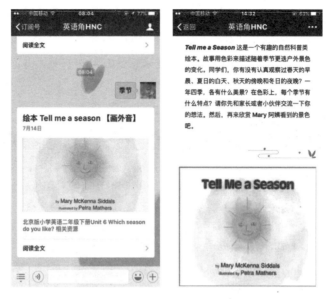

3.学习成果展示

小学阶段英语教学的主要任务是激发和保持学生学习语言的兴趣。让学生对语言学习感兴趣的最有效的方法是让语言学习和学生的生活实际发生关系。例如，将语言学习与手工制作等活动相结合，把教材活动转化为孩子们喜欢的活动。（摘自《结合实际需要，创造性地使用教材》张鲁静）

我在教学中也经常将教材活动转化为孩子们喜欢的活动。以二年级下册Unit 2 What's for breakfast? Lesson 7的教学为例。下图是教材的一个版块，Let's act是根据教材提供的单词或词组进行句型替换练习。

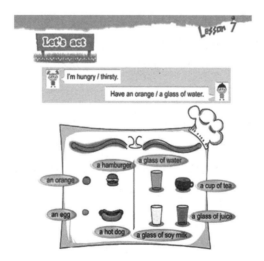

为让活动更有趣味，并拓展学生的词汇，我将这一版块的词汇部分改为：让学生用已知食物和饮料的词汇和至少两个相关的课外词汇，绘制图片词典。学生上交作品后，我将优秀作品做成视频，发布到公众号上展示。同时，精选6幅不同风格的作品，请学生为自己喜欢的作品投票。最终选出的前三名授予最具人气奖。本次活动不仅学生的参与度很高，还受到了家长们的一致好评。

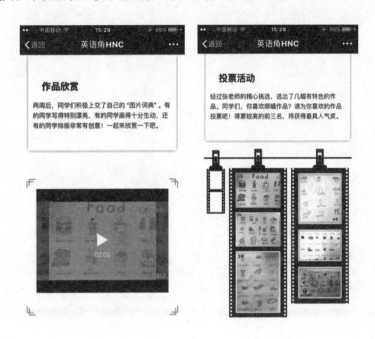

六、结　语

经过我近两年的实践，微信公众平台是一款适合移动学习的应用平台。教师利用公众平台可随时给学生推送学习资源，布置学习任务，展示学习成果，进行学情调查等。学生可充分利用零散时间学习并运用语言。总之，利用微信公众平台能有效整合小学英语课堂内外，改善传统课堂教学中的不足，增强学习兴趣，提高学习效率。

参考文献

杨玲，王英凤.浅析微信在教育领域中的应用［J］.鸡西大学学报：综合版.2015,15（2）.